文献信息检索教程

（第 3 版）

主　编　蔡丽萍
副主编　郭晓瑞
参　编　余晓华　刘　岩　兰晓霞
　　　　郑书娟　赵明霞

北京邮电大学出版社
www.buptpress.com

内 容 简 介

本书注重理论与实践的结合。理论方面侧重于论述信息检索的原理、方法及其支撑技术，实践方面侧重于阐述不同信息资源的检索系统选择应用，以及解决实际问题的检索思维方法。本书共分 8 章，主要包含 3 个部分：第一部分（第 1、2 章）为基础理论，介绍了信息及信息检索基础知识、信息素养、信息检索效果评价、现代信息检索技术；第二部分（第 3~6 章）为检索实务，介绍了常用搜索引擎、网络资源、数据库检索平台、检索平台通用法则、主要资源类型及学科的综合检索；第三部分（第 7~8 章）为检索实践，主要介绍了科技论文选题及写作，文献管理软件应用、自动翻译工具、升学、就业及留学等多种信息检索应用。修订后的本书继续为读者提供完整的信息检索理论框架及实践应用，努力突出基础性强、实用性好、新颖性明显、结构清晰等特点。

本书适用面广，可作为高等院校信息管理与信息系统、图书馆学、档案学及其他专业本科生的文献信息检索、信息素养教育类核心教材，亦可作为研究生及各类信息管理机构工作者的培训教材和参考书，还可供广大信息检索爱好者阅读和参考。

图书在版编目(CIP)数据

文献信息检索教程 / 蔡丽萍主编． ― 3 版． ― 北京：北京邮电大学出版社，2022.2
ISBN 978-7-5635-6604-4

Ⅰ．①文… Ⅱ．①蔡… Ⅲ．①信息检索—教材 Ⅳ．①G254.9

中国版本图书馆 CIP 数据核字(2022)第 015595 号

策划编辑：马晓仟　　责任编辑：孙宏颖　　封面设计：七星博纳

出版发行：	北京邮电大学出版社
社　　址：	北京市海淀区西土城路 10 号
邮政编码：	100876
发 行 部：	电话：010-62282185　传真：010-62283578
E-mail：	publish@bupt.edu.cn
经　　销：	各地新华书店
印　　刷：	唐山玺诚印务有限公司
开　　本：	787 mm×1 092 mm　1/16
印　　张：	18.25
字　　数：	490 千字
版　　次：	2013 年 1 月第 1 版　2017 年 7 月第 2 版　2022 年 2 月第 3 版
印　　次：	2022 年 2 月第 1 次印刷

ISBN 978-7-5635-6604-4　　　　　　　　　　　　　　　　　　　定价：45.00 元

· 如有印装质量问题，请与北京邮电大学出版社发行部联系 ·

前　言

在信息时代,科技发展日新月异,如何提升自身信息素养,在浩瀚的信息中找到并获取自己所需的准确信息,从未知的领域获取知识？如何运用所学的知识、技能去解决实际问题？如何从前人的研究中获取创新的源泉？这些都是当代大学生需要具有的能力。"文献信息检索课程"是一门帮助大学生高效查找、获取、甄别信息,准确把握课题方向,多渠道解决复杂问题,培养终身学习能力的实用性技术课程。

本书在第 2 版的基础上,借鉴了国内外文献信息检索教程的研究成果,结合作者的长期教学实践经验,进行了系统的修订。

本书由郑州轻工业大学一线教师编写,由蔡丽萍研究馆员制订编写大纲和编写体例。其中第 1 章由蔡丽萍编写,第 2 章和第 3 章由郭晓瑞编写,第 4 章由余晓华编写,第 5 章由刘岩编写,第 6 章由兰晓霞编写,第 7 章由郑书娟编写,第 8 章由赵明霞编写。

本书在编写过程中,借鉴和吸收了许多专家、学者的真知灼见,在此表示衷心感谢。书中错漏之处,敬请各位专家和读者批评指正。

编　者
2021 年 8 月于郑州

目　　录

第1章　绪论 ·· 1
　1.1　信息、知识、文献 ··· 1
　　1.1.1　信息 ·· 1
　　1.1.2　知识 ·· 2
　　1.1.3　文献 ·· 3
　　1.1.4　信息、知识和文献的相互关系 ··· 4
　1.2　信息资源概述 ·· 4
　　1.2.1　信息资源的概念 ··· 4
　　1.2.2　信息资源的特性与类型 ·· 6
　　1.2.3　文献信息资源的类型 ··· 7
　1.3　信息素养 ·· 10
　　1.3.1　信息素养的内涵 ··· 10
　　1.3.2　信息素养评价标准 ·· 11
　　1.3.3　信息素养的培养与文献检索课教学 ··································· 13
　思考题 ·· 16

第2章　信息检索基础 ··· 17
　2.1　信息检索概述 ·· 17
　　2.1.1　信息检索的概念 ··· 17
　　2.1.2　信息检索的原理 ··· 17
　　2.1.3　信息检索类型 ·· 19
　2.2　信息检索语言 ·· 21
　　2.2.1　信息检索语言概述 ·· 21
　　2.2.2　信息检索语言的类型 ··· 22
　2.3　信息检索途径 ·· 29
　　2.3.1　按内容特征检索 ··· 29
　　2.3.2　按外表特征检索 ··· 29
　2.4　信息检索系统及检索技术 ·· 30
　　2.4.1　信息检索系统概述 ·· 30
　　2.4.2　信息检索系统的类型 ··· 32
　　2.4.3　信息检索技术 ·· 34
　2.5　信息检索基本流程及其效果评价 ·· 37
　　2.5.1　信息检索基本流程 ·· 37

2.5.2　信息检索效果评价 ··· 39
　思考题 ··· 41

第3章　搜索引擎 ·· 42

　3.1　搜索引擎概述 ··· 42
　　3.1.1　搜索引擎的概念 ··· 42
　　3.1.2　搜索引擎的原理 ··· 42
　　3.1.3　搜索引擎的类型 ··· 44
　　3.1.4　搜索引擎技术 ·· 46
　　3.1.5　搜索引擎的使用技巧与方法 ·· 50
　3.2　国内常用搜索引擎简介 ·· 52
　　3.2.1　百度 ·· 53
　　3.2.2　搜狗搜索 ··· 64
　　3.2.3　360搜索 ··· 66
　　3.2.4　中国搜索 ··· 67
　3.3　国外搜索引擎的使用 ··· 69
　　3.3.1　必应 ·· 69
　　3.3.2　Google ·· 73
　　3.3.3　Yahoo! ·· 77
　　3.3.4　其他搜索引擎 ·· 79
　3.4　搜索引擎的发展历程及趋势 ··· 83
　　3.4.1　搜索引擎的发展历程 ·· 83
　　3.4.2　搜索引擎发展的特点和趋势 ·· 84
　思考题 ··· 86

第4章　国内常用综合信息检索系统 ·· 87

　4.1　学术搜索与全文递送系统 ·· 87
　　4.1.1　学术搜索与全文递送系统简介 ··· 87
　　4.1.2　学术搜索与全文递送系统的检索方法 ··· 88
　4.2　中国知网 ·· 90
　　4.2.1　中国知网简介 ·· 90
　　4.2.2　中国知网文献检索方法 ··· 90
　　4.2.3　检索结果及文献获取 ·· 92
　　4.2.4　中国知网其他单库介绍 ··· 95
　4.3　万方智搜 ·· 98
　　4.3.1　万方智搜简介 ·· 98
　　4.3.2　万方智搜文献检索方法 ··· 99
　　4.3.3　检索结果及文献获取 ··· 105
　4.4　维普中文期刊服务平台 ··· 108
　　4.4.1　维普中文期刊服务平台简介 ··· 108
　　4.4.2　维普中文期刊服务平台文献检索方法 ·· 109

4.4.3　检索结果及文献获取 …………………………………… 111
　　4.4.4　其他特色功能 ………………………………………… 112
　思考题 …………………………………………………………… 112

第 5 章　常用外文数据库检索 ………………………………… 113

5.1　Web of Science ……………………………………………… 113
　　5.1.1　Web of Science 概述 …………………………………… 113
　　5.1.2　Web of Science 检索方法、技术与结果处理 …………… 115
　　5.1.3　Web of Science 检索实例 ……………………………… 122
5.2　EI ………………………………………………………… 123
　　5.2.1　EI 概述 ………………………………………………… 123
　　5.2.2　EI 的检索方法、检索技术、检索字段与结果处理 ……… 123
　　5.2.3　EI 检索实例 …………………………………………… 127
5.3　Elsevier ScienceDirect ……………………………………… 128
　　5.3.1　Elsevier ScienceDirect 概述 …………………………… 128
　　5.3.2　Elsevier ScienceDirect 的检索方法、检索结果与检索技术 … 128
　　5.3.3　Elsevier ScienceDirect 检索实例 ……………………… 132
5.4　SpringerLink ……………………………………………… 135
　　5.4.1　SpringerLink 概述 ……………………………………… 135
　　5.4.2　SpringerLink 的检索方法、检索结果与检索技术 ……… 135
　　5.4.3　SpringerLink 检索实例 ………………………………… 138
5.5　Wiley ……………………………………………………… 139
　　5.5.1　Wiley 概述 ……………………………………………… 139
　　5.5.2　Wiley 的检索方法、检索结果与检索技术 ……………… 139
　　5.5.3　Wiley 检索实例 ………………………………………… 143
　思考题 …………………………………………………………… 143

第 6 章　特种文献及其检索 …………………………………… 144

6.1　专利文献 …………………………………………………… 144
　　6.1.1　专利及专利文献概述 …………………………………… 144
　　6.1.2　国内专利文献检索 ……………………………………… 150
　　6.1.3　国外专利文献检索 ……………………………………… 156
6.2　学位论文 …………………………………………………… 165
　　6.2.1　学位论文概述 …………………………………………… 165
　　6.2.2　国内学位论文检索 ……………………………………… 166
　　6.2.3　国外学位论文检索 ……………………………………… 171
6.3　会议文献 …………………………………………………… 176
　　6.3.1　会议文献概述 …………………………………………… 176
　　6.3.2　国内会议文献检索 ……………………………………… 177
　　6.3.3　国外会议文献检索 ……………………………………… 182
6.4　标准文献 …………………………………………………… 187

  6.4.1　标准文献概述 ……………………………………………………………………… 187
  6.4.2　国内标准文献检索 …………………………………………………………………… 188
  6.4.3　国外标准文献检索 …………………………………………………………………… 193
 6.5　科技报告 ……………………………………………………………………………………… 196
  6.5.1　科技报告概述 ………………………………………………………………………… 196
  6.5.2　国内科技报告检索 …………………………………………………………………… 197
  6.5.3　国外科技报告检索 …………………………………………………………………… 201
 思考题 ……………………………………………………………………………………………… 205

第 7 章　科技论文写作与规范 …………………………………………………………………… 206

 7.1　科技论文的撰写与投稿 ……………………………………………………………………… 206
  7.1.1　科技论文的基础知识 ………………………………………………………………… 206
  7.1.2　科技论文的撰写 ……………………………………………………………………… 210
  7.1.3　科技论文投稿指南 …………………………………………………………………… 222
 7.2　学位论文的写作与规范 ……………………………………………………………………… 224
  7.2.1　学位论文概述 ………………………………………………………………………… 224
  7.2.2　学位论文选题 ………………………………………………………………………… 225
  7.2.3　学位论文的撰写 ……………………………………………………………………… 229
 7.3　综述写作 ……………………………………………………………………………………… 232
  7.3.1　文献综述的基础知识 ………………………………………………………………… 232
  7.3.2　文献综述的撰写 ……………………………………………………………………… 234
 7.4　论文写作信息利用制度 ……………………………………………………………………… 237
 思考题 ……………………………………………………………………………………………… 240

第 8 章　信息检索综合利用 ………………………………………………………………………… 241

 8.1　翻译工具的利用 ……………………………………………………………………………… 241
  8.1.1　软件及网站翻译工具 ………………………………………………………………… 241
  8.1.2　数据库翻译工具 ……………………………………………………………………… 254
  8.1.3　浏览器翻译工具 ……………………………………………………………………… 257
 8.2　文献管理工具的利用 ………………………………………………………………………… 260
  8.2.1　知网研学 ……………………………………………………………………………… 260
  8.2.2　EndNote ……………………………………………………………………………… 269
  8.2.3　Mendeley ……………………………………………………………………………… 273
  8.2.4　常用数据库参考文献格式导出技巧 ………………………………………………… 274
 8.3　考研资源及其利用 …………………………………………………………………………… 280
 8.4　留学资源及其利用 …………………………………………………………………………… 281
 8.5　就业资源及其利用 …………………………………………………………………………… 282

参考文献 …………………………………………………………………………………………… 283

第1章 绪 论

现代社会被誉为信息社会,信息与材料、能源一起被视为社会经济发展的三大支柱。及时获取必要、准确的信息是个人、社会存在与发展的前提条件。信息检索是关于获得所需信息的知识,它不仅是一种技能,而且已发展成为一个专业学科领域。

1.1 信息、知识、文献

1.1.1 信息

1. 信息的含义

自20世纪40年代美国科学家克劳德和维纳分别提出信息论和控制论以来,"信息"的概念被广泛地应用。关于信息的定义有多种版本,如《辞海》对信息的定义为"信息是对消息接收者来说预先不知道的报道";美国的《韦氏词典》把信息解释为"用来通信的事实,在观察中得到的数据知识";英国的《牛津英语词典》把信息解释为"信息是谈论的事情、新闻和知识"。综合各种对信息概念的描述,信息是世界上一切事物的状态和特征的反映,是用文字、数据或信号等形式,通过一定的传递和处理来表现各种相互联系的客观事物在运动变化中所具有特征内容的总称。信息已成为促进社会经济发展的重要战略资源。

2. 信息的特征

从信息的识别、加工处理、存储、传播等环节观察,信息具有以下特征。

(1) 可识别性

信息可以通过人的感官感知和识别,也可以通过各种人造的探测仪器和信息工具识别。由于人的认识能力和制造仪器、工具的技术在特定的时期和阶段是有限的,所以信息的可识别性并不会一一对应于现实中我们所遇到的每一种情形。但是,有许多信息处于未被认识的状态,我们只将这看作暂时现象。因为从辩证唯物主义的认识论出发,人的认识能力是不断发展提高的,今天无法识别的信息,随着时间的推移,都将被我们所认识。

(2) 可揭示性

在此,揭示具有显示和表达两种含义。就显示而言,指一切客观事物在运动发展过程中,都会产生与之相伴的信息,因此,其发展运动过程就是信息显示的过程。整个世界就是一个巨大的无穷无尽信息场,正因为信息可以显示出来,我们才可能认识它们。就表达而言,主要指人的活动。人类为了将自己认识的信息进行传播,就要借助声音、体态、神情、文字、图形乃至一件具体的实物表达信息。无论是显示还是表达,都是可揭示性的具体体现。

(3) 可记存性

它体现在信息可以采用各种方式记录存储。信息的记录存储要以各种载体为媒介。人的大脑是记存信息的第一载体。信息的记存只有载体是不够的,还需要符号、记录工具或技术设备。例如:笔作为书写工具,我们便可以将信息记录于纸上;印刷术的发明使记录在纸上的信息可以大量复制、传播;爱迪生发明了留声机,使唱片上可以记存声音信息。还有摄影技术、磁记录技术等,都是记存信息所不可缺少的。总之,人的创造发明使记存信息的方式、方法出现多样化的局面,大大地拓宽了人脑的信息记存功能。

(4) 可转换性

信息的可转换性可以从两个方面体现出来。一是信息的表达形式和记存形式具有可转换性。例如,用口头语言表达的信息,可以用文字记录下来,转换成书面表达形式,这是表达形式之间的转换。就记存形式而言,同一信息内容可以记存在我们的大脑中,可记录于纸上,也可以拍成胶卷或者记录于计算机磁盘上。二是信息可以转换为物质财富和精神财富。例如,在社会各个领域的活动中,充分利用信息,可以减少盲目性,实现人、财、物的合理配置,提高劳动生产率。

(5) 可传播性

信息可以通过各种载体或媒介进行传播。社会信息的传播可以采用人际间的直接传播方式,如口耳相传,也可以采用有组织的间接传播方式,如广播、电报、电视、电影、网络帖吧、博客、微博、微信等。正是由于信息的可传播性,人类才可以相互联系和沟通,社会才能不断向前发展。

(6) 共享性

这一特性主要体现在信息可以同时被许多人利用,而且信息总量不会因利用者的增加而减少。相反,信息的共享程度越高,信息所发挥的作用就越大。现代计算机信息网络上传递的信息,无论有多少终端用户使用,都不会因此减少每一个用户所获得的信息量。同理,无论有多少观众同时观看一场电影,都不会影响单个观众所获得的信息量。这与物质的分享形成了鲜明的对照。

1.1.2 知识

知识是人类对自然界、人类社会以及思维方式与运动规律的认识,是人的大脑通过思维重新组合的系统化信息的集合。因此人类不仅通过信息感知、认识和改造世界,而且要根据所获得的信息组成丰富多样的知识。可见,知识是信息的一部分,而信息是构成知识的原料。人们能将获得的信息转变成知识,作为认识和改造世界的武器。把信息转换为知识,再把知识转换为智慧,是一种动态过程,也是一种开拓过程。反过来,智慧又会转换为新知识,新知识又会转换为新信息,人们通过一定的手段和社会传递过程,借助媒体将其传递给使用者。

1. 知识的属性

知识的属性主要有:

(1) 意识性

知识是一种观念形态的东西,只有通过人类的大脑才能认识它、产生它、利用它。

(2) 信息性

信息是生产知识的原料,知识是经人类认识、理解并经思维重新整合后的系统化信息,知识是信息的一部分。

(3) 实践性

实践是产生知识的基础,也是检验知识的标准,知识又对实践具有重大的指导作用。

(4) 规律性

人们在实践中对事物的认识,是一个无限的过程,人们在这种无限过程中所获得的知识从一定层面上揭示了事物及其运动过程的规律性。

(5) 继承性

每一次新知识的产生,既是原有知识的继承利用、深化与发展,又是下一次知识更新的基础和前提。

(6) 渗透性

随着人类认识世界的不断深化,各种门类的知识可以相互渗透,构成知识的网状结构。

2. 知识的类型

根据经济合作与发展组织的定义,人类现有的知识可分为四大类。

① know what(知道是什么)——关于事实方面的知识。

② know why(知道为什么)——关于自然原理和规律方面的知识。

③ know how(知道怎么做)——关于技能或能力方面的知识。

④ know who(知道谁有知识)——关于到哪里寻求知识的知识。

1.1.3 文献

文献是记录知识的一切载体的统称,即用文字、图像、符号、音频、视频等手段记录人类知识的各种载体(如纸张、胶片、磁带、磁盘、光盘等)。不仅古代的甲骨文、碑刻、竹简、帛书是文献,图书、报纸、期刊是文献,现今的机读档案、缩微制品、电子出版物等也是文献。可见,凡是记录有信息或知识的一切载体均为文献,它是信息、知识存在的基本形式。

1. 文献的构成要素

构成文献的4个最基本要素是:

① 构成文献内核的知识信息;

② 负载知识信息的物质载体,如甲骨、竹简、绢帛、纸张、胶卷、磁盘、光盘等,它是文献的外在形式;

③ 记录知识信息的符号,如文字、图表、声音、图像等;

④ 记录知识信息的手段,如刀刻、书写、印刷、录音、录像等。

由此可知,文献要有一定的知识内容,没有记录任何知识内容的纸张、录音带等不能称为文献。另外,文献要有用以记录知识的物质载体。从这个意义上讲,存在于人们头脑中的知识不能称为文献,只有将知识用文字、图像、数码等各种符号,采用书写、印刷或其他(诸如光学、电磁学等)方法记录在一定物质载体上,才叫文献。

2. 文献的基本属性

文献是人类进行思想交流、文化交流的一种最重要的信息。其基本属性有:

(1) 知识性

知识性是文献的本质,离开知识信息,文献便不复存在。

(2) 传递性

文献能帮助人们克服时间与空间上的障碍,在时空中传递人类已有的知识,使人类的知识得以流传和发展。

(3) 动态性

文献并非处于静止状态,其蕴含的知识信息随着人类社会和科技的发展在不断地、有规律地运动着。

3. 文献的功能

(1) 存储知识的功能

自古以来,人类认识、改造世界所取得的各种知识,主要是靠文献来存储的。虽然文献不能把人类知识的全部都存储起来,但是它却能记录并保存人类知识的精华。因此,文献一直是人类了解过去、认识现在和预测未来的重要工具。正因为如此,文献早已成为存储人类知识的最重要形式。

(2) 传递和交流信息的功能

文献能记录人类一切精神文明、物质文明的历史和现状,是传递人类社会知识的最佳工具。如果说,古代文献以"藏"为主,那么,当代文献则以交流为主,因此,传递和交流文献信息是当前图书馆的一项重要使命。

(3) 保存知识的功能

在历史长河中,人类积累了大量的文化知识,这是人类的宝贵财富。随着社会的发展、科学的进步,这笔财富正在不断地剧增。怎样保存它?虽然不能全部借助文献,但是长期的实践证明历史上许多珍贵的文化遗产,大多数是依赖文献才保存并流传至今的。因此,文献具有保存文化遗产的功能。

1.1.4 信息、知识和文献的相互关系

世界是物质的,物质的运动产生了信息;信息是知识的原料,知识是加工了的信息,各种信息经过人们进行系统化的加工处理,便转换为知识。在通常情况下,知识是静态的各种信息;信息和知识被记录下来就成为文献,文献是记载知识的载体,它是信息、知识赖以存在的外壳。信息与知识之间的逻辑关系为包含与被包含的关系,知识是信息的一部分。文献是信息、知识的具体体现,它不仅是信息、知识的主要物质形式,也是读者吸收利用信息、知识的主要途径。

1.2 信息资源概述

信息资源对社会发展、人们的工作和生活具有至关重要的作用,并已成为国民经济和社会发展的重要战略资源。尽管信息在客观世界中无处不在,但并非所有的信息都是资源,只有经过人类开发与组织的信息才能构成信息资源。

1.2.1 信息资源的概念

信息资源是由信息和资源两个概念整合后衍生而成的新概念,是各种信息要素资源化的产物。对信息资源概念的认识和理解起源于20世纪70年代后期。信息资源相关理论的发展主要

经历了3个阶段。

(1) 传统管理阶段

传统管理阶段指20世纪50年代至70年代,以图书馆、情报所为代表的文字信息资源管理。1979年,美国著名信息资源管理专家霍顿(F. W. Horton)指出了信息资源的两种解释:信息资源为单数(resource)时,是指某种内容的来源,即包含在文件和公文中的信息内容;信息资源为复数(resources)时,是指支持设备,包括供给、设备、环境、人员、资金等。

(2) 信息管理阶段

信息管理阶段为20世纪70年代末至20世纪末,以计算机应用和数据处理为典型代表。1986年,美国著名信息管理学家马钱德与霍顿合著的《信息趋势:如何从你的信息资源中获利》一书认为,信息资源包括:

① 拥有信息技能的个人;

② 信息技术及其硬件和软件;

③ 信息设施,如图书馆、计算机中心、信息中心、传播中心等;

④ 信息操作和处理人员。

1991年,我国著名情报学家孟广均在给《知识工程》杂志的贺词中写到:"信息资源包括所有的记录、文件、设施、设备、人员、供给、系统和搜集、存储、处理、传递信息所需要的其他机器。"

(3) 信息资源管理阶段

信息资源管理阶段指21世纪初,以网络平台、海量数据库、信息处理技术为代表,以信息交换、信息共享、信息应用为内容,视信息资源为主要经济资源进行管理的信息资源管理。

2004年,马费成在《信息资源开发与管理》一书中定义:所谓信息资源,就是指人类在信息活动中积累起来的以信息为核心的各类信息活动要素,即信息技术、设备、设施、信息生产者等的集合。这里的信息活动包括围绕信息的搜集、整理、提供和利用而开展的一系列活动。

关于信息资源(information resources)的概念,学术界至今尚未形成统一的定论,但一般从狭义和广义两个角度来认识和理解信息资源的含义。

① 从狭义上理解,信息资源是指人类社会经济活动中经过加工处理的、有序化并大量积累的有用信息的集合,即只限于信息本身。例如,科技信息、社会文化信息、市场信息等都是常见的狭义信息资源。也就是说,信息资源只限于信息内容本身,而不包括其他因素。从狭义角度出发,有助于把握信息资源的核心和实质,因为信息资源中所蕴含的有用信息能够消除社会经济活动中的不确定性,帮助人们进行决策。

② 从广义上理解,信息资源主要是指人类社会信息活动中积累起来的以信息为核心的各类信息活动要素的集合。其既包括信息本身,也包括信息技术、设备、资金、信息生产者等各种要素。从广义角度出发,有助于全面把握信息资源的内涵,因为按照系统论的观点,整体大于部分之和。

一般来说,信息资源的内涵和外延主要表现在4个方面:

① 信息资源应当是信息的集合;

② 信息资源应是有用信息的集合;

③ 信息资源应是经过人类组织的、有序的、可存取的信息集合;

④ 信息资源应包括各种文献载体形式。

信息与信息资源之间既有紧密的联系,又有根本的区别。首先,信息是构成信息资源的根本要素,但信息并不等同于信息资源,而只是其中的一个要素,二者的外延是不同的。其次,信息在经过有序化的组织处理后，才可能成为信息资源。美国未来学家奈斯比特在《大趋势》一书中指出："我们淹没在信息中，但是却渴求知识""在信息社会中，没有控制和没有组织的信息不再是一种资源，它反而成为信息工作者的敌人"。可见，信息资源是有用信息的集合。最后，信息之所以不能等同于信息资源，还因为信息效用的发挥和信息价值的实现是有条件的，信息的收集、处理、存储、传递和应用都必须采用特定的信息技术和信息手段才能得以实现，信息的有效运动过程必须有特定的专业信息人员加以控制和协调。因此，信息资源的完整体系是由信息、信息技术与设备和信息人员构成的。

1.2.2 信息资源的特性与类型

1. 信息资源的特性

科技文化的发展和人们的生活学习越来越离不开对信息资源的有效利用。在浩如烟海的信息资源海洋中，信息资源呈现离散性、无序性、多样性的特点。信息资源是有用信息的集合，它具有信息的基本特征。同时，资源一般分为经济资源和非经济资源两大类。信息资源属于一种经济资源，因此又具有经济资源的一般特征。而作为一种具有特殊内涵和特殊配置形式的社会资源，信息资源还具有以下特性。

（1）知识性

信息资源是人类所开发与组织的信息，是人类脑力劳动或者说认知过程的产物。人们在一定的知识水平条件下，吸收外来的信息，引起思考，对其进行加工和整理，并加以利用。可见，信息资源是人类知识利用的集中体现。不同的信息资源反映了不同社会或者地区的知识水平。人类智能的高低决定着信息资源的量与质。因此，知识性是信息资源的本质特性。

（2）不均衡性

信息资源的不均衡性表现在人们对其掌握程度和其区域分布方面。一方面，不同的个体存在认识能力、知识储备和信息环境等方面的差异，导致所掌握的信息资源也不尽相同；另一方面，信息资源在地域分配方面存在不均衡性。由于社会发展程度不同，不同区域对信息资源的开发程度也不同，因此信息资源的分布也存在不均衡性。

（3）主导性

信息资源的主导性表现在其具有开发和驾驭其他资源的能力，并发挥主导作用。统率全局和支配一切的却是信息资源。一般说来，人类利用信息资源驾驭其他资源的能力受科技发展水平和社会信息化程度的影响。科技越发展，社会信息化程度越高，人类利用信息资源驾驭其他资源的能力就越强。因此，作为一种资源的信息资源有着举足轻重的作用。

（4）增值性

信息资源是人的智慧与才能的结晶，能够重复使用，具有增值性。信息资源不会因为使用而损耗，反而在开发利用过程中不断地丰富和更新，成为新的信息资源。正如萧伯纳所说："你有一个苹果，我有一个苹果，彼此交换一下，我们仍然是各有一个苹果；但你有一种思想，我有一种思想，彼此交换，人们就都有了两种思想，甚至更多。"信息资源不仅可以通过信息的保存、积累、传递达到时间点上的延续，而且能在被多方利用的过程中得到增长和积累。相反，自然资源的利用往往是一次性的，越开发资源越少，利用的越多消耗越多。

2. 信息资源的类型

信息资源是经过人工选取、组织、序化的有用信息集合，其内容比较丰富。划分信息资源的标准并不固定，主要取决于人们分析问题的不同需要。根据不同的划分标准，信息资源的类型也有所不同。

信息资源按开发程度划分,可分为以下几种。

(1) 潜在信息资源

潜在信息资源是指个人在认知和创造过程中储存在大脑中的信息资源,它虽然能为个人所利用,但却易于忘却而消失,并且无法被他人理解和利用,是一种有限再生的信息资源。

(2) 现实信息资源

现实信息资源是经个人表述后能为他人利用的信息资源。它具有社会性,可以通过特定的符号表述和传递,可以在一定的社会条件下被人类广泛而连续地利用,是一种无限再生的信息资源。

根据表述方式的不同,现实信息资源又可分为以下几种类型。

- 口语信息资源。口语信息资源是人类以口头语言所表达出来的而未被记录下来的信息资源。其优点是传递迅速、互动性强,但有容易传失、久传易出差异等缺点。
- 身体语言信息资源。身体语言信息资源是指人类以手势、表情和姿态等方式表达出来的信息资源。这类信息资源直观性强、生动丰富,极富感染力。
- 实物信息资源。实物信息资源是人类通过创造性的劳动以实物形式表达出来的信息资源。许多技术信息是通过实物本身来传递和保存的,在技术引进、技术研发和产品开发中发挥重要作用。还有的信息本身就是用实物来表现的,如绘画和雕塑等艺术作品。这类信息资源的特点是直观性强、感觉真切。
- 文献信息资源。文献信息资源是以语言、文字、数据、图像、音频和视频等方式记录在特定载体上的信息资源。

1.2.3 文献信息资源的类型

读者在学习及研究活动中,主要接触和使用的大多为信息资源中比较核心的内容,即文献信息资源。"文献:记录有知识的一切载体。"(GB 3792.1—83)我们把来自各种渠道、表现出各种特征的文献信息的总和称为文献资源。为了全面正确地了解认识、把握利用文献资源,我们将从不同的角度或层面对文献资源的构成及其特征予以描述和划分。

1. 按载体类型划分

按载体类型的不同,文献信息资源主要分为4种。

(1) 印刷型(书写型)

以纸张为载体,以手写、石印、油印、铅印、胶印、影印等为手段来记录信息、知识,这是传统文献的基本形式,包括各种图书资料、连续出版物(期刊、报纸等)、学术论文、专刊、标准、会议文献、政府出版物以及复印品等。古典文献的载体形式主要有甲骨、青铜、石头、竹木、缣帛等几种。

(2) 缩微型

缩微文献是指以感光材料为载体,以缩微胶片为记录手段的文献,实际上是纸质印刷型的变体,也是缩微复制品。

(3) 音像型

音像文献指以感性材料或感光材料为载体,直接记录声音和图像,可以闻其声,见其行,给人以直观感觉的文献,包括照片、影片、唱片、录音带、录像带等文献。

(4) 电子型(机读型)

电子文献(机读文献)是指以数字代码方式将图、文、声、像等信息存储在磁光电介质上,通过计算机、手机或具有类似功能的设备阅读使用,用以表达思想、普及知识和传播文化,并可复制发行的大众传播媒体。

2. 按出版类型划分

按出版类型的不同,文献信息资源主要分为11种。

(1) 图书

图书大多是对已发表的科技成果、生产技术知识和经验通过选择、比较、核对、组织而成的。该类型文献内容成熟、定型,论述系统、全面、可靠。但图书出版周期较长,知识的新颖性不够。图书一般包括下面几种类型:专著、丛书、教科书、词典、手册、百科全书等。

(2) 报刊

报刊是指具有固定题名,定期或不定期出版的连续出版物,包括报纸与期刊。报纸的出版周期短,一般分日报、晨报、晚报、午报、周报等,刊载大量及时信息。期刊上刊载的论文大多数是原始文献,包含许多新成果、新观点、新动向,其特点是出版周期短,报道文献速度快,内容新颖,发行及影响面广。

(3) 科技报告

科技报告是科技人员围绕某一专题从事研究取得成果以后撰写的正式报告,或者是在研究过程中每个阶段进展情况的实际记录。其特点是内容详尽专深,有具体的篇名、机构名称和统一的连续编号(报告号),一般单独成册。科技报告的种类有技术报告、札记、论文、备忘录、通报等。科技报告是第二次世界大战期间及战后迅速发展起来的,目前全世界每年都有大量的科技报告产生,其中以美国政府研究报告为主。

(4) 政府出版物

政府出版物是由政府机构,包括国际组织(诸如联合国、欧盟、世界贸易组织等)和各国中央政府及省(或州)、市、乡等地方政府组织,以及他们所拥有的官方和半官方机构及其所属的专门机构所发表、出版的各种文献资料。其内容可分为行政性文件(如政治法律文件、政府决策报告等)和科技文献(如统计资料、科技报告、科普资料等)两大类,其中科技文献占30%以上。

(5) 会议文献

会议文献指在国内外重要学术会议上发表的论文和报告,也包括一些非学术性会议的报告。学术会议通常带有研讨争鸣的性质,要求论文具有独到的见解,这有助于了解有关领域的新发现、新动向和新成就。会议文献的特点是针对性强、内容专深、信息传递速度快。一些重要的研究成果或新的发现,通常首先通过会议文献向社会公布,能反映具有代表性的各种观点。

(6) 专利文献

专利文献指由专利局公布出版或归档的所有与专利申请有关的文件和资料。专利文献的类型有一次专利信息(各种形式的专利说明书)、二次专利信息(主要指专利公报及专利索引)和专利分类资料(专利分类表及分类表索引等)。

(7) 学位论文

学位论文是高等学校、科研机构的本科生、研究生为获得学位所撰写的论文。学位论文探讨的问题往往比较专深,一般具有一定的创新性。根据学位的不同分为学士、硕士和博士3种学位论文。

(8) 技术标准

依据国际标准化组织(ISO)在其指南2—1991《标准化和有关领域的通用术语及其定义》中的规定,标准是指:为在一定的范围内获得最佳秩序,对活动和其结果规定共同的和重复使用的规则、指导原则或特性文件。该文件经协商一致制定并经一个公认的机构批准。(注:标准应该以科学、社会效益为目的。)而技术标准是对标准化领域中,需要协调统一的技术事项所制定的标准,是根据生产技术活动的经验和总结,作为技术上共同遵守的规则而制定的各项标准。技术标准是一种规范性的技术文件。按使用范围可分为国际标准、区域性标准、国家标准、行业标准和企业标准。

(9) 科技档案

科技档案是指单位在技术活动中所形成的技术文件、图纸、图片、原始技术记录等资料,包括任务书、协议书、技术指标、审批文件、研究计划、方案、大纲、技术措施、调研报告等,它是生产建设和科研活动中用以积累经验、吸取教训和提高质量的重要文献。

(10) 产品资料

产品资料是国内外生产企业或经销商为向客户介绍、宣传和推销其产品而印发的企业出版物。产品资料包括产品样本、产品目录、产品说明书、企业介绍、技术座谈资料等。

(11) 网络文本

网络文本是指那些大量存在于虚拟世界——网络信息资源——中不属于上述任一类型文献(即不属于上述各类文本的数字化形态),但又具有它们中一些相应作用的网上文献。这类文献的特点是形式多样、图文并茂、内容广泛、质量不一、获取方便、摘录容易、新旧混杂、可信度不定、作者身份难辨,以及信息渠道复杂。因此,对于这类文献,一方面可以作为相对便利的文献信息资源加以使用,但不作为主要的文献信息资源加以利用;另一方面,还要对它们的真实性、可靠性做更多的辨识和佐证。

一般情况下,可以笼统地将图书、报刊、网络文本以外的文献信息(如科技报告、学位论文等)称为特种文献信息,它们是科技人员进行科研时经常要用到的文献信息,在检索中,它们占有很大的比例。

3. 按文献信息加工层次划分

按加工程度的不同,可以将文献信息资源分为零次信息、一次信息、二次信息、三次信息。

(1) 零次信息

零次信息是指未经出版发行的或未以公开形式进入社会交流的最原始信息。它的文献形式是零次文献,如私人笔记、底稿、手稿、考察记录、实验记录、会议记录、内部档案、论文草稿、设计草稿、原始统计数字、技术档案以及现代的 E-mail 通信、BBS 文章等。零次文献具有信息内容新颖,但不成熟、不定型的特点,由于不公开交流,所以收集起来有一定困难,获取较难。

(2) 一次信息

一次信息是信息生产者为记述本人的观察、发现及研究成果而第一次报道、第一次书写或第一次出版的那些信息。它的文献形式是一次文献。图书、报刊、(部分)科技报告、会议论文、学位论文、专利说明书以及一些不公开发表的实验记录、技术档案等都属于一次文献。一次信息是人类经验积累、知识发展的标志,具有新颖性、创造性、系统性等特点。

(3) 二次信息

二次信息是人们对一次信息进行加工、提炼和浓缩之后得到的产物。它将大量分散、无序的信息加工为有序的、便于管理利用的、查找一次信息的工具。二次信息的文献形式是二次文献。它的主要用途是报道、检索、管理、控制一次信息。二次信息分为目录、题录、索引等。在现代社会信息量激增的形势下,人们为了快速而经济地传递、搜集和利用信息,更加关心与重视使用网络数据库资源,因为它具有浓缩性、汇集性、有序性的特点。

(4) 三次信息

三次信息是指根据特定的需求,对一次信息和二次信息进行汇集、加工、分析、改编、评述、综合概括而生成的信息。它的文献形式是三次文献。它主要有两大类型:一是系统阐述某个领域的内容、意义、历史、现状和发展趋势的综述报告、述评报告、研究报告等;二是把大量的定理、原理、数据、公式、方法等知识进行浓缩和概括,编写成便于查阅的参考工具书,如百科全书、手册、年鉴、指南等。三次信息的内容更集中,针对性更强,系统性好,并有一定的检索功能,参考价值较大。

1.3 信息素养

在知识经济时代,信息素养已成为科学素养的重要基础,为了适应信息化社会,从浩如烟海的信息海洋中获取必要的信息,就必须具备良好的信息素养。总之,信息素养是信息时代大众所必须具备的知识。信息素养是使用不同媒介(影视、广播、网络、报纸、杂志、广告等)和获取、判断、分析、占有、使用、生产、交换不同类型信息及抵制不良信息干扰的综合能力素质。

1.3.1 信息素养的内涵

信息素养是一个不断发展的概念。1974 年,美国信息产业协会主席保罗·泽考斯基(Paul Zurkowski)在向美国全国图书馆和情报科学委员会提交的一份报告中,首先使用了"信息素养"(information literacy)一词。他认为:信息素养就是利用大量的信息工具及主要信息资源,使问题得到解答的技术和技能。Paul 对于信息素养的理解包含以下 3 个层面:在具体问题中使用相关信息,具有运用信息工具与主要信息源的知识及技能,利用信息的目的是解决具体的问题。1979 年,美国信息产业协会对信息素养提供了官方的解释,他们认为具备信息素养的人即"掌握了利用信息工具的知识与技能,并应用于解决实际问题之中"的人。

进入 20 世纪 80 年代以后,以计算机技术为核心的信息技术得到了普遍的应用,在这样的背景下,信息素养的内涵发生了深刻的变化。1982 年,美国的 Forest Horton 认为计算机在信息时代将体现其潜在的价值,他认为"相对于计算机素质而言,信息素养反映了整个社会对知识爆炸的认识水平,是计算机信息处理系统在问题处理和决策过程中对所需信息进行标识、存取等提供支持的水平",这一定义尽管比较简单,但是它标志着计算机信息处理已被引入信息素养概念之中。美国图书馆协会在 1989 年的一份报告中,将信息素养定义为:信息素质(quality)或信息素养(literacy)是指个体对信息及其特点、价值的认识和获得、利用、开发信息等方面的能力。

具备较高信息素养的人,是一个有能力觉察信息需求的时机并且具有检索、评价以及高效地利用所需信息的能力的人,是一个知道如何学习的人。他们知道如何学习的原因在于:他们掌握了知识的组织机理,知晓如何发现信息以及利用信息,他们是有能力终身学习的人,是有能力为所有的任务与决策提供信息支持的人。目前,该定义已得到全美及其他国家和地区的广泛认同。在这样的背景之下,加利福尼亚大学圣迭戈分校的图书馆工作者成功地将信息素养教育课程纳入了本科生的教学大纲,使其成为公共基础课。

目前,信息素养作为一个概念已从最初的简单获取、处理、发布信息等操作技能,逐步上升为含义广泛的综合性概念,它不仅包括利用信息技术工具和信息资源的能力,还包括获取和识别信息、分析与评价信息、传递与创造信息的能力,更为重要的是包括以独立学习的态度和方法、强烈的社会责任感和参与意识,将已获得的信息用于问题的解决和进行创新性思维的综合信息能力。由此可见,信息素养蕴含着技术和人文两层含义:从技术方面而言,信息素养反映了人们利用信息技术工具的操作技能;从人文方面而言,信息素养又反映了人们对信息的认识和态度,以及正确的信息伦理道德修养和社会责任感。概括起来,有信息素养的人应该具有五大特征:捕捉信息的敏锐性、筛选信息的果断性、评价信息的准确性、交流信息的自如性和应用信息的独创性。

信息素养包括信息意识、信息知识、信息能力、信息道德等方面的内容。

① 信息意识。信息意识是指人们对待信息的态度以及对信息本质、特征和价值的认识。对信息需求的自我感情,即人们对信息的捕捉、分析、判断和吸收的自觉程度,包括信息主题意识、信息传播意识、信息保密意识及信息更新意识等。信息意识的强弱直接影响信息能力。

② 信息知识。信息知识是指对信息进行分析、利用所必备的一些知识,如情报检索知识、计算机应用知识、网络知识以及其他专业方面的知识等。

③ 信息能力。信息能力是指人们获取信息、利用信息的能力。构成信息能力的因素有信息评价能力、信息获取能力、信息加工处理能力、消化吸收并创造新信息能力。信息能力强的用户,获取信息和利用信息的效率将大大提高。信息能力是人们进行终身学习、吸收新知识的必备条件。就大学生而言,在个人智力因素相同的情况下,吸收运用新知识的效果取决于他们自身所具备信息能力的强弱。

④ 信息道德。信息道德是指信息活动中,调节信息创造者、信息服务者、信息作用者之间相互关系的行为规范的总和,如是否遵守法纪,尊重他人知识产权,自觉抵制违法信息行为等。在信息素养中,信息知识是基础,信息道德是保障。目前,人类拥有的信息知识足以支撑起一个以"信息"为典型特征的社会的运行和发展,这是信息素养养成的基础条件。

信息素养关系到个人的生活、职业的发展,关系到个人、企业、城市和国家的创新能力和竞争能力。在国家和城市信息化基础框架发展起来的今天,要使它充分地发挥功效,向应用的深度和广度发展,迫切需要建立个人信息素养的智力架构。

1.3.2 信息素养评价标准

信息素养已成为现代人文化素养的一部分,信息素养能力是信息社会人发展的核心问题。因此,信息素养评价标准用来衡量个体信息素养达到了什么水平、个体之间信息素养的差异。对信息素养评价标准的研究,国内外专家和学者,还有科研机构在20世纪90年代就开始进行了。以美国为代表的信息技术发达的国家对此做出了积极的反应并制定了相应的标准,现分别进行简单的介绍。

1. 美国 ACRL 的信息素养标准

美国大学与研究图书馆协会(ACRL)制定的《美国高等教育信息素养能力标准》,为信息素养教育提供了评价的框架。该标准包含5项标准和22项具体的评价指标,为教师、管理人员、图书馆员提供了实施信息素养教育的指南。其主要内容如下。

标准一:具备明确信息需求的内容与范围的能力。具体指标包括:① 定义与形成信息需求;② 能够识别多种类型与格式的潜在信息源;③ 知道获取信息的费用以及产生的效益;④ 具备对所需信息内容与范围进行重新评价的能力。

标准二:高效地获取所需信息。具体指标包括:① 选择合适的调查方法或信息检索系统,以获取所需信息;② 构建与实施有效的检索策略;③ 利用联机检索终端或亲自使用一组方法检索所需信息;④ 必要时改进检索策略;⑤ 获取、记录、管理信息与信息源。

标准三：能客观、审慎地评估信息与信息源，并将其纳入信息库与评价系统。具体指标包括：① 具有从获取信息中提炼信息主题的能力；② 为评估信息与信息源形成最初的标准；③ 复合主题概念以形成新的概念；④ 能通过对新旧知识的比较而确定信息的增加值，调查表明70%的学生不具备此项能力；⑤ 能确定新的知识对个人价值体系的影响，并使其融合于个人的价值体系中；⑥ 能通过与个人、领域专家及其他人员的交流，对信息的理解与解释的有效性加以判断；⑦ 决定是否有必要修订初始的查询。

标准四：个人或作为群体的一员能有效地利用信息以完成特定的任务。具体指标包括：① 能够利用各种可获得的信息以完成计划，以及产生特定的信息产品或成果；② 修订产生信息产品或成果的过程；③ 有效地将信息产品、成果与他人进行交流。

标准五：理解有关信息使用的经济、法律以及社会因素，获取与使用信息要符合道德与法律规范。具体指标包括：① 了解信息与信息技术使用的相关法律、道德伦理以及社会经济问题；② 在存取、使用信息资源时能够遵守法律、法规、信息资源提供的规定以及约定俗成的一些规则；③ 对引用的成果表示致谢。

2. 澳大利亚信息素养标准

自《美国高等教育信息素养能力标准》出台以来，在2000年10月27日至28日堪培拉会议上，澳大利亚图书馆与信息协会通过并修改了《美国高等教育信息素养能力标准》，将其作为澳大利亚的国家信息素养标准。该标准主要应用于高等教育中，也可适用于其他层次的教育。

标准一：具有信息素养的学生能确定信息需求的性质和范围。

标准二：具有信息素养的学生能有效、充分地存储所需的信息。

标准三：具有信息素养的学生能批判地评估信息和信息源并把所选择的信息纳入自己的知识系统和价值系统。

标准四：具有信息素养的学生能分类、存储、利用和改写所搜集到的信息或生成信息。

标准五：具有信息素养的学生能独自或作为团体中的一员，结合以前的知识和新的理解来扩展、再组织或创造新的知识。

标准六：具有信息素养的学生能通过使用信息理解文化的、法律的和社会的问题，并遵守法律、伦理道德地存储和使用信息。

标准七：具有信息素养的学生能确认终身学习和履行公民职责与行使公民权利需要的信息素养。

澳大利亚和美国制定的信息素养标准相差不大，澳大利亚制定的信息素养标准中增加了两个指标：一是具有信息素养的人能够对搜集与产生的信息进行分类、存储、利用和改写；二是能够认识到信息素养为终身学习和具有参与感的公民所必需。

由此可见，该标准增加了对社会文化背景知识的重视，并强调将此融入信息素养教育的内容和实施过程中。

3. 我国的信息素养评价标准

目前，国内学者对信息素养的内容体系已经形成了统一的认识，即明确信息需求的内容与范围；高效地存取所需信息；具有丰富的信息知识；对所获取的信息与信息源评估其价值以及效用；将所获取的信息有机地整合到自己的知识体系中；利用信息以完成特定的任务；了解与信息使用相关的经济、政治、法律以及社会规范等。

具体内容如下。

(1) 信息意识和信息知识

信息意识是指人们对信息交流活动在社会中的地位、价值、功能和作用有正确的认识。信息素养的知识结构应该包括较雄厚的基础知识、情报学知识、语言学知识、计算机应用知识、网络知识等多方面。其中,基础知识是信息活动过程中掌握信息获取方式、确定信息取舍、判断信息价值的依据,知识的广博程度、知识构成及知识的质和量等因素,在很大程度上决定了人识别、判断和选择信息的能力。

(2) 信息道德素质

其主要内容包括:信息交流和传递目标与社会整体目标协调一致;承担相应的责任和义务;在信息活动中坚持公正、公平原则;尊重他人知识产权;不非法攫取他人的秘密,不制造和传播伪劣信息,正确处理信息创造、信息传播、信息使用三者之间的关系,恰当使用与合理发展信息技术,遵守各国各信息系统信息传播和使用的各种规定和法律,抵制违法信息行为等。人类对如何建立有效的信息道德体系还处在不断探索阶段。

(3) 信息能力

当今社会信息量急剧增长,信息能力包括以下4种。

① 对信息的感受力,即能够从大量的、司空见惯的,甚至是微不足道的一些事物和社会现象中,感受其信息价值。

② 对信息的判断力,即对搜集到的信息的价值做出正确的判断,以决定取舍。

③ 对信息的注意力,即对信息的发现、搜集、组织、运用成为一种习惯的倾向,而随时存在于学习过程中。

④ 处理信息的能力,即对所搜集的信息能够进行有效的组织和管理,并以适当的方式存储起来,在自己需要的时候能够迅速查找到,并能迅速获取以供利用。这就需要运用信息分析判断能力对信息进行分析鉴别,去伪存真,去粗取精。信息获取能力包括建立和掌握信息源、开发信息源并从中吸收利用的能力。信息处理能力主要是对信息进行加工、整理和利用各种手段(包括计算机等现代化设备)存储、阅读、吸收信息的能力。信息创新能力就是将原有信息进行搜集、归类、综合、研究,使之成为具有科学价值的创新信息,这是最深层次的信息加工能力。

1.3.3 信息素养的培养与文献检索课教学

1. 信息素养的培养

信息素养作为对人的信息行为能力的整体描述,是信息社会中个人及整个民族都必须具备的一项基本素质。信息化社会要求社会群体和个体都必须具有高度的信息觉悟、正确的信息价值观等良好的信息素养。因此,处于这一时代中的人的信息素养,直接影响着社会信息化的总体水平,影响着一个国家未来的发展。应当说,信息素养的重要性已经在世界各国形成了普遍的共识。因此,面对滚滚而来的信息洪流,培养现代人的信息素养不但是人们生存于信息时代的当务之急,更是实现终身学习的必经之途。培养信息素养可以从以下几个方面入手。

(1) 培养信息意识

在现代社会中,有无信息意识决定着人们捕捉、判断和利用信息资源的自觉程度,信息意识的强弱直接决定了信息需求和信息行为的产生。信息意识培养的目的就在于培养与加强人们对信息的敏感程度,使其对信息的认识从感性上升到理性,促使其潜在的信息需求得以呈现,并转化为能表达出来的信息需求,进而落实为具体的信息行为。信息意识的培养可以通过加强信息教育和信息需求培育这两个方面来实现。需要强调的是,在信息时代和知识经济的大背景下,人们必须树立终身学习的观念。终身学习在一定意义上讲就是对信息的持续吸收和应用的过程。通过掌握丰富的信息资源和熟悉多样的信息手段,真正感受现代信息资源传递、交流和使用所带来的便利和迅捷,从而满足对信息的需求。

(2) 提升信息能力

信息社会可以看成一个信息技术到处可以看到、随时可以用到的信息传播大环境,所有人无论他们自觉还是不自觉,都要在信息大环境中,运用信息技术开展工作,因此信息能力的培养主要是信息技术能力的培养。一般来说,信息能力可以概括为信息检索能力、信息获取能力、信息理解能力、信息处理能力以及信息传播能力等几个方面。

① 信息检索能力

信息检索能力是信息能力的基础,可以说,信息素养要求中最基本的就是信息系统的检索能力。海量的信息资源虽然给人们的学习、生活、工作带来了许多便利,但不可否认,也带来了巨大的信息压力。垃圾信息、不健康信息往往干扰人们的思维,污染人们的思想,影响人们做出正确的判断。提高信息检索能力,可以使人们有效地化解信息污染带来的风险,缓解巨大的信息量带来的压力。信息检索能力的范围十分广泛,包括正确无误地操作信息系统,根据学习的需要选择合适的数据库,并正确与熟练地使用等。

② 信息获取能力

信息获取能力是指人们通过对自然的感应、人际交流和大众传媒,并且利用一定的信息技术获取信息的能力。在新知识、新信息以爆炸般速度猛增的时代,人们更需要从浩如烟海的信息海洋中快速准确地获取自己所需的各种信息。是否能获取到、获取信息的速度与准确度都是信息获取能力的反映。信息获取能力是人们能够利用信息的最基本能力。信息获取能力主要包括:信息接受能力,即要求人们具有一定的专业知识、信息知识及一定的外语水平;信息搜集能力,指掌握一定的信息检索方法,运用基础的信息技术,获取信息的能力;信息检索能力,即可以采用多种方式从众多的信息资料中查找出相关信息的能力;信息索取能力,即在检索的基础上,获得原始文献,了解掌握主要信息源的能力。信息获取能力是多种能力的综合体现。人们的知识水平、技术水平影响信息获取能力的形成和发展。

③ 信息理解能力

信息资源中有着大量信息,人们在利用它们之前必须能够理解它们。因此,信息理解能力是信息能力十分重要的一部分。信息理解能力实际上包括以下几个方面。

a. 识别与理解能力。能够正确无误地识别与理解所遇到信息的含义,知道它们反映了什么客观规律与现象。

b. 评价判断能力。能够正确地判断与估计所查找到信息的价值与意义。

c. 选择能力。能够在广阔的信息资源中选择满足自己需要的信息。

④ 信息处理能力

人们利用信息技术的根本目的是将所得到的信息化为己用,而所得到的信息都是其他人的结果或者没有经过加工的数据与信息,因此人们必须有一定的信息处理能力,才能把所得到的信息真正利用起来。信息处理能力可以概括为以下几个方面。

a. 信息分类能力。能对各种各样的信息进行综合分析,以最适合自己需要的方式分类,并且了解各种信息的组织方式。

b. 信息统计分析能力。能够以各种有效的数学方法,对所得到的数据与信息进行统计分析,从而对这些信息的意义与可靠性、整体性进行认识。

c. 信息改组能力。能够对所得到的信息按照需要重新进行组合,并利用它们得到某些新发现。

d. 信息编辑加工能力。能够从所得到的信息中,截取某些有用的部分,进行编辑加工,形成自己需要的信息。

e. 信息存取能力。能够以比较方便的方式将所得到的信息组织并存储起来,并且可以随时访问与取得这些所存储的信息。

⑤ 信息传播能力

在信息系统中,当人们以信息生产者与传播者的面貌出现时,信息传播能力就是一种十分重要的信息能力。它包含以下几个方面。

a. 信息生成能力。能够利用各种各样的工具生成所需要的信息产品。

b. 信息表示能力。能够把自己的想法表示成所需形式的信息产品。将信息素材按照自己的需要进行合理的组合加工并生成新的信息。

c. 信息报告能力。能够以他人容易理解的方式提交报告与进行报告,进行有效的信息传播。

(3) 提升信息道德修养

信息道德是指在整个信息活动中,调节信息生产者、信息加工者、信息传播者以及信息使用者之间行为规范的准则。信息道德要求人们在信息行为实施的过程中必须遵守相应的法律、法规和伦理道德。当今社会是高度发展的信息化社会,它犹如一把双刃剑,在给人们带来积极影响的同时,也出现了许多信息时代所特有的道德问题。因此加强信息道德修养,约束自身的道德行为,在信息时代尤为重要。

信息道德培养的目的是促使社会个体成员遵循一定的信息伦理与道德准则来规范自身的信息活动行为。在信息社会,加强信息道德修养,首先要具有高度社会责任感。网络赋予了个人自由、平等的信息存取的公民权利,使信息交流和信息创造无处不在。一个具有信息生产力的公民,不仅具有信息消费的权力,同时也是信息的生产者。提供可靠的信息、准确的数据、新颖独特的观点、有益的技术和方法与具有鉴赏性的作品,揭露偏见、欺诈,敢于承认错误、修正错误,这些是一个有责任、有贡献的公民应有的信息素养。在信息共享日益发展的今天,与信息知识合理利用密切相关的知识产权保护问题变得日益复杂,网络伦理、信息行为、网络文化和国家安全等信息道德问题日显突出。每个人都应遵循一定的信息伦理与道德准则来规范自身的信息行为,如不制作、传播、消费不良信息,不侵犯他人的知识产权、商业秘密、隐私权,不利用信息技术进行犯罪活动等。遵循法律法规,尊重他人的学术成果,尊重知识产权,合理合法地使用信息资源。

2. 文献检索课教学

我国高等学校的信息素养教育可以追溯到 1984 年,教育部规定在全国有条件的高校广泛开展文献检索与利用的教育,目的是提高大学生的信息意识和文献检索技能。1992 年,国家教育委员会印发了《文献检索课教学基本要求》,提出文献检索课的教学目标应体现在 4 个方面:①增强学生的文献信息意识;②使学生具有检索文献的技能;③使学生具有分析、加工、评述、利用文献的能力;④培养学生的自学能力和独立研究能力。2002 年,教育部首次将文献检索课教学改成信息素质教育,表明文献检索课教学迈入了新的里程碑。

在我国,开设文献检索课是提高大学生信息意识和信息运用能力的主要途径,也是目前对大学生进行信息素养培养的主要方式。文献检索课是一门集图书馆学、情报学、计算机网络技术等多学科知识为一体的技能和方法课。其教学目标是提升学生的信息素养,培养学生的信息意识和获取文献的能力,提高学生的自主学习和解决问题的能力,充分发挥其创造力。

在信息社会中,快速获取与充分利用信息的能力将让人们受益终身。了解检索工具的基本特点,掌握检索的基本技巧,充分利用图书馆,并合理保护知识产权是现代文献检索课的主要内容。将信息素养的培养贯穿整个教程,充分结合数字网络环境是对现代文献检索教学的新要求。现代文献检索课的教学目标主要体现在4个方面。

① 明确信息需求。信息素养即能够根据所需,较准确地阐明自己的信息需求,并能根据需求,通过选择鉴别将各种形式和类型的信息源作为获取途径,正确地从丰富的信息资源中找到所需要的信息源。

② 增强信息意识。信息意识反映了人们对信息的性质、社会地位和作用的认识程度,是大学生发挥信息素养能力的先决条件。培养大学生的信息意识是文献检索课的培养目标之一。通过培养学生敏锐的信息领悟能力,使学生发现存在于科研、工作、生活等各个方面的信息源,并能从看似平常的信息中发现有价值的信息;同时,增强学生的知识产权保护意识,使其正确合理地利用信息。

③ 培养信息获取能力。信息的获取是信息的分析、处理和利用的基础和前提,离开了信息的搜集与获取,就谈不上信息的分析与利用了,因此培养信息获取能力尤为重要。文献检索课作为一门培养大学生信息素养的课程,通过学习可以掌握信息源的选择、信息获取方式的确定、检索策略的制定,最终获得较为满意的信息。

④ 提高信息评价能力。评价信息的能力就是对信息的价值进行判断的能力。随着网络技术的发展,人们获取信息的渠道呈现多元化,一方面可以通过各种媒体轻易地获取大量信息;另一方面众多无关的、欠准确的信息也会充斥网络。提高评价信息的能力,对各种信息的可靠性、有效性、权威性做出准确的判断,可以主动地控制信息、驾驭信息。

信息素养是一项自主学习和终身学习的重要能力素质。文献检索课可以帮助大学生提高信息意识,掌握获取信息的方法和手段,拓宽知识视野,启发思路。信息时代的到来以及网络技术的迅猛发展,迫切要求现代大学生必须努力提高信息素养,才能满足时代发展和个人发展的需要。

思 考 题

1. 信息资源的特性是什么?
2. 按照文献信息资源的载体类型、出版类型可分别将文献划分为哪几种类型?
3. 信息素养主要包括几个方面?

第 2 章　信息检索基础

2.1　信息检索概述

2.1.1　信息检索的概念

信息检索(information retrieval)是用户从海量信息集合中通过信息查询和获取找到满足信息需求材料的主要方式,是查找信息的方法和手段。

广义上的信息检索,包括信息的"存"和"取"两个方面。"存"就是把大量杂乱无序的信息按一定的方式进行加工、整理、组织,加以科学地排列,使之有序化,形成检索工具或检索系统(检索工具如图书馆馆藏目录、全国西文期刊联合目录等;检索系统如搜索引擎、图书馆书目系统、中外文数据库等)的过程。这里要存储的信息不仅包括原始文档数据,还包括图片、视频和音频等,首先要将这些原始信息进行计算机语言的转换,并将其存储在数据库中,否则无法进行机器识别。待用户根据意图输入查询请求后,检索系统根据用户的查询请求在数据库中搜索与查询相关的信息,通过一定的匹配机制计算出信息的相似度大小,并按从大到小的顺序将信息转换输出。而"取"即在有序的信息集合中找出用户特定所需的相关信息,也就是利用检索工具或检索系统的使用方法找到用户所需信息。"存"是"取"的基础和前提,"取"是检索利用,是"存"的价值体现。

狭义的信息检索仅指"取"的过程,这一过程也就是信息查询(information search),即用户根据需要,采用一定的方法,借助检索工具,从信息集合中找出所需要信息的查找过程。狭义的信息检索包括 3 个方面的含义:了解用户的信息需求,信息检索的技术或方法,满足信息用户的需求。

2.1.2　信息检索的原理

广义信息检索是指将信息按照一定的方式组织和存储起来,并能根据信息用户的需要指出其中相关信息的过程,包含信息存储与检索两个过程。

信息的存储过程是按照检索语言及其使用原则对原始信息进行处理,形成信息特征标识,为检索提供经过整序的信息集合的过程。一般包括信息选择、信息著录、信息标引、信息整序等环节。信息的检索过程则是按照同样的检索语言及组配原则分析课题,形成检索提问标识,根据存储所提供的检索途径,从信息集合中查获与检索提问标识相符的信息特征标识的过程。因此,信息检索的基本原理可从信息的著录、信息的整序和信息特征标识与检索提问标识的匹配三方面来讲述。

1. 信息的著录

著录指在编制文献目录时,对文献内容和形式特征进行分析、选择和记录的过程。信息的著录是对信息的外部特征(包括题名、著者、出处等)和内容特征进行描述的过程,是对信息进行替代的过程,这项工作被称为著录。例如,描述一本期刊可通过如图2-1所示的方式来著录,描述一本书可通过如图2-2所示的方式来著录,著录的数据称为Marc数据,建立对应的书目检索数据库后,用户可通过多种途径来检索相关文献。

题名与责任者说明	200	1	■a节能技术■AJie Neng Ji Shu
特殊细节:卷期编号	207	0	■a创刊号(1983)-1983,no.2(1983,7)■a1984,no.1(1984)- =总3-
出版发行项	210		■a哈尔滨■b黑龙江省哈尔滨工业大学节能楼(邮编150001)■c该刊编辑部■d1983-
载体形态项	215		■d28cm
出版发行项注	306		■a1988年以前为内部发行
出版发行项注	306		■a曾由国防科技工业节能技术服务中心出版
载体形态项注	307		■a尺寸曾为26cm
特殊细节附注	315		■a1984,no.1(总3)起有总期标识
出版周期附注	326		■a双月刊■b1991-
出版周期附注	326		■a季刊■b1983-1990
内容附注	327	0	■a研究与探讨■a设计与测试■a能源管理■a经验交流■a论坛与讲座
采访信息附注	345		■aTel.:(0451)86412048,86413205
非控制主题词	610	0	■a节能
中图法分类号	690		■aTK01■v4
人名等同责任	701	0	■a杨玉顺■AYang Yu Shun■4主编
人名等同责任	701	0	■a范柏樟■AFan Bo Zhang■4主编
团体等同责任	711	02	■a国防科技工业节能技术服务中心■AGuo Fang Ke Ji Gong Ye Jie Neng Ji Shu
记录来源字段	801	0	■aCN■b中国国家图书馆■d20100302

图2-1 期刊Marc数据

作品语种	101	1	■achi■ceng
出版或制作国别	102		■aCN■b110000■aUS
编码:文字专著	105		■aa z 000yy
编码:形态特征编码	106		■ar
题名与责任者说明	200	1	■aOracle大数据解决方案■AOracle Da Shu Ju Jie Jue Fang An■f(美)
出版发行项	210		■a北京■c清华大学出版社a[美国]■c麦格劳—希尔教育(亚洲)出版公司
载体形态项	215		■aXXIII, 302页■c图■d26cm
丛编项	225	2	■a大数据应用与技术丛书■ADa Shu Ju Ying Yong Yu Ji Shu Cong Shu
题名责任附注	304		■a译者还有:李园花、杨雷、王欣
相关题名附注	312		■a封面题英文题名:Oracle big data handbook
责任者附注	314		■a责任者Plunkett规范汉译姓:普伦凯特;责任者Macdonald规范汉译姓
提要、文摘附注	330		■a本书讨论成功实现大数据方案必需的策略和技术,包括Apache Hadoop 讲述迁移既有系统并将现有数据仓库和分析解决方案集成到企业大数据
丛编	410	0	■12001 ■a大数据应用与技术丛书
统一题名	500	10	■aOracle big data handbook■AOracle Big Data Handbook■mChinese
学科名称主题	606	0	■a关系数据库系统■AGuan Xi Shu Ju Ku Xi Tong
中图法分类号	690		■aTP311.138■v5

图2-2 图书Marc数据

2. 信息的整序

信息的整序是把著录信息按照信息特征的标记进行排列的过程,具体地说,就是对信息进行标引,给出信息标识,并编制各种类型的索引的过程。信息的整序可分为形式整序和内容整序两类。它们是根据代表信息外在属性的标识(如著者姓名、题名、序号等)和内在属性的标识(如分类号、主题词等)排列信息的。如以信息的著者姓名为标识,可以把所有信息按照著者姓名的字顺排列起来。用户只要知道著者姓名,就可以在著者姓名笔顺的信息序列中(著者索引)查到所需信息。

3. 信息特征标识与检索提问标识的匹配

检索过程是将标引人员对信息内容的表达(信息特征标识)与检索者对信息需要的表达(检索提问标识)进行相符性比较的过程。狭义信息检索就是通过信息特征标识与检索提问标识的匹配来实现的。为了实现这一匹配,标引人员的标引用语和检索者的检索用语必须采用一种共同的语言,这就是检索语言。检索语言连接了信息的存储和检索两个过程,是标引人员和检索者双方思想的桥梁,是检索工具或检索系统的重要组成部分。

综上所述,信息检索的原理如图 2-3 所示。

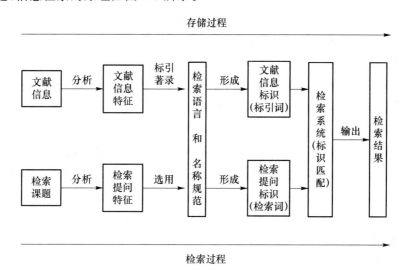

图 2-3 信息检索的原理

检索系统所输出的信息可能是用户需要的最终信息,也可能是用户需要的中介信息,用户在分析检索课题中所描述的特征与文献信息著录的特征越接近,得到的结果越精确。

2.1.3 信息检索类型

按存储与检索对象划分,信息检索可以分为如下几种类型。

1. 文献检索

文献检索(literature search)是以文献(包括文摘、题录和全文)为检索对象的信息检索。文献检索是信息检索的主要形式。文献检索是一种相关性检索,即不直接解答用户所提出的技术问题本身。可根据文献的内部特征和外部特征来匹配出检索结果。

2. 数据检索

数据检索(data retrieval)是以数据为对象的一种检索,通过将从文献中选择、整理和评价的数据存入某种载体中,根据用户需要从某种数据集合中检索出能解决问题的准确数据。因此,数据检索是一种确定性检索(系统要直接回答用户提出的技术问题,即直接提供用户所需要的确切数据或事实)。例如,查找地理信息系统中的空间数据、空气湿度、化学分子式、某一数学公式、数据图表,某种设备(如汽车、手机)的型号与参数等,都属于数据检索的范畴。例如,它可以回答"长白山的海拔高度""2021 年中国人口数是多少"之类的提问。

3. 事实检索

事实检索（fact retrieval）以特定的事实为检索对象，属于情报检索的一种类型。凡是对某一事物、事件、主题的事实情况进行查询均属于事实检索。广义的事实检索既包括数值数据的检索、算术运算、比较和数学推导，也包括非数值数据（如事实、概念、思想、知识等）的检索、比较、演绎和逻辑推理。事实检索是情报检索中最复杂的一种。它允许用户用自然语言提问，并能用自然语言作答。更重要的是，系统必须具有一定的逻辑推理能力和自然语言理解功能，能从数据（事实）集合中查出原来存入的数据或事实，还能够从已有的基本数据或事实中推导、演绎出新的数据或事实。例如，查找中国载人航天工程的发展历程，第三届中国好声音比赛开始与结束的时间、参赛人数、竞赛规定、具体导师等，电热水器由哪些厂家生产、哪个牌号最好，中国所有985高校简况、分布等，均属于事实检索。事实检索回答一个确定的问题。

4. 概念检索

概念检索（concept retrieval）就是查找特定概念的含义、作用、原理或使用范围等解释性内容或说明。最常见的传统概念检索是用各种参考工具进行的，如字典、百科全书、名录、手册、指南等参考工具书。

传统检索的核心是关键词的机械式匹配，只要发现某个网页或文献资源中含有这个关键字符，就将该网页或文献作为查询结果返回给用户，还可以结合布尔逻辑运算提供更为复杂的查询表达方式，但都是以关键字符匹配为基础的。由于参与匹配的是字符的外在形式，而不是它们所表达的概念，所以会出现检索不全、答非所问的结果。概念检索是一种突破了机械式匹配局限于表面形式的缺陷，从词所表达的概念意义层次上来认识和处理用户检索请求的检索方法。

5. 多媒体检索

从涉及的信息角度看，多媒体检索（multimedia information retrieval）可分为基于文本和基于内容两种多媒体信息检索方式。多媒体检索是指根据用户的要求，对文本、图形、图像、音频、视频等多媒体信息进行识别和获取所需信息的过程。

多媒体信息检索系统并不是简单地对多种媒体进行检索。多媒体信息检索技术主要分为两类：①以全文检索作为基本和主要的手段，在文字和其他媒体之间建立连接，非文字媒体的检索通过全文检索实现；②根据各种媒体本身的特征进行检索，如基于内容的图像检索技术。多媒体信息检索技术主要包括各种媒体的获取、压缩、存取（本地存取和网络存取）、输出（显示和打印）。多媒体信息检索的关键技术如下。

① 各种媒体的压缩和解压缩技术。压缩技术分两类：不失真压缩技术与失真压缩技术。不同媒体采用不同的压缩技术和方法，如文本与索引的压缩，采用不失真压缩技术；视频与音频数据的压缩，大都采用失真压缩技术。

② 各种媒体信息的获取和输出技术。主要是视频、音频信息的获取和输出技术。

③ 超文本和超媒体检索技术。超文本和超媒体是多媒体信息管理技术，以信息单元为节点，通过节点之间的链向用户提供一个网状结构，以管理、检索和浏览多媒体信息。

因此，多媒体检索既能对以文本信息为代表的连续媒体的内容进行检索，也能对以图像、声音为代表的连续媒体的内容进行检索。由于不同的用户对多媒体特征的理解和需求不同，所以基于内容特征的多媒体信息检索尚无通用的方法，在技术上也有很大难度，研究主要针对特定领域和特定需求，如对人像的检索、对指纹的检索等。

以上几种信息检索类型各有不同:概念检索以匹配为主要目标,数据检索、事实检索要检索出包含在文献中的信息本身,而文献检索则检索出包含所需要信息的文献即可,多媒体检索是更广泛意义上的信息检索。

2.2 信息检索语言

2.2.1 信息检索语言概述

1. 信息检索语言的概念

信息检索语言是根据信息检索的需要而创制的人工语言,是从自然语言中精选出来并加以规范化的一套词汇符号,是概括文献信息内容或外在特征及其相互关系的概念标识体系。信息检索语言是文献信息加工、存储和检索时共同需要而编制的专门语言,是编制检索工具各种索引的依据,也是计算机化的信息存储系统用以表达文献信息主题概念和检索课题概念的人工文献信息识别的符号体系。因此,信息检索语言是用来描述信息源特征和进行检索的人工语言,可分为规范化语言和非规范化语言(自然语言)两类。

2. 信息检索语言的基本要求

信息检索语言是因信息检索而人工创造的书面语言,不是人们自然使用的语言,因此,它除了具备自然语言的特点外,在选择和使用中还有一些基本要求。

① 信息检索语言应来自自然语言。信息检索语言是专供检索者查找文献而用的,但检索者不可能都是经过专门训练的,因此,信息检索语言接近于自然语言才有利于检索者理解和掌握词汇、词法和句法组成。

② 信息检索语言应便于计算机识别和分析。计算机无法真正理解信息检索语言中的语义,无法判断语义含混和逻辑错误,只能读出和比较各种代码,告诉检索者比较的结果是否匹配。计算机编制的索引程序能够从文本中抽取合适的语词或句子,形成检索词和摘要,但却不能创造和修改句子设计,信息检索语言要与计算机程序识别和分析能力联系起来加以考虑。

③ 信息检索语言应当充分考虑索引的效能平衡。网罗性和专指性是信息检索语言的重要特性,标引的网罗性是指标识文献主题的广度;检索词的专指性是指检索词的适用性及其揭示文献主题的深度。过多强调网罗性和专指性,能够提高检索的查全率和查准率,但可能降低检索速度和提高编制成本,信息检索语言要在这两个方面进行权衡。

④ 信息检索语言应当能够及时更新。科学技术、信息社会在不断发展,文献用语和提问用语也是动态变化的,与之相适应,信息检索语言也要跟上时代的步伐,及时吸收新概念、新词汇,淘汰过时的概念和词汇。

⑤ 信息检索语言中的语词应当符合文献和检索要求。信息检索语言是供标引和检索使用的,它应满足标引和检索的实际需求,来自文献和检索提问。因此,信息检索语言应符合专业要求,是该领域约定俗成和普遍采用的语词。这恰恰是信息检索语言与各学科领域中概念的区别所在,也是其不同于自然语言的重要一点。

3. 信息检索语言的作用

信息检索语言的作用是沟通信息标引者和检索者，使标引人员和检索者在不同时候和不同情况下在描述同一信息特征时保持一致。由于信息检索的匹配过程是通过信息检索语言的匹配过程来实现的，因此信息检索语言的质量好坏以及对它的使用正确与否，就直接影响检索率的高低。信息检索语言所起到的作用如下。

① 保证不同的信息标引人员描述信息特征的一致性。信息标引人员出于自身的学历、专业、经历、理解、思维方式的不同，在对同一事物进行描述时，会产生主观上的不一致性，专用的信息检索语言力求在最大限度上避免这种不一致性的产生。

② 保证检索提问词与信息标引的一致性。检索者和标引人员对同一事物的理解是不一致的，信息检索语言在检索者和标引人员之间架起桥梁，保证检索提问词和标引词的一致性。

③ 保证检索者按不同的信息需求来检索信息时能够获得较高的查全率和查准率。检索者的信息需求类型是多种多样的，获得信息的途径也是多方面的，信息检索语言应力求将信息检索中的漏检现象和误检现象控制到最低限度。

2.2.2 信息检索语言的类型

信息检索语言是适应信息检索的需要，并为信息检索特设的人工语言。信息检索语言也称为标引语言、索引语言等，是人与检索系统对话的基础，是文献的标引人员和检索者对主题的共同理解。

1. 按照标识的性质与原理划分，信息检索语言可划分为分类语言、主题语言和代码语言

1）分类语言

分类语言是指以数字、字母或字母与数字结合作为基本字符，采用字符直接连接并以圆点（或其他符号）作为分隔符的书写法，以基本类目作为基本词汇，以类目的从属关系来表达复杂概念的一类检索语言。分类语言可分为等级分类语言和组配分类语言，目前最普遍使用的是等级分类语言。

（1）等级分类语言

等级分类语言是以学科的分类为基础，依据概念的划分和概括原理，把概括文献内容与事物的各种类目组成一个层层隶属、详细列举的等级结构体系的一种文献分类法。所谓"类"是指具有许多共同属性事物的集合，凡用来表达同一事物的概念都称为"类目"。每类事物除了有共同的属性外，还有其个性，也就是说还可以用个性相近的事物为标准再进行划分。

我国目前常用的等级分类语言主要有《中国图书馆分类法》（简称《中图法》）、《中国科学院图书馆图书分类法》（简称《科图法》）、《中国人民大学图书馆图书分类法》（简称《人大法》）等，国外常用的等级分类语言有《杜威十进分类法》《国际十进分类法》和《美国国会图书馆图书分类法》等。

① 《中国图书馆分类法》

《中图法》是由政府部门编制的一部大型综合性图书分类法，目前使用的是2010年北京出版社出版的第5版，作者是《中国图书馆分类法》编辑委员会。《中图法》是目前我国图书馆和情报单位普遍使用的一部综合性分类法。

《中图法》分五大部类和二十二大类，如表2-1所示。

表 2-1 《中国图书馆分类法》简表

五大部类	二十二大类	五大部类	二十二大类
马克思主义、列宁主义、毛泽东思想、邓小平理论	A 马克思主义、列宁主义、毛泽东思想、邓小平理论	自然科学	N 自然科学总论
哲学	B 哲学、宗教		O 数理科学和化学
社会科学	C 社会科学总论		P 天文学、地球科学
	D 政治、法律		Q 生物科学
	E 军事		R 医药、卫生
	F 经济		S 农业科学
	G 文化、科学、教育、体育		T 工业技术
	H 语言、文字		U 交通运输
	I 文学		V 航空、航天
	J 艺术		X 环境科学、安全科学
	K 历史、地理	综合性图书	Z 综合性图书

《中图法》的标记符号采用拉丁字母与阿拉伯数字相结合的混合号码制。其中拉丁字母表示大类,其他各级类目用阿拉伯数字表示。"T 工业技术"二级类目太多,也采用字母表示,如表 2-2 所示。

表 2-2 《中国图书馆分类法》之"T 工业技术"二级类目

"T 工业技术"二级类目	"T 工业技术"二级类目
TB 一般工业技术	TL 原子能技术
TD 矿业工程	TM 电工技术
TE 石油、天然气工业	TN 无线电电子学、电信技术
TF 冶金工业	TP 自动化技术、计算机技术
TG 金属学与金属工艺	TQ 化学工业
TH 机械、仪表工业	TS 轻工业、手工业
TJ 武器工业	TU 建筑科学
TK 能源与动力工程	TV 水利工程

二级类目细分了工业技术的不同领域,《中图法》基本采用层累制作为编号制度,同理可将这一知识体系继续细分为多级类目。例如:TN91,其中 T 代表一级类目——工业技术,N 代表二级类目——无线电电子学、电信技术,91 代表三级类目——通信,如图 2-4 所示。

```
T 工业技术 ·································· 一级类目
TN 无线电电子学、电信技术 ············· 二级类目
TN91 通信 ···································· 三级类目
TN911 通信理论 ····························· 四级类目
TN911.3 调制理论 ·························· 五级类目
```
图 2-4 《中国图书馆分类法》之"T 工业技术"细分

《中图法》的标记符号中分类号越长,表示的学科范围越窄。再如,TP 自动化技术、计算机技术细分,如图 2-5 所示,通过层累递进的方式细化了学科范围。其中我们将"TP3 计算技术、计算机技术"叫作"TP31 计算机软件"的上位类(即属概念),而将"TP312 程序语言、算法语言"称为"TP31 计算机软件"的下位类(即种概念),当检索结果过多时,可通过选择下位类或下位类词来缩小检索范围,反之,可通过选择上位类或上位类词来扩大检索范围。而 TP31、TP39 属于同级类目,子类与子类之间称同位类(即并列概念)。

```
TP 自动化技术、计算机技术 ……………………… 二级类目
    TP3 计算技术、计算机技术 …………………… 三级类目
        TP31 计算机软件 ……………………………… 四级类目
            TP312 程序语言、算法语言 …………………… 五级类目
        TP39 计算机的应用 …………………………… 四级类目
            TP393 计算机网络 ……………………………… 五级类目
                TP393.4 国际互联网 …………………………… 六级类目
```

图 2-5 《中国图书馆分类法》之"TP 自动化技术、计算机技术"细分

②《中国科学院图书馆图书分类法》

《科图法》是中国科学院图书馆 1954 年编制的,到 1994 年已修订了三次,《科图法》分为五大部类:

00 马克思列宁主义、毛泽东思想

10 哲学

20 社会科学

50 自然科学

90 综合性图书

五大部类下分二十五大类,还有 6 个附表、1 个索引,所有大类号均用两位数表示。《科图法》影响很大,其编制既适合大型综合性图书馆,又适合专业性图书馆,其自然科学部分类目较为详细,系统性强,具有较强的科学性,如图 2-6 所示。

③《中国人民大学图书馆图书分类法》

《人大法》于 1953 年出版,到 1996 年已经出版了 6 版,《人大法》是新中国成立后第一部科学性、实用性较强的图书分类法,当时以社会科学见长。《人大法》由四大部分、17 个大类、9 个复分表和 2 个附表组成。类目标识完全采用阿拉伯数字,一个数字代表一个类号,用 1~17 的数码表示 17 个基本大类;对两位一类的数码标识在数码后加小圆点;对全部类目等级列举次第展开,反映类目之间的种属和并列关系。

《中国人民大学图书馆图书分类法》(第 6 版)主表示例:

1 马克思列宁主义、毛泽东思想

2 哲学

3 社会科学、政治

4 经济

5 军事

6 法律

7 文化、教育、科学、体育

8 艺术

9 语言、文字
10 文学
11 历史
12 地理
13 自然科学
14 医药、卫生
15 工程技术
16 农业科学技术
17 综合性科学、综合性图书

```
00      马克思列宁主义、毛泽东思想
10      哲学
20      社会科学
   21   历史、历史学
   27   经济、经济学
   31   政治、社会生活
   34   法律、法学
   36   军事、军事学
   37   文化、科学、教育、体育
   41   语言、文字学
   42   文学
   48   艺术
   49   无神论、宗教学
50      自然科学
   51   数学
   52   力学
   53   物理学
   54   化学
   55   天文学
   56   地球科学
   58   生物科学
   61   医药、卫生
   65   农业科学
   71   工程技术
90      综合性图书
```

图 2-6 《中国科学院图书馆图书分类法》

④《杜威十进分类法》

国外主要分类法以《杜威十进分类法》和《美国国会图书馆图书分类法》最为著名。《杜威十进分类法》(简称《杜威法》或《DC法》)是目前国外使用较为广泛、较有影响的图书分类法,由美国图书馆学家麦威尔·杜威于1876年创制,目前已被翻译成30多种语言,并有130多个国家使用这一分类体系。《杜威法》是培根关于知识分类体系的倒排,采用十进制的等级分类体系,即把所有学科分成九大类,分别标100~900的数字,九大类表示9个专门的主题范畴。各类中的类目均按照从一般到特殊,从总论到具体的组织原则,以下逐次分类,形成一个层层展开的等级体系。《杜威十进分类法》发表后,先后有许多国家的学者以此为根据编制了多种分类法,其中以《国际十进分类法》影响最大。

《杜威十进分类法》主要类目：
000 总类
100 哲学类
200 宗教类
300 社会科学类
400 语言类
500 自然科学类
600 应用科学类
700 艺术类
800 文学类
900 史地类

⑤《美国国会图书馆图书分类法》

《美国国会图书馆图书分类法》(简称《国会法》或《LC分类法》)是目前美国大多数图书馆采用的分类方法。《国会法》是世界上最大型的列举式分类法，其类目设置与次序并无严格的科学系统，未细致照顾学科之间的亲疏远近、并列从属等关系，而是以本馆藏书实际情况为依据，由各门类有关专家就自己领域逐类列类，众多不同类被安排为便于使用的次序。《国会法》分为21个大类，分别由A到Z的21个字母编号，采用拉丁字母与阿拉伯数字组成的混合号码作为标记，字母表示基本大类和二级类，多为传统学科和知识门类。子目以数字为标记，从1到9 999，类目标记具有弹性，可无限延展，至小数点以后，各大类均有详细索引及专用的复分表。

《美国国会图书馆图书分类法》主要类目：

A	总类：著作集
B	哲学、宗教
C	历史相关科学
D	历史：世界史
E—F	历史：美洲史
G	地理、人类学
H	社会科学
J	政治
K	法律
L	教育
M	音乐
N	美术
P	语言
Q	科学
R	医学
S	农业及其他
T	工业技术
U	军事科学
V	海军兵学
Z	目录学及图书馆科学

(2) 组配分类语言

组配分类语言是依据概念的分析与综合原理，将概括文献内容与事物的主题概念组成"分面-亚面-类目"的结构体系，通过分面内类目之间的组配来表达文献主题的一种文献分类法。组配分类法的代表有《冒号分类法》《布利斯书目分类法》(第2版)。

组配分类法中有先组式语言和后组式语言。先组式语言是指标识在编表时(标引前)就已经组合好，标引和检索时不必或较少进行组配的标识语言，如主题法中的标题法就属于这种类型。用户只能用固定好的检索词组形式去完成检索，它有较好的直接性和专指性，但灵活度差，如标题词语言。后组式语言在文献标引时，把文献的主题分析成一些独立的概念单元，把这篇文献号分别标在这些概念单元之下，而在检索时，通过把有关的概念单元进行布尔逻辑组合来构成自己的检索提问。

组配分类法具有灵活性，主要有3个优势作用：其一，能增强信息检索语言的表达能力，通过几个简单概念的组合，可以表达多个主题概念；其二，能增强信息检索语言的聚类能力，通过组配型来做标识，可增强文献主题多向聚类能力，还可以使多主题文献在检索中实现对多个专指度进行检索，也能够改变检索范围；其三，能增强信息检索语言的匹配能力，通过组配型标识可以使多个文献主题与一个检索课题相匹配，提高检全率，也可以使一个文献主题响应多个检索课题，提高文献利用率。

利用组配分类法能扩展检索的范围，延伸检索内涵，提高查全率，但也有缺点：其一，组配分类法的后组式不适合浏览性检索，对全貌的概括不如等级分类法；其二，组配分类法的标引不如先组式标识一目了然，组配标引句的含义不如等级分类明确，分析与综合过程容易偏离主题；其三，使用复杂，对用户检索提问式要求较高。

2) 主题语言

主题语言是直接以代表文献内容主题概念的标识作为检索标识，并按其字顺组织与揭示信息的一种检索语言。它打破了按学科分类的方法，完全建立在自然语言的基础上，使分散在各个学科领域里的有关课题的信息按字顺集中于同一主题，使用时就如同查字典一样按字顺找到所需的主题词，在该词下，列出反映该主题内容的有关信息。

主题语言的发展历史有100多年，1895年美国图书馆协会根据克特的思想，编制、出版的《字典式目录使用的标题表》(即《美国图书馆协会标题表》)是世界上第一部大型的标题表，进入20世纪五六十年代，人们又在标题法的基础上陆续发展出了元词法、关键词法和叙词法。目前国内外著名主题语言有《美国国会图书馆标题表》《医学主题词表》《汉语主题词表》《中国分类主题词表》《化工汉语主题词表》《机械工程主题词表》《国防科学技术叙词表》《工程索引叙词表》《中国档案主题词表》等。

根据词语的选词原则、组配方式、规范方法，主题语言可分为标题词语言、关键词语言、单元词语言和叙词语言。

(1) 标题词语言

标题词语言是以标题词(规范的事物名称、名词术语)作为文献内容标识和检索依据的一种主题词语言，是最早出现的一种按标题来标引和检索文献的传统检索语言。标题词是指从自然语言中选取并经过规范化处理，表示事物概念的词、词组或短语。按字顺排列，词间语义关系用参照系统显示，以标题词表的形式体现，如美国工程情报公司编制的《工程主题词表》。

如果第一篇文献用"微型计算机"这个术语来叙述它的研究对象，第二篇文献用"微型电脑"这个术语来叙述它的研究对象，第三篇文献用"微机"这个术语来叙述它的研究对象，虽然都表示同一概念，但这时就不能直接用"微型电脑"或"微机"来做标题词了，这3篇文献都必须用"微型计算机"做标题词（根据词表决定）。因为这3个术语是等同概念，如果同时用3个术语来标引，便会导致文献被分散。当然，用户若从"微型电脑"或"微机"入手检索，可以在标题词表中看到"见：微型计算机"的参照指示。

（2）关键词语言

关键词语言是直接从原文的标题、摘要或全文中抽选出来，具有实质意义的、未经规范处理的自然语言词汇，是作为信息存储和检索依据的一种检索语言。用关键词语言检索是国外自然语言应用于信息检索最为成熟、最为普遍的一种方式。关键词不受词表限制，表达事物概念直接、准确，能及时反映新事物、新概念，目前关键词语言已被广泛地运用于手工检索和计算机检索系统中，如美国《化学文摘》(CA)的关键词索引。

关键词法可以用于编制印刷本的关键词索引，其形式很多，有题内关键词索引、题外关键词索引、双重关键词索引、单纯关键词索引、词对式关键词索引、简单关键词索引、关键词与著者索引等，都是用计算机自动抽词方式编制的。用关键词法也可以编数据库的倒排文档，用于联机检索，这是目前关键词法的主要用途。

（3）单元词语言

单元词是一种最基本的、不能再分的单元词语，亦称元词，是指能够用以描述信息所论及主题的最小、最基本的词汇单位。单元词具有灵活的组配功能，在检索时可以将某些单元词组配起来代表某一特定概念，因此这种语言属于后组式主题语言。单元词语言多用于机械检索，适于用简单的标识和检索手段（如穿孔卡片等）来标识信息。

（4）叙词语言

叙词语言是主题语言的最高级形式，是目前应用较广的一种语言，CA、EI(工程索引)等著名检索工具都采用了叙词法进行编排。其基本成分是叙词，叙词是指一些以概念为基础的、经过规范化的，具有组配功能并可以显示词间关系和动态性的词或词组。叙词语言就是以叙词作为文献检索标识和查找依据的一种检索语言。

检索时利用这些叙词进行组配，以表达一个复杂的概念。叙词语言适用于计算机检索和手工检索，是目前应用较广的一种语言，如英国的《科学文摘》(SA)、EI(1993年后)等均采用叙词语言。叙词语言是一种规范化、后组式的主题语言。

3）代码语言

代码语言是指对事物的某方面特征，用某种代码系统来表示和排列事物概念，从而提供检索的语言。例如，根据化合物的分子式这种代码语言，可以构成分子式索引系统，允许用户从分子式出发，检索相应的化合物及其相关文献信息。书号(ISBN)、刊号(ISSN)、专利号、标准号等都是代码语言。

2. 按照文献的有关特征划分，信息检索语言可划分为外表特征语言和内容特征语言

（1）表达文献外表特征的检索语言

文献外表特征：篇名、作者姓名、出版者、报告号、专利号。

描述文献外表特征的检索语言：

- 题名——题名索引；
- 著者——著者索引、团体著者索引；
- 文献编号——报告号索引、合同号索引、存取号索引；
- 其他——人名索引、引用文献目录等。

因此,表达文献外表特征的检索语言主要是指文献的篇名(题目)、作者姓名、出版者、报告号、专利号等。将不同的文献按照篇名、作者姓名的字序进行排列,或者按照报告号、专利号的数序进行排列,分别形成以篇名、作者及号码的检索途径来满足用户需求的检索语言。

(2) 表达文献内容特征的检索语言

描述文献内容特征的检索语言:
- 分类——分类索引;
- 主题——主题索引、单元词索引、关键词索引、叙词索引等;
- 代码——分子式索引、结构式索引等。

因此,表达文献内容特征的检索语言主要是指所论述的内容所属分类及主题观点、见解和结论等。

2.3 信息检索途径

查找文献可根据文献的不同特征从不同的角度来进行,文献检索有多种途径。

2.3.1 按内容特征检索

1. 主题途径

主题途径是按文献内容的主题来查找文献的途径。以确定的主题词作为检索入口,按主题字顺进行查找。一般利用主题目录和文献检索工具中的主题索引。主题词选词的参照体系是主题词表。用主题途径检索文献的优点是不用考虑文献的学科体系,比较直观,适合特征检索。

2. 分类途径

分类途径是按照文献所属的学科类别来检索文献的途径。以分类号(或类目)作为检索入口,按照分类号(或类目)的顺序进行查找。一般利用分类目录和文献检索工具中的分类目次表,依据的是一个可参照的分类体系,比如分类法、分类目次等。用分类途径检索的优点是能把同一学科的文献集中在一起查出来,缺点是新兴学科、交叉学科、边缘学科在分类时往往难以处理,查找不便。另外,从分类途径检索必须了解学科分类体系,特别是在概念变换为分类号的过程中易发生差错,造成漏检。

2.3.2 按外表特征检索

1. 著者途径

著者途径是根据著者的名称查找文献,以已知著者(个人著者、团体著者或公司、机构)的名称作为检索入口,通过著者目录、个人著者、团体著者索引来查找所需文献的途径。

2. 题名途径

题名途径是根据篇名或书刊名称进行检索,根据文献题名(包括书名、刊名、篇名)来查找文献的途径。它以题名作为检索入口,检索者只要知道文献的题名,就可以通过文献的题名索引(目录)查找到所需文献。

3. 序号途径

序号途径是根据文献的顺序编号进行检索,以文献出版时所编的序号(专利号、标准号、报告号、合同号、文献登记号或入藏号等)作为检索入口,利用序号索引来查找文献的途径。序号索引排列时,分两种情况:序号单纯为数字的,按数字大小排列;序号为字母与数字混合的,即数字前冠有字母的,先依字母顺序、后按数字大小排列。若已知文献号码,使用这种检索途径不仅简单,且不易造成错检或漏检。

4. 引文途径

引文就是通常所说的参考文献。引文途径就是通过文献结尾所附参考引用文献或引文检索工具查找引用文献的方式。文献的相互引证直接反映学术研究之间的交流与联系,通过引文检索可查找相关研究课题早期、当时和最近的学术文献,可以了解文献之间的内在联系,进而可以有效地揭示过去、现在、将来科学研究之间的内在联系,揭示科学研究中所涉及的各个学科领域的交叉联系,协助研究人员迅速地掌握科学研究的历史、发展和动态;可以从文献引证的角度为文献计量学和科学计量学提供重要的研究工具,分析研究文献的学术影响,把握研究趋势,从而不断推动知识创新;可以较真实客观地反映作者的论文在科研活动中的价值和地位。因此,引文检索是在科学研究中对科技文献进行检索非常重要的途径。

2.4 信息检索系统及检索技术

2.4.1 信息检索系统概述

1. 信息检索系统的定义

信息检索系统(information retrieval system)是指根据对信息资源中不同对象和层次揭示的需要,文献目录、索引、机读数据库、网络搜索引擎等信息资源检索工具构成的以不同检索需要为目标的、形式多样的、完备的系统。所以可以说任何具有信息存储与信息检索功能的系统都可以称为信息检索系统。信息检索系统可以理解为一种可以向用户提供信息检索服务的系统。

2. 信息检索系统的发展

信息检索系统是信息检索工具随着计算机和网络的普及发展而来的,信息检索工具的发展从无到有,经历了手工检索、自动化、计算机检索、网络信息检索这4个主要阶段。

(1) 手工检索阶段

手工检索工具的信息载体基本上以纸质为主。其工具本身是某类形式的印刷出版物,以手工进行查阅,从而得到所需的文献。有2 000多年的时间,文献的检索都依赖于手工,虽然后期出现了缩微(胶片)型的检索工具,但还是通过手工来完成检索任务。各种文摘、题录、书目、索引等都属于手工检索工具。

(2) 自动化阶段

从20世纪三四十年代开始,随着科技的不断发展,学科发展迅猛,新学科不断涌现,出版的刊物也随之大量增加,使得文献量激增,手工检索的方法变得不合时宜,检索效果变差,检索效率降低。于是人们开始利用光电技术、机械技术,设计制造新的检索工具。在各种尝试中,计算机检索系统逐渐显露出优势。我国没有经历这一过程,就直接进入了计算机检索阶段,更确切地说是进入了计算机网络检索阶段。

(3) 计算机检索阶段

以计算机技术为主的现代信息技术的发展是计算机信息检索进步的基础。1946年第一台电子计算机诞生以后不久,人们就将其用于信息检索,开创了现代信息检索的先河。自此以后一系列信息存储与检索的新理论和新方法出现了,信息检索逐渐成为一门独立的科学分支。从单机批处理时期(20世纪50年代初至60年代中期)、联机检索试用时期(20世纪60年代中期至70年代中期),一直到联机服务系统时期(20世纪70年代中期至80年代中期),信息存储介质从磁带、磁盘到光盘发生了根本性的变化,其存储模式也从文件形式发展到以数据库为核心。从系统结构来看,从脱机检索发展到联机检索,基本上是与计算机技术的发展相并行的。

早在20世纪50年代初期,美国麻省理工学院的P.R.Bagley就开始利用计算机检索进行代码化文摘的可行性研究实验。1954年,美国马里兰州银泉海军军械试验室利用IBM 701型电子计算机,将文献号和少量标引词存储在计算机中,进行相关性比较后输出检索结果——文献号,由此诞生了世界上第一个文献信息的自动化检索系统。由于当时的计算机尚处在电子管时期,用于信息处理有很大的局限,因此无实用系统,而且是脱机检索。

20世纪50年代末到60年代初,第2代计算机(半导体)的软硬件有了发展,文献处理与信息检索的性能增强,信息检索进入实用化的脱机批处理阶段。1959年,美国的劳恩利用IBM 650型计算机建立了世界上第一个基于KWIC(上下文关键字)索引的定题情报检索(SDI)系统。1961年,美国化学文摘社使用计算机编制了《化学题录》(*Chemical Title*),并发行了《化学题录》机读磁带版。自此以后,计算机信息存取在世界范围内正式进入实际应用与生产型开发的新时期。1967年以后,美国化学文摘社整个系列的新出版物都通过机读数据库进行生产了。1965年,美国系统发展公司受国防部委托开始研制ORBIT(文献信息分时联机检索)信息检索系统并获得成功。1964年,美国国立医学图书馆也使用计算机编制了世界医学文献的检索刊物《医学索引》(*Index Medics*)并投入使用。

到了20世纪60年代后期,第3代集成电路计算机的诞生与高密度海量存储器硬磁盘及磁盘机的问世,以及数字通信技术和分组交换公用数据通信网的普及,使计算机信息存取从脱机批处理进入联机检索阶段。最早的联机信息存取系统是美国洛克希德(Lockheed)公司研究试验室研制的CONVERS系统,该系统经过不断试验与改进以后,于1966年改名为DIALOG,1967年开始为NASA(美国国家航空航天局)提供常规检索服务。

(4) 网络信息检索阶段

网络信息检索(Network Information Retrieval,NIR)一般指因特网检索,是指通过网络接口软件,用户可以在一终端查询各地网上的信息资源。这一类检索系统都是基于互联网的分布式特点开发和应用的:数据分布式存储,大量的数据可以分散存储在不同的服务器上;用户分布式检索,任何地方的终端用户都可以访问存储数据;数据分布式处理,任何数据都可以在网上的任何地方进行处理。

进入20世纪90年代,因特网的应用从单纯的科学计算与数据传输向社会应用的各个方面扩展,图书馆、信息服务机构和科研机构以及一些大的专业数据库生产商纷纷加入因特网,构建了基于Web的信息服务系统,为信息需求者提供了极其丰富的网络信息资源服务。

网络信息检索与联机信息检索最根本的不同在于网络信息检索是基于客户机/服务器的网络支撑环境的,客户机和服务器是同等关系,而联机信息检索系统的主机和用户终端是主从关系。在客户机/服务器模式下,一个服务器可以被多个客户访问,一个客户也可以访问多个服务器。因特网就是该系统的典型,网上的主机既可以作为用户主机里的信息,又可以作为信息源被其他终端访问。

网络信息检索是基于Internet的分布式特点开发和应用的,用户只要通过网络接口软件,即可在任一终端机上查询世界各地网上的信息资源。随着信息技术的发展,网络将成为信息源传递的主要渠道,并且最初的联机检索方式,其服务方式和通信线路目前也多已移入 Internet。网络化的信息检索方式为我们获取文献信息提供了前所未有的方便,它彻底地打破了信息检索的区域性和局限性,用户足不出户就可以获取所需要的文献信息,而且信息形式图文并茂,有声有景。因特网的迅速发展和广泛应用改变了计算机信息检索的方式和方法,将信息检索拓展到一个更广阔的领域。

2.4.2 信息检索系统的类型

信息检索系统种类繁多,不同的信息检索系统各有特点,可以满足不同的信息检索需求。信息检索系统有不同的分类方法,常见的有以下几种。

1. 根据信息检索系统内著录内容的不同进行划分

(1) 目录检索系统

目录(catalogue)又称为书目,是著录一批相关文献,并按照一定次序编排而成的一种揭示与报道文献的工具。目录通常以一个完整的出版或收藏单位(如文献的种或册)为基本的著录对象,著录项目包括书名或刊名、作者、出版者、出版年、价格、页码等,揭示文献的外表特征,用以提供书刊的出版信息和收藏信息。

目录在我国具有悠久的历史,汉代刘歆编撰的《七略》就是我国第一部目录,以后各朝代都编有"艺文志"或"经籍志",著录该朝代的主要文献典籍,清代纪昀等人编纂的《四库全书总目》最具代表性,是我国古典目录的典范。

根据目录编制的目的、收录范围和内容的不同,目录分为国家书目、馆藏目录、联合目录、专题书目。其中,馆藏目录、联合目录反映的是一个或多个图书馆文献的收藏情况。除传统印刷本的目录工具外,还有光盘版和网络版的目录数据库。

(2) 题录检索系统

题录(title)是以单篇文献为基本的著录单位,描述文献的外表特征,快速报道文献信息的检索工具,著录项目包括篇名、作者、出处等。它是在目录的基础上发展起来的一种检索工具。题录与目录的主要区别在于著录的对象不同,目录著录的对象是一个完整的出版物,即一种或一册文献,题录著录的对象则是整册书中的一个独立知识单元(即单篇文献)。从名称上看,题录检索工具无统一的名称,有的叫作"题录",有的叫作"目次",有的叫作"索引"。其特点是报道速度快,覆盖面较大,多用于查找最新文献,常作为文摘性检索工具的先导和补充。在揭示文献内容的深度方面,题录比目录做得深入些,但又比文摘款目浅,如《中国社会科学文献题录》、美国的《化学题录》都是典型的题录检索系统。

(3) 索引检索系统

索引(index)是根据一定的需要,将特定范围内的某些文献中的有关知识单元或款目,如书报刊中的篇名、著者、地名、人名、字词句等,按照一定的方法编排,并指明出处,为用户提供文献线索的一种检索系统。索引不仅是一种独立的检索系统,还能作为其他检索系统的辅助部分,附在这种检索工具的后面,提供多种检索途径,使其检索功能得到增强。

与目录相比,索引所著录的是某一出版物中的知识单元,如篇名、著者、字词句等,揭示的内容更为深入、具体,目录则以一个完整的出版物为著录对象;与题录相比,索引在揭示信息的广度和深度上要比题录专、深、具体,索引的功能主要是用来检索,常从属于某种出版物或文档,独立性差,题录则以报道为主,以检索为辅,独立性强。

索引的类型是多种多样的,根据文献信息外表特征编制的索引有篇名索引、著者索引、号码索引、引文索引〔如美国的科学引文索引(SCI)、社会科学引文索引(SSCI)〕等,根据文献信息内容特征编制的索引有分类索引、主题索引、关键词索引。

(4) 文摘检索系统

文摘(abstract)是以精练的语言把文献信息的主要内容、学术观点、数据及结构准确地摘录下来,并按一定的方式编排起来供用户使用的一种检索工具。文摘是二次信息的核心,是索引的延伸。它以单篇文献为报道单元,全面反映文献的外表特征和内容特征。文摘在我国通常也称为摘要、内容提要,在国外常用 abstract、digest、summary、quotation 等词表示。

从对文献内容揭示的深度、报道的详细程度以及用途等角度,文摘分为指示性文摘、报道性文摘和评论性文摘 3 种。

① 指示性文摘(indicative abstract)也称为简介性文摘,主要揭示文献的研究对象、范围、方法等,一般不包含具体的数据、结论等内容。它简明扼要,概括性强,字数一般控制在 100 字左右。

② 报道性文摘(informative abstract)也称为详细性文摘,主要报道原文的主题范围、基本观点、结论,记录原文中的研究方法、实验数据、实验结果等核心内容。报道性文摘是对原文内容的浓缩,读者不需要阅读原文便可了解文献信息的主要内容。报道性文摘反映的内容具体、客观,不加以评论,字数一般在 300~500 个,有时更多。

③ 评论性文摘(critical abstract)包括文摘员的分析与见解。

实际上,有许多文摘性检索工具不仅采用一种著录方式,而是几种兼用。文摘是在题录的基础上发展起来的。因此文摘除具有与题录内容相同的著录项目外,还有揭示文献内容的著录项目:文摘正文与文摘员、检索标识(主题词、关键词等)。

文摘的用途有:通报最新的科学文献,深入揭示文献内容,引导读者阅读原文;节约阅读时间,一般不需查看原文即可了解文献的内容轮廓;确定原文内容与查找课题的相关程度,帮助读者选择文献,决定取舍;帮助科研人员克服语言障碍;作为撰写述评文章的重要素材。

文摘的特点在于它以简练的形式,将某一学科或某一专业原始文献的主题范围、目的、方法等作简略、准确的摘录。科研工作者经常翻阅文摘性刊物,用不多的时间,就能保持与新情况、新动向的联系,例如 EI、《国际学位论文文摘》(*Dissertation Abstracts International*,DAI)等。

2. 根据信息检索系统内收录范围的不同进行划分

按信息检索系统中的收录范围可将其划分为综合性检索系统、专业性检索系统和单一性检索系统。

(1) 综合性检索系统

综合性检索系统的收录范围是多学科领域的文献,如科学引文索引、科学文摘、工程索引。科技会议录索引(Conference Proceedings Citation Index,CPCI,原名 ISTP)于 1978 年创刊,由美国科学情报研究所(Institute for Scientific Information,ISI)编辑出版,是专门报道会后出版物——会议论文集——的信息检索工具。我国的全国报刊索引也属于综合性的检索工具,收录学科专业范围十分广泛。CNKI(中国知网)、Springer-Verlag(斯普林格)等数据库都属于综合性检索系统。

(2) 专业性检索系统

专业性检索系统的收录范围仅限于某一学科、某一专业领域,如美国的《数学评论》《生物学文摘》《化学文摘》及各种专业数据库,如 ACM(美国计算机协会)。

(3) 单一性检索系统

单一性检索系统的收录文献只限于某一特定类型的文献。《中国专利索引:分类年度索引》

《中华人民共和国国家标准目录》等都是单一性检索系统。

2.4.3 信息检索技术

1. 布尔逻辑检索

布尔逻辑检索是指采用布尔逻辑表达式来表达用户检索要求,并通过一定的算法和实现手段进行检索的过程。

利用布尔逻辑运算符进行检索词的构建或代码的逻辑组配,是现代信息检索系统中最常用的一种方法。常用的布尔逻辑运算符有 3 种,分别是逻辑或(OR)、逻辑与(AND)、逻辑非(NOT)。用这些逻辑运算符将检索词组配并构成检索提问式,计算机将根据提问与系统中的记录进行匹配,当两者相符时则命中,并自动输出该文献记录。

(1) 逻辑与运算符

逻辑与用于组配不同概念的检索词,是一种概念相交和限定关系的组配。

检索提问式:A AND B

其含义是检出的信息中必须同时含有"A"和"B"两个检索词。其基本作用是对检索范围加以限定,逐步缩小检索范围,提高检索结果的查准率。

例如检索式"计算机 AND 文献检索",检索结果:内容中既含有检索词"计算机",又含有检索词"文献检索"的文献为命中记录。

(2) 逻辑或运算符

逻辑或用于组配具有同义或同族概念的检索词。

检索提问式:A OR B

其含义是数据库记录中任何一条记录,只要含有"A"或"B"中任何一个检索词即命中的文献。其基本作用是扩大检索范围,增加命中文献量,提高文献的查全率。

例如检索式"计算机 OR 文献检索",检索结果:内容中含有"计算机"或含有"文献检索"以及两词都包含的文献为命中记录。

(3) 逻辑非运算符

逻辑非运算符排除含有某些词的记录。

检索提问式:A NOT B

其含义是检出的记录中只能含有 NOT 运算符前的检索词 A,但不能同时含有 NOT 后的检索词 B。其基本作用是缩小检索范围,但并不一定能提高文献命中的准确性,一般只起到减少文献输出量的作用。

例如检索式"计算机 NOT 文献检索",检索结果:内容中含有检索词"计算机"而不含有检索词"文献检索"的文献为命中记录。应注意,NOT 运算符有排除掉相关文献的可能,因此,在实际检索中应慎重使用。

3 种布尔逻辑运算符的示意如图 2-7 所示。

(a) A AND B(逻辑与)　　(b) A OR B(逻辑或)　　(c) A NOT B(逻辑非)

图 2-7　3 种布尔逻辑运算符的示意

在检索中逻辑运算符的使用是最频繁的,对逻辑运算符使用的技巧决定检索结果的令人满意程度。用布尔逻辑表达检索要求,除要掌握检索课题的相关因素外,还应在布尔逻辑运算符对检索结果的影响方面引起注意。另外,对同一个布尔逻辑提问式来说,不同的运算次序会有不同的检索结果。

(4) 布尔逻辑运算符的运算次序

在用布尔逻辑运算符组配的检索词构成的检索提问式中,逻辑运算符 AND、OR、NOT 的运算次序,在不同的检索系统中有不同的规定。在有括号的情况下,括号内的逻辑运算先执行。在无括号的情况下,有下列几种处理顺序:

① NOT 最先执行,AND 其次执行,OR 最后执行;
② AND 最先执行,NOT 其次执行,OR 最后执行;
③ OR 最先执行,AND 其次执行,NOT 最后执行。

按自然顺序,AND、OR、NOT 谁在前就先执行谁。

作为检索人员,需要事先了解检索系统的规定,避免逻辑运算次序处理不当而造成错误的检索结果,因为对同一个布尔逻辑提问式,不同的运算次序会有不同的检索结果。

2. 截词检索

截词检索是预防漏检、提高查全率的一种常用检索技术,大多数系统都提供截词检索的功能。截词是指在检索词的合适位置进行截断,然后使用截词符进行处理,可节省输入的字符,又可达到较高的查全率。尤其在西文检索系统中,使用截词符处理自由词,对提高查全率的效果非常显著。在截词检索技术中,较常用的是后截词和中截词。按所截断的字符数分,有无限截词和有限截词两种。截词符在不同的系统中有不同的表达形式,这里以 Dialog 系统使用的符号为例,说明截词技术。

(1) 后截词

从检索性质上,后截词是满足前方一致的检索。

① 有限后截词

有限后截词主要用于词的单、复数,动词的词尾变化等。如 book 用"book?"处理,表示截一个词,可检索出含有 book 和 books 的记录;"acid??"表示截两个词,可检索出含有 acid、acidic 和 acids 的记录。由此可知,"?"为截词符,截几个词就在词根后加几个"?"。

② 无限后截词

无限后截词主要用于同根词。如 solubilit 用"solub?"处理,可检索出含有 solubilize、solubilization、soluble 等同根词的记录。由此可知,在词根后加一个"?",表示无限截词。

(2) 中截词

中截词也称为屏蔽词。一般来说,中截词仅允许有限截词,主要用于英、美拼写不同的词和单、复数拼写不同的词。如"organi?ation"可检索出含有 organisation 和 organization 的记录。由此可知,中截词使用的符号为"?",即用"?"代替那个不同拼写的字符。

从以上各例可知,截词检索具有隐含的布尔逻辑或(OR)运算的功能,可简化检索过程。

3. 位置检索

位置检索是以数据库原始记录中检索词之间的特定位置关系为对象的运算。位置检索是一种可以不依赖叙词表而直接使用自由词进行检索的技术。这种检索技术增强了选词的灵活性,采用具有限定检索词之间位置关系功能的位置逻辑运算符进行组配运算,可弥补布尔检索技术只是定性规定参加运算的检索词在检索中的出现规律满足检索逻辑即命中结果,不考虑检索词间关系是否符合需求,而易造成误检的不足。在不同的检索系统中,位置逻辑运算符的种类和表达形式不完全相同,使用词位检索技术时,注意所利用系统的使用规则。这里以著名的 Dialog 系统常用的位置逻辑运算符为例,说明其检索技术。

(1) 邻位检索

在邻位检索技术中,常用的位置逻辑运算符有(W)与(nW)、(N)与(nN)。

① (W)与(nW)运算符

两词之间使用(W),表示其相邻关系,即词与词之间不允许有其他词或字母插入,但允许有一空格或标点符号,且词序不能颠倒。使用(W)运算符连接的检索词,已构成一个固定的词组,显然(W)运算符具有较强的严密性。例如,"GAS(W)CHROMATOGRAPH"表示检索结果为 GAS CHROMATOGRAPH 和 GAS-CHROMATOGRAPH 形式的才命中。(nW)是由(W)衍生而来的。如在两词之间使用(nW),表示两词之间可插入 $n(n=1,2,3,\cdots)$ 个词,但词序不能颠倒。它与(W)的唯一区别是,允许在两词之间插入 n 个词,因而严密性略逊于(W)。例如,"LASER(1W)PRINTER"表示检索结果为"LASER PRINT""LASER COLOUR PRINTER"和"LASER AND PRINT"形式的均为命中记录。

② (N)与(nN)运算符

两词之间使用(N)也表示其相邻关系,两词之间不能插入任何词,但两词词序可以颠倒。例如,"WASTEWATER(N)TREATMENT"表示检索结果为"WASTEWATER TREATMENT"和"TREATMENT WASTEWATER"形式的均为命中记录。(nN)除具备(N)运算符的功能外,还允许两词之间插入 n 个词。

(2) 子字段和同字段检索

使用邻位检索显然能使检索结果更准确,但由于人们使用语言词汇的角度有差异,所以同一概念的表达可能会出现不同的形式,为提高查全率,可采用子字段检索技术。子字段包括文摘字段中的一个句子或标题字段的副标题等。子字段检索使用的位置逻辑运算符是(S)。在两词之间使用(S),表示两词必须同时出现在记录的同一子字段中,不限制它们在此子字段中的相对次序,中间插入词的数量也不限。例如,"HIGH(W)STRENGTH(S)STEEL"表示只要在同一个句子中检索结果为"HIGH STRENGTH"和"STEEL"形式的均为命中记录。对子字段的检索结果进一步进行扩大,可采用同字段检索技术。在同字段检索中使用的位置逻辑运算符是(F)。在两词之间使用(F),表示两词必须同时出现在同一个字段中,词序可以变化。例如,"AIR(W) POLLUTION(F)CONTROL"表示只要在同一字段中检索结果为"AIR POLLUTION"和"CONTROL"形式的均为命中记录。

以上位置逻辑运算符在检索提问式中可连用,使用顺序为(W)→(S)→(F),查准率从高到低的顺序为(W)→(S)→(F)。

4. 字段限制检索

组成数据库的最小单位是记录,一条完整记录中的每一个著录事项均为字段。

文献书目型数据库的记录基本包括的字段:存取号(Access Number, AN)字段、篇(题)名(Title, TI)字段、文摘(Abstract, AB)字段、叙词(Descriptor, DE)字段、自由词(Identified, ID)字段、著者(Author, AU)字段、著者机构(Corporate Source, CS)字段、刊名(Journal, JN)字段、出版年(Publication Year, PY)字段、文献类型(Document Type, DT)字段、语种(Language, LA)字段、分类号(Classification, CC)字段等。

大多数网络检索工具都具有类似于字段限制检索的功能,依据此功能,可将查找限制在特定的范围中,如标题(title)、图像(image)、文本(text)、主机名(host)、域名(domain)、链接(link)、统一资源定位器(URL)、新闻组(newsgroup)、电子邮件(E-mail)等。在数据库检索中常用的字段代码有标题(TI)、文摘(AB)、叙词或受控词(DE 或 CT)、标识词或自由词(UT 或 ID)、作者(AU)、语种(LA)、刊名(JN)、文献类型(DT)、年代(PY)等。

在进行字段检索时,需注意:①检索词若为单词,且未指定检索字段,系统将在基本索引的一切字段中进行检索;②检索词若为词组且未限定字段,计算机系统将自动在叙词和自由标引词字段中查找,因为基本索引只有这两个字段保留了词组;③字段检索对检出文献信息的数量和相关程度有极大影响。

使用截词检索,能简化布尔检索中的逻辑或功能。使用位置检索,能限制检索词之间的相对位置,确定检索词在数据库记录中出现的字段位置。用字段限制检索可划定查找的范围,提高检索速度和命中率。这些限制符在不同的系统中有不同的表达形式和使用规则,在进行字段限制检索时,应参阅系统及有关数据库的使用说明,避免产生检索误差。

2.5 信息检索基本流程及其效果评价

2.5.1 信息检索基本流程

信息检索要满足不同检索课题的需要,要找到适合检索的检索系统,按照一定的途径与方法获取文献。全过程包括分析研究课题—选择检索工具(系统)—确定检索途径—调整检索策略(检索结果评价:满意则索取原文;不满意则返回主题分析重新检索)—获取检索结果并整理。

1. 分析研究课题

分析研究课题是检索的第一阶段,是准确分析信息需求、全面把握信息检索方向的一环。对课题进行分析研究,明确学科或专业的范围,弄清检索的真正意图及实质。比如,信息要求的是数据、事实还是相关文献,语种和年限,需要的文献级次,检索的侧重点是查全还是查准等。同时还要在分析的基础上形成主题概念,包括所需信息的主题概念有几个,概念的专指度是否合适,哪些是主要的,哪些是次要的,课题的国内外研究进展情况如何等。

总体来说,确定检索范围,可从以下几方面考虑。

① 专业范围:学科或专业的范围。
② 时间范围:检索的时间范围、所需文献的发表时间。
③ 地理范围:国家、地区。
④ 语种范围:中文、外文。
⑤ 信息类型:图书、期刊、学位论文、报纸、专利、标准等。
⑥ 研究进展:成果、研究中、研究初期。
⑦ 需求程度:对文献的专指度要求,即侧重点是查全还是查准。

初步确定检索范围后,需对研究课题进行主题分析。主题分析是在明确检索目的的基础上进行的。检索目的不同,主题分析选取范围的广度与深度则不同。若要系统、全面地收集有关信息,则选取主题范围的面要宽些,所得信息的泛指性要强些;若需有关信息为某一技术问题解决的方案作参考或借鉴,则选取主题范围的面要窄些,所得信息的专指度要高些。明确了检索范围和主题需求后,才能选择合适的主题词,而检索主题词的选择,主要遵循以下两个原则。

① 根据检索课题所涉及的学科专业内容来选词。尽可能选择能准确表达课题主旨的学科

专业规范化词语来做检索词,课题题名所涵盖的内容有限,少数检索课题可直接选用课题名称中的主要概念做检索词,少使用缩略词、自创词、口语化的词语做检索词。

② 根据检索课题所拟的具体内容来选词。很多检索课题涉及多个学科领域或不同研究方向,须从专业、技术的角度对研究内容进行仔细分析,才能找出全面确切表达一个或多个主题概念的检索词。

2. 选择检索系统

对课题进行研究分析后,根据检索目的和信息需求来选择最恰当、全面、权威、适用的检索系统,检索系统的选择将直接影响检索效果。在选择检索工具时,应考虑的因素如下。

① 检索系统的适用范围。
② 检索系统中涉及的学科专业范围。
③ 检索系统中的文献类型。
④ 检索系统收录文献的语种。
⑤ 检索系统提供的检索途径。
⑥ 检索系统收录的时间范围。
⑦ 是否能下载原文。

3. 确定检索途径

在查找文献时,可根据文献的外表与内容特征确定检索的途径。一是反映信息内容特征的(主题、分类)途径,二是反映信息外表特征的(著者、题名、代码、引文等)途径。上述两类途径构成了信息检索的整个检索途径体系。

外表特征所形成的途径所检出的信息是特定的、不全面的,而从主题与分类途径所检出的信息涉及面广,相关信息多。因而选择不同的检索途径,所获得的检索效果也将不同。这就需要根据检索需求选择一种或多种检索途径配合使用。在各种检索途径中,分类途径和主题途径是最常用的途径。分类途径适合于族性检索,主题途径适合于特性检索,两者互相配合则会取得比较好的检索效果。其他几种途径都是辅助性的检索途径。选择合适的检索途径可以考虑如下4点。

(1) 优先从已知信息特征选择检索途径

当信息需求确定时,可根据信息题名、著者、代码等确定条件,直接锁定结果。比如,仅想参考导师曾发表的某篇文献,可通过直接检索导师姓名或文献题名等单一途径,获取唯一结果。在信息需求不全面时,也可优先采用已知的题名、著者、代码等进行检索,获取相关文献后,利用引文或检索结果的聚类检索结果,获取相关性高的其他文献,比较准确、快速、方便和有效。

(2) 从具体需求选择检索途径

大部分的信息检索泛指性较强,也就是说所需信息的范围广,则可以结合检索需求采用分类途径或主题途径来进行初检。从分类途径或主题途径查出一批信息,根据检索需求和检索结果掌握一些相关题名或著者信息,筛选后再进行追溯检索,就能获取准确而全面的检索效果。

(3) 从检索系统提供的检索途径综合考虑

不是每个网站和数据库都能提供检索者所需的全部检索途径。检索者可以根据所查检索系统提供的检索途径,优先选择一种检索途径,再配合其他检索途径进行辅助检索。检索途径的使用需要综合考虑,适合检索目标的才是合适的。

(4) 构建检索式

根据主题选择表达主题概念的检索词、适合的数据库和检索途径,准确构建表达主题概念的逻辑表达式,是检索中最核心的步骤。

检索式是检索者向检索系统发布的指令,检索式是否明确表达检索者的检索意图是检索成败的关键。检索式通常由检索词、逻辑运算符、通配符等组成,根据检索需求运用检索技术,选择合适的逻辑运算符构建能够表达主题概念的检索式。科学地表达检索需求的检索提问非常重要,对检索课题的标引要准确,检索式是信息检索中用来表达用户检索提问的逻辑表达式,它是检索技能的综合体现。编制检索式要综合、灵活地运用计算机检索系统提供的各种检索功能,必须以能实现检索目标为前提条件。

4. 调整检索策略

合理构建检索式,并根据检索结果调整检索策略是信息检索中的必经之路。检索过程是一个动态的随机过程,在某些检索环节中,会不可避免地产生一些和检索目标相差甚远的现象,而好的检索结果通常需经过多次反复实践才能获得。

通常在检索系统中要用到高级检索、二次检索和多种下拉菜单的限制选择来缩小检索范围,提高查准率,或利用相关与相近的概念及扩检技术来达到较高的查全率,充分体现检索方法与技术在检索过程中,对检索结果的质量与范围的控制,这一过程也就是检索策略的调整。检索结果是检验检索式构建是否适合的标准,检索词过宽或偏窄会造成扩检或漏检,检索词不规范会引起误检等。获得第一次检索结果后,若满意度高则可不调整检索策略,若不满意或满意度不高就需用扩检或缩检等方法对检索策略进行调整。所以,在评价检索效果的基础上,对检索结果进行信息反馈,重新修正检索策略,调整检索手段,并进行新一轮的循环检索,才能实现检索目标。

5. 获取检索结果并整理

文献检索的目的是获取文献。获取文献是文献检索的最后一个步骤,也是至关重要的一个步骤,所以在最开始检索时尽量选择能下载原文的检索工具。如果所依托的检索工具无法下载某些原文,那么检索者应先识别文献类型,可根据文献出处中已有的信息,判断其出版类型,通过馆际互借、公众免费资源,或者利用检索结果中提供的著者或出版机构的 E-mail 地址等方式获取原文。通常我们获得的检索结果是凌乱的、不系统的,交叉重复,甚至互相矛盾、优劣并存,这就要求对它们加以分析、整理、组织,去粗取精、去伪存真,提取有用的信息。

要对获取的结果进行比较鉴别。对搜集来的原始资料进行质量上的评价和核实,判断其真实性,若资料本身不真实则应舍去。要对获取结果进行分类整理,分类建立多个文件夹,通过主题相关程度对文献类型、研究时间、研究著者或单位、研究论点等进行细分,以便有序提取。未来选用的文献将作为参考文献使用,也可以利用数据库或网络信息资源提供的参考文献格式存储,或借助文献管理工具组织整理检索结果。

2.5.2 信息检索效果评价

1. 检索效果的评价指标

检索效果是指利用检索系统(或工具)开展检索服务时所产生的有效结果。理想的文献检索系统应当能够以方便的形式提供检索者所需要的全部文献。对检索效果进行评价的目的是找出影响检索系统性能的各种因素,以便有效地满足检索者的需要。常用的信息检索效果评价指标有查全率(recall ratio)、查准率(precision ratio)、漏检率(miss ratio)、误检率(nois ratio)、收录范围(coverage)、响应时间(response time)、用户负担(user efforts)和输出形式(form of output)。其中查全率和查准率是判定检索效果的主要标准,两者结合起来,基本描述了系统的检索成功率。

(1) 查全率

查全率是指系统在进行某一检索时，检出的相关文献量与系统文献库中相关文献总量的比率，它反映该系统文献库中实有的相关文献量在多大程度上被检索出来。

$$查全率 = (检出相关文献量 / 文献库内相关文献总量) \times 100\%$$

例如，要利用某个检索系统查某课题，假设在该系统文献库中共有相关文献40篇，而只检索出30篇，那么查全率就等于75%。

(2) 查准率

查准率是指系统在进行某一检索时，检出的相关文献量与检出文献总量的比率，反映每次从该系统文献库中实际检出的全部文献中有多少是相关的。

$$查准率 = (检出相关文献量 / 检出文献总量) \times 100\%$$

如果检出的文献总篇数为50篇，经审查确定其中与项目相关的只有40篇，另外10篇与该项目无关，那么这次检索的查准率就等于80%。显然，查准率是用来描述系统拒绝不相关文献的能力，有人也称查准率为相关率。

2. 影响检索效果的因素

查全率与查准率是评价检索效果的两项重要指标。查全率和查准率与文献的存储和信息检索两个方面是直接相关的，也就是说，与检索系统的收录范围、索引语言、标引工作和检索方法等都有着非常密切的关系。

来自信息系统的主要影响：①收录文献不全面，有的只收录了文摘而无全文；②信息标引不规范，甚至错误；③词表结构不够完善；④信息标引缺乏深度；⑤组配规则不严密。

来自检索方法的影响：①对课题内容的分析不到位；②检索提问错误，用词不当；③检索词缺乏广泛性或专指性；④检索工具选择不恰当；⑤检索方法和途径过少；⑥组配不当或错误。

总体上，影响检索效果的主要因素有信息标引的广泛性和标识的专指性。标引的广泛性是针对标引时揭示信息主题基本概念的广度而言的，是支配查全率的重要因素；标识的专指性是针对检索标识表达主题的基本概念的专指度而言的，是支配查准率的重要因素。造成的误查和漏查称为"不合理误查"和"不合理漏查"。比如，检索"计算机在信息检索中的应用"的有关文献，经过主题分析后，选出"计算机""信息检索"和"计算机应用"3个检索词。从主题的广泛性来看，计算机还有"电脑""微机"等用语，从主题的专指性来看，计算机的下位概念是"电子计算机"，因此，不同检索词、不同检索式的选择对查全率和查准率都是有较大影响的。信息检索还包括"文献检索""数据检索"和"事实检索"，不同检索系统、检索途径都可能影响查全率和查准率。

通常选用泛指的检索词，或尽可能增加与检索主题概念相关的检索词的数量，则查全率就高；选用专指性的检索词或由若干个检索词组配的专指概念的检索词，则查准率就高。掌握了这些方法和技能，并在具体检索中合理运用，就能得到满意的检索结果。

3. 查全率和查准率的合理运用

查全率衡量系统检索出与课题相关信息的能力；查准率衡量系统拒绝非相关信息的能力。检索者通常希望查全率和查准率均能达到100%，实际上这是不可能的。

英国的C.W.Cleverdon领导的Cranfield（克兰菲尔德）实验发现查全率和查准率之间存在着矛盾的互逆关系，即在同一个检索系统中，当查全率与查准率处于最佳比例关系时，查全率提高，检出的相关文献量增加，却导致不相关文献被检出，反而降低了查准率；反之亦然。通常情况下，查全率控制在60%～70%，查准率控制在40%～100%是最好的检索结果。

在排除人为因素的情况下，任何提高查全率的措施都会降低查准率；如果提高检索词的专指性,排除非相关信息,同样也会降低查全率。可见,查准率和查全率同时提高是不可能的。其根本原因不在检索系统本身,而在检索对象上,各种信息之间是相互渗透、相互包容的,无论怎样调整检索策略,无论怎样改进检索系统,查全率和查准率不可能同时达到100%。

对不同的课题,检索信息相关性的目标要求不同,即使同一课题,研究的时期不同,对检索信息的相关性要求的侧重点也会不同。例如,在刚开始进行一项新的研究计划时,对查全率的要求比较高,最好不漏掉任何一个有关研究项目的信息;而随着研究的进展,又需要在保证查全率的基础上逐步利用限制检索来提高查准率。在研究过程中,还会根据检索目标的变化随时调整查全率和查准率的比例关系。在评价检索效果时,必须谨慎使用这两个概念。

4. 提高检索效果的措施

(1) 提高用户信息素养

可通过培养信息检索知识与能力、信息敏感度、信息判断能力、信息辨析能力、较好的思维和分析能力、较好的外语水平、良好的职业道德和责任心等提高用户信息素养。

(2) 选择好的检索工具和系统

检索工具和系统的收录范围、索引语言、标引深度与准确性、检索途径、检索方法等是影响检索效果的重要方面。用户检索前应了解其特点与性能。

(3) 优选检索词

优选检索词是提高检索效果的重要手段。对于检索课题的概念,检索前应当分解并将其转换为检索系统认可的规范词,列出其同义词、近义词、广义词、狭义词、分类号,化学物质还应找出其分子式、登记号、别名、俗名和商品名等。避免使用那些意义泛指的词,尽量使用专指性强的词或短语,要小心和避免使用一词多义的词,避免使用错别字,适当使用截词运算。

(4) 合理调整查全率和查准率

用户应根据课题的需要,适当调整查全率和查准率,优化检索策略,以达到最佳检索效果。

提高查全率时,调整检索式的主要方法有:降低检索词的专指度,从词表或检出文献中选一些上位词或相关词;减少 AND 组配,如删除某个不重要的概念(检索词);多用 OR 组配,如选同义词、近义词等并以"OR"方式将其加入检索式中;截词检索;放宽限制运算,如取消字段限制符等。

提高查准率时,调整检索式的主要方法有:提高检索词的专指度,增加或采用下位词和专指性较强的检索词;增加 AND 组配,用 AND 连接一些进一步限定主题概念的相关检索项;减少 OR 组配;用逻辑非 NOT 来排除一些无关的检索项;加权检索;利用文献的外表特征进行限制,如限制文献类型、出版年代、语种、作者等;限制检索词出现的可检字段,如限定在篇名、字段和叙词字段中进行检索;使用位置运算符进行限制。

思 考 题

1. 信息检索的原理是什么?
2. 信息检索的途径有哪些?
3. 如何构建一个检索式?
4. 信息检索的基本流程是什么?
5. 如何在查准率和查全率中找到平衡?

第3章 搜索引擎

互联网中存在着海量的数据信息,用户可通过网站或软件等提供的搜索功能,从互联网中得到自己需要的信息,因而我们通常把用户从互联网中找到自己所需要信息而借助的工具称为搜索引擎(search engine)。在线词典 WordNet 对搜索引擎的解释是:一种安装在计算机网络上,特别是在因特网上检索各种文件的计算机程序。用户输入所需查询的关键词,搜索引擎推测用户意图,快速返回可供用户选择的结果。因此,说搜索引擎是一个查询系统,倒不如说搜索引擎是用户定义的信息聚合系统。本章主要介绍一些常用的中文和外文搜索引擎及其检索使用方法。

3.1 搜索引擎概述

3.1.1 搜索引擎的概念

搜索引擎是一种网上信息检索工具。它是根据一定的策略、运用特定的计算机程序搜集因特网上的信息,在对信息进行组织和处理后,为用户提供检索服务并将处理后的信息显示给用户的系统。有搜索行为的地方就有搜索引擎,站内搜索、全网搜索、垂直搜索等都会用到搜索引擎。代表性的搜索引擎产品有 Google、百度、搜狗搜索、soso、360 搜索等。

搜索引擎系统运行的核心程序通常称为算法。一些较大型搜索引擎的算法非常复杂,不为外界所知。不管搜索引擎的算法多么复杂,都不是普通用户关心的,他们更关心的是能否通过简单操作满足自己的需求。因此,多数搜索引擎在明显的位置提供搜索框或搜索栏,用户在其中输入搜索信息,单击相应的"搜索"按钮后,就可以得到与之相关的信息。很多用户在手机端使用搜索引擎搜索信息时,甚至不必使用文字,按语音搜索按钮后,可直接进行"语音搜索";还有些搜索引擎提供了图片搜索功能,用户将图片拍照后进行搜索,就可以得到与图片相关的信息等。

3.1.2 搜索引擎的原理

实际上,用户搜索信息时,搜索引擎并不是真正地去搜索整个互联网,而是收集因特网上几千万到几十亿个网页,并对网页中的每一个词(即关键词)进行索引,建立索引数据库的全文搜索引擎。当用户查找某个关键词的时候,所有在页面内容中包含该关键词的网页都将作为搜索结果被搜出来。在经过复杂的算法进行排序后,这些结果将按照与搜索关键词的相关度高低,依次排列,将数据库中满足搜索条件的信息呈现给用户。其核心的文档处理和查询处理过程与传统信息检索系统的运行原理基本类似,但其所处理数据对象(即因特网数据)的繁杂特性决定了搜索引擎系统必须进行系统结构的调整,以适应处理数据和用户查询的需要。

一个搜索引擎由搜索器、索引器和检索器三部分组成,与之相对应,搜索引擎的原理就可以分为3个模块:①爬虫模块,从因特网网站上采集信息;②预处理模块,建立网页索引数据库;③查询服务模块,提供检索服务。

搜索引擎工作原理如图3-1所示。

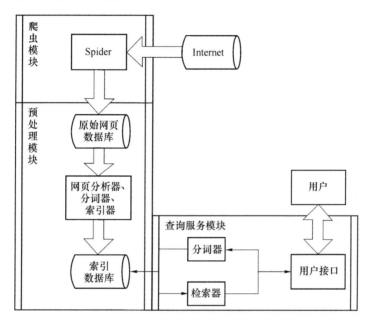

图 3-1 搜索引擎工作原理

与3个模块对应的是搜索引擎工作原理的3个过程。

1. 信息采集与存储

信息采集包括人工采集和自动采集两种方式。人工采集由专门的信息人员跟踪和选择有用的WWW站点或页面,按规范方式分类标引并组建索引数据库。自动采集是通过自动索引软件(Spider、Robot或Worm)来完成的。Spider、Robot或Worm在网络上不断搜索相关网页来建立、维护、更新索引数据库。自动采集能够自动搜索、采集和标引网络上众多站点和页面,并根据检索规则和数据类型对数据进行加工处理,因此它收录、加工信息的范围广,速度快,能及时地向用户提供Internet中的新增信息,告诉用户包含这个检索提问的所有网址,并提供通向该网址的链接点,检索比较方便。

自动采集是利用搜索器来实现的。搜索器也就是"蜘蛛"(Spider)程序或"爬虫"(Crawler)程序或"机器人"(Robot)程序,其功能就是在因特网上漫游,爬来爬去,来抓取和搜集信息。世界上第一个Spider程序,是麻省理工学院(MIT)Matthew Gray的World Wide Web Wanderer,用于追踪因特网发展规模。刚开始它只用来统计因特网上的服务器数量,后来则也能够捕获网址(URL,是对可以从互联网上得到的资源的位置和访问方法的一种简洁表示,是互联网上标准资源的地址)。每个独立的搜索引擎都有自己的 Spider,这种"网络爬虫"顺着网页中的超链接,连续地抓取网页,被抓取的网页称为网页快照。由于因特网中超链接的应用很普遍,所以在理论上,从一定范围的网页出发,就能搜集到绝大多数的网页。而且由于搜索器是一个计算机程序,因此其可以日夜不停地运行,尽可能多而快地搜集到各种类型的新信息,并定期地更新已经搜集过的旧信息,以避免出现无效链接。

搜索器通常以两种方式运作:一种是以一个 URL 集合为基础,顺着这些 URL 中的超链接,依次请求响应的网络资源,并将其交给网页标引模块进行标引处理;另一种是将 Web 空间按照域名、IP 地址或国别域名划分成子空间,让每个搜索器负责一个子空间的无穷尽搜索。

2. 建立索引数据库

信息采集与存储后,搜索引擎要整理已收集的信息,建立索引数据库,并定时更新数据库内容。索引数据库中每一条记录基本上都对应一个网页记录,包括关键词、摘要、网页 URL 等信息。由于各个搜索引擎的标引原则和方式不同,所以即使是对同一个网页,它们的索引记录内容也可能不一样。

在这一过程中索引器的主要功能就是把搜索器搜集的信息进行分类整理,提取出索引项和关键词,建立索引文件数据库。此外,索引器还起到去除重复网页、分词、判断网页类型、分析超链接、计算网页的重要度与丰富度等作用。不同的搜索引擎在进行信息分类整理时,有的会把"网络蜘蛛"发往每一个站点,记录下每一页的所有文本内容并收集到数据库中,从而形成全文搜索引擎;有的只记录网页的地址、篇名、特殊段落和关键词等,如目录搜索引擎。因此搜索引擎所整理的结果呈现形式是有明显差异的,所形成的索引数据库也大小不一。

索引数据库是用户检索的基础,它的数据质量直接影响检索效果,数据库的内容必须经常更新、重建,以保证索引数据库能准确反映网络信息资源的最新状况。

3. 生成检索界面

每个搜索引擎都必须向用户提供良好的信息查询界面,接收用户在检索界面中提交的搜索请求。而检索器的功能是提供给用户检索界面并接收用户的检索要求,到索引数据库中进行信息匹配或直接依靠搜索器发现结果,为了用户便于判断,除了网页标题和 URL 外,搜索引擎还会提供一段来自网页的摘要以及其他信息,把查询命中的结果(均为超文本链接形式)通过检索界面返回给用户;用户只要通过搜索引擎提供的链接,就可以立刻访问相关信息。

搜索引擎的运作就是通过搜索器、索引器和检索器三者的配合,在 Internet 上接收用户的查询指令、完成检索过程并给出反馈结果的过程。

3.1.3 搜索引擎的类型

搜索引擎可以按照内容组织方式、收录内容、工作语种等进行分类。

1. 按内容组织方式区分

搜索引擎按其内容组织方式主要可分为 3 种,分别是全文搜索引擎(full text search engine)、目录式搜索引擎(directory search engine)和元搜索引擎(meta search engine)。

(1) 全文搜索引擎

全文搜索引擎是一种自动搜索引擎,它利用 Spider 程序以某种策略自动地在因特网中搜集和提取信息,由索引器建立起数据库,并能检索与用户查询条件相匹配的记录,按一定的排列顺序返回结果。全文搜索引擎的索引数据库中存储的信息有网站名、地址和网页的文本信息,提供的是面向网页的全文检索服务。该类搜索引擎的特点是信息量大,能及时更新,检索的信息全面,查全率高,但由于反馈信息量过多,所以会存在很多无关的信息,用户还需进行甄别、筛选。

全文搜索引擎中具有代表性的有 Google、Lycos、百度等。

(2) 目录式搜索引擎

目录式搜索引擎是以人工或半自动的方式搜索信息,由专业人员对信息进行甄别、筛选、分类、加工,将信息置于事先确定的分类框架中的一种搜索引擎。目录式搜索引擎的索引数据库中存储的信息是网站名、网址和内容提要。该类搜索引擎对网上信息的分类清晰而明确,条理性强,检索到信息的相关性和查准率比较高,但是人工分类成本高,费时费力,标引速度慢,数据库规模也较小,容易遗漏某些信息。目录式搜索引擎和全文搜索引擎各有优劣,也在相互渗透。

目录式搜索引擎中最具代表性的有 Yahoo、搜狐、新浪等。

(3) 元搜索引擎

元搜索引擎是一种调用其他独立搜索引擎的引擎,被称为"搜索引擎之母"。在这里,"元"为"总的""超越"之意,元搜索引擎就是对多个独立搜索引擎的整合、调用、控制和优化利用。元搜索引擎自身没有数据库,它在接收用户查询请求后,向其他多个搜索引擎进行递交,并将结果进行去重、重新排序,作为自己的结果返回给用户。元搜索引擎提供的是面向网页的全文检索。其特点是信息量大而全,但用户需要做进一步的筛选。

代表性的外文元搜索引擎有 InfoSpace、Dogpile、Vivisimo 等。InfoSpace 搜索是美国著名的搜索引擎上市公司,旗下拥有多款搜索引擎,是实力雄厚的 ComScore 公司的子公司之一,是美国著名的元搜索引擎公司。其每一条搜索结果都综合自数个搜索引擎,包括 Google、Yahoo!、Ask Jeeves、About、FindWhat、LookSmart 等。InfoSpace 的主要优点在于它能够利用该引擎猜测出来的、附加的搜索条件来智能优化用户的搜索结果。中文元搜索引擎有 360 综合搜索(360 comprehensive search)、搜魅网(http://www.someta.cn/,综合了百度、谷歌、搜狗、中搜等搜索结果)、搜乐搜索(http://www.sooule.com/,整合了 Google、百度、必应、搜狗、有道、搜搜和中搜等搜索引擎)等。搜索引擎分类及代表网站如表 3-1 所示。

表 3-1 搜索引擎分类及代表网站

搜索引擎分类	代表网站	特　点
全文搜索引擎 (关键词查询)	Bing(www.bing.com) 百度(www.baidu.com) Lycos(www.lycos.com)	在搜索框内输入要查找信息的关键词,然后单击"搜索"按钮,系统就会自动查找与关键词相匹配的信息
目录式搜索引擎 (分类搜索)	雅虎(cn.yahoo.com) 搜狐(www.sohu.com) 新浪(www.sina.com)	将收集到的各个网站(网页)的信息按照目录分类,建立索引数据库供人们分类查找
元搜索引擎	Dogpile(www.dogpile.com) InfoSpace(https://infospace.com/)	在接收用户查询请求时,可以同时在其他多个搜索引擎上进行搜索,并将结果返回给用户

2. 按收录内容区分

搜索引擎按照收录内容可以分为综合型和垂直型两大类。

综合型搜索引擎或通用搜索引擎就是我们所说的一般搜索引擎,爬虫顺着网页中的超链接,从这个网站爬到另一个网站,通过超链接分析连续访问并抓取全网网页。爬虫根据预定的规则,由自己机房中的大量服务器群组执行,对已知或未知的网页进行逐页抓取,搜集到绝大多数的网页。抓取网页后,提取关键词,建立索引库和索引,进行去除重复网页、分词(中文)、判断网页类型、分析超链接、计算网页的重要度/丰富度等大量的"网页预分析"处理工作。

垂直型搜索引擎是2006年后逐步兴起的一种搜索引擎,不同于通用的网页搜索引擎,是针对某一个行业的专业搜索引擎,是搜索引擎的细分和延伸。对于特定用户的特定搜索请求,Spider更加专业化和可定制化,通过定向采集与垂直搜索范围相关的网页,对内容相关的以及适于进一步处理的网页进行优先采集。垂直搜索的爬虫采用了分布式的云爬虫模式,只有少量的中央控制器,由系统预先进行网页类型判断,排除掉非企业网站或非法网站,然后根据企业网站的强弱值进行各种不同频率的抓取。信息采集通过人工及智能化设定网址和网页分析等方式共同进行,再定向分字段抽取出所需要的数据并处理后再以某种形式返回给用户。垂直型搜索引擎除了要执行通用搜索引擎的"网页预分析"外,还需要将页面的信息进行更详细的分析,比如哪些是公司联系方式,哪些是产品信息参数、价格、原材料、品牌、重量、包装等都要事先进行分析和索引,完成垂直型搜索引擎的"信息预分析"。

常见的垂直型搜索引擎有机票搜索、旅游搜索、生活搜索、小说搜索、视频搜索、购物搜索等,是在特定的搜索领域服务的搜索引擎。比如购物搜索引擎,整体流程大致如下:抓取网页后,对网页商品信息进行抽取,抽取出商品名称、价格、简介……甚至可以进一步将笔记本式计算机的简介细分成品牌、型号、CPU、内存、硬盘、显示屏……然后对信息进行清洗、去重、分类、分析比较、数据挖掘,最后通过分词索引提供用户搜索,通过分析挖掘提供市场行情报告。

相比通用搜索动辄数千台检索服务器,垂直搜索需要的硬件成本低,用户需求特定,查询的方式多样。比较典型的垂直型搜索引擎有去哪儿网、携程等。还有些垂直型搜索引擎非常有趣,比如微软开发的 WhatDog(狗狗识别搜索,https://www.what-dog.net/),上传狗的图片来识别狗的品种;How old do I look?(https://www.how-old.net/),识别图片中人物的年龄和性别。

二者的主要区别如下。

① 对网页信息进行结构化信息抽取的方式不同,垂直型搜索引擎将网页的非结构化数据抽取成特定的结构化信息数据,以结构化数据为最小单位;而综合型搜索引擎的网页搜索以网页为最小单位,基于视觉的网页块分析,因此,以网页块为最小单位。

② 在信息采集技术上,一般综合型搜索引擎信息采集主要是将采集的信息导入本地数据库,而垂直型搜索引擎主要是以网页的形式展现给用户。

3. 按工作语种区分

搜索引擎按照工作语种可以分为单语种搜索引擎和多语种搜索引擎。

单语种搜索引擎是指搜索时只能用一种语言检索的搜索引擎;多语种搜索引擎是指可以用多种语言查询的搜索引擎,如 Altavista,可支持用25种不同的语言进行搜索。

3.1.4 搜索引擎技术

1. 网络爬虫

网络爬虫是一种能自动提取网页内容、进行网页分析的程序,它可以定期搜集某个或某些网站内容,并跟踪网站的发展历程。第一个网络爬虫是美国麻省理工学院的学生格雷于1993年写成的,后来经过改进应用到搜索引擎中。随着搜索引擎技术的进步,爬虫程序也不断升级,产生了通用爬虫、限定爬虫和主题爬虫等几种不同类型的爬虫。通用爬虫对爬取顺序要求低,爬取范围较大,对爬取速度和存储空间要求较高;限定爬虫用于爬取用户感兴趣的某一类网页或某些特定的网页;主题爬虫先确定一个或多个主题,根据一定的分析算法过滤与主题无关的 URL(是对可以从互联网上得到的资源的位置和访问方法的一种简洁表示,是互联网上标准资源的地址),保留与主题相关的 URL 并将其放入等待 URLs 队列中,然后使用某种搜索策略从等待队列中选择下一个要抓取的 URL,并重复上述过程,直到达到某种停止条件。主题爬虫在硬件和网络资源占用、爬取速度等方面较有优势,能满足人们对特定领域的需求。

2. 语义搜索

语义搜索引擎(Semantic Search Engine,SSE)是指搜索引擎的工作不再拘泥于用户所输入请求语句的字面本身,通过对网络资源进行语义标注以及对用户查询请求进行语义处理,理解用户的真正意图,实现语义推理和精确、全面的检索,能智能地理解语境中查询请求的意思,返回相关度更高、更加精准的结果。

举例来说,当一个用户在搜索框中输入"孟字去掉子"时,深谙语义搜索的搜索引擎就能够判断出,用户想要找的并不是含有"孟""去掉子"等字眼的内容,而是想要查找与"皿"这个字相关的内容;同样,当用户搜索"表现春天的图片"时,搜索引擎会向其呈现出各种与春天相关的图片,而不仅局限于该图片的标题是否包含"春天"字样。

语义搜索的实质是自然语言处理技术,自然语言处理则是框计算发展的关键性技术之一,是计算机科学领域与人工智能领域中的一个重要科研及应用方向。2009 年 12 月,百度与哈尔滨工业大学建立联合实验室并推出了框计算的概念,着手自然语言相关技术的研发并将其应用于搜索引擎。该技术旨在通过互联网需求交互模式来一站式满足用户所有需求的"框计算",当两个词或一组词大量出现在同一个文档中时,这些词之间超越了仅停留在文字表面的对应和匹配,更关注背后的深层含义,从而被认为是语义相关的。

比如,"电脑"和"计算机"这两个词在人们写文章时经常混用,这两个词在大量的网页中同时出现,搜索引擎就会认为这两个词是极为语义相关的。因此,当搜索"电脑"一词时,排在前面的网页中,有可能出现一篇文献,其只提到了"计算机"却没提到"电脑",因为搜索引擎通过语义分析知道这两个词是紧密相关的。

3. 文本数据挖掘技术

文本数据挖掘(text data mining)是指从文本数据中抽取有价值的信息和知识的计算机处理技术。从关联上看,文本数据挖掘是数据挖掘(data mining)的一个分支,通常数据挖掘需要有信息收集、数据集成、数据规约、数据清理、数据变换、数据挖掘实施过程、模式评估和知识表示等 8 个步骤。

① 信息收集。根据确定的数据分析对象抽象出在数据分析中所需要的特征信息,然后选择合适的信息收集方法,将收集到的信息存入数据库。对于海量数据,选择一个合适的数据存储和管理的数据仓库是至关重要的。

② 数据集成。把不同来源、格式、特点、性质的数据在逻辑上或物理上有机地集中,从而为企业提供全面的数据共享。

③ 数据规约。执行多数的数据挖掘算法即使在少量数据上也需要很长的时间,而做商业运营数据挖掘时往往数据量非常大。数据规约技术可以用来得到数据集的规约表示,它小得多,但仍然接近于保持原数据的完整性,并且规约后执行数据挖掘的结果与规约前执行的结果相同或几乎相同。

④ 数据清理。在数据库中的数据有一些是不完整的(有些令人感兴趣的属性缺少属性值)、

含噪声的(包含错误的属性值),并且是不一致的(同样的信息不同的表示方式),因此需要进行数据清理,将完整、正确、一致的数据信息存入数据仓库中。

⑤ 数据变换。通过平滑聚集、数据概化、规范化等方式将数据转换成适用于数据挖掘的形式。对于有些实数型数据,通过概念分层和数据的离散化来转换数据也是重要的一步。

⑥ 数据挖掘实施过程。根据数据仓库中的数据信息,选择合适的分析工具,应用统计方法、事例推理、决策树、规则推理、模糊集,甚至是神经网络、遗传算法的方法处理信息,得出有用的分析信息。

⑦ 模式评估。从商业角度,由行业专家来验证数据挖掘结果的正确性。

⑧ 知识表示。将数据挖掘所得到的分析信息以可视化的方式呈现给用户,或作为新的知识存放在知识库中,供其他应用程序使用。

准确获取用户输入关键词的搜索意图,返回准确的搜索结果,是搜索引擎要解决的问题。文本数据挖掘基于数据挖掘的技术步骤,通过遗传网络、神经算法、决策树方法、粗集方法、覆盖正例排斥反例方法、统计分析方法等,对文本进行分类、索引、聚类、查询匹配,提高用户查询匹配精度、文本分类的准确度以及文本索引对文本描述的全面性。文本数据挖掘在商业方面的应用主要有企业竞争情报、CRM(客户关系管理)、电子商务网站、搜索引擎,以及医疗、保险和咨询行业。

文本处理模块的总设计如图3-2所示。

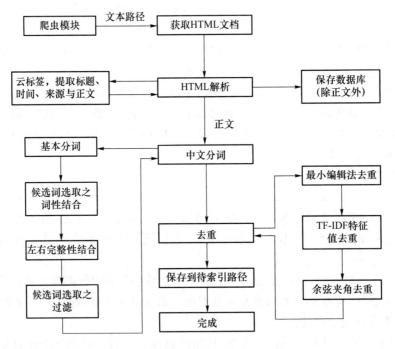

图 3-2　文本处理模块的总设计

4. 搜索引擎优化与反作弊

(1) 搜索引擎优化处理

搜索引擎优化(Search Engine Optimization,SEO)是一种通过分析搜索引擎的排名规则,了解各种搜索引擎怎样进行搜索,怎样抓取互联网页面,怎样确定特定关键词的搜索结果排名的技术。通过调整自身网站的一些布局信息来使得检索系统在对网站进行解析时能够获得较高的权重,提高网站在有关搜索引擎内的自然排名,是对搜索引擎的一种逆向运用。目的是让其在行业内占据领先地位,获得品牌收益。搜索引擎优化很大程度上是网站经营者的一种商业行为,通过"网站内容"和"网站结构"这两个基本因素,使用正当合法手段优化网站,提升网站影响力,实现搜索优化。

搜索引擎优化处理,其实就是为让搜索引擎更易接受本网站。搜索引擎往往会比对不同网站的内容,再通过浏览器把内容以最快的速度最完整、直接地提供给网络用户。搜索引擎优化的技术手段主要有黑帽(black hat)、白帽(white hat)两大类。通过作弊手法欺骗搜索引擎和访问者,最终将遭到搜索引擎惩罚的手段称为黑帽,比如隐藏关键字,制造大量的 meta 字、alt 标签等。而通过正规技术和方式,且被搜索引擎所接受的 SEO 技术,称为白帽。

① 黑帽方法

黑帽方法通过欺骗技术和滥用搜索算法来推销毫不相关、主要以商业为着眼点的网页。黑帽 SEO 的主要目的是让网站得到他们所希望的排名,进而获得更多的曝光率,这可能导致令普通用户不满的搜索结果。因此搜索引擎一旦发现使用"黑帽"技术的网站,轻则降低其排名,重则从搜索结果中永远剔除该网站。选择黑帽 SEO 服务的商家,一部分是因为不懂技术,在没有明白 SEO 价值所在的情况下被服务商欺骗;另一部分则只注重短期利益,存在赚一笔就走人的心态。[6]

简言之,黑帽方法就是非正当的手段,比如,增加目标作弊词词频来影响排名,增加主题无关内容或者热门查询吸引流量,通过在关键位置插入目标作弊词影响排名等手段将自己或自己公司的排名前移。

② 白帽方法

搜索引擎优化的白帽方法遵循搜索引擎的接受原则。白帽方法的建议一般是为用户创造内容,让这些内容易于被搜索引擎机器人索引,并且不会对搜寻引擎系统耍花招。一些网站的员工在设计或构建他们的网站时出现失误以致该网站排名靠后,通过白帽方法可以发现并纠正错误,譬如机器无法读取的选单、无效链接、临时改变导向、效率低下的索引结构等。

(2) 搜索引擎反作弊

搜索引擎流量价值巨大,使得很多网站通过研究排名机制,利用搜索引擎漏洞作弊,以寻求快速提高网站排名的途径,进而获取更多的流量和利益,甚至有的网站优化公司专门提供作弊服务。搜索引擎为了杜绝这种情况,必须能过滤大量垃圾信息,不断完善搜索引擎算法,尽量防止作弊,做到给用户良好的体验。反作弊的手段大致划分为信任传播模型、不信任传播模型和异常发现模型。其中前两种技术模型可以进一步抽象归纳为"链接分析"中"子集传播模型"。这些手段都是基于这样一个判断:作弊网页必然存在某些特征,有别于正常网页。

① 信任传播模型

筛选出部分完全值得信任的页面(即白名单),以这些白名单内的页面作为出发点,赋予白名单内的页面节点较高的信任度分值,其他页面是否作弊,要根据其和白名单内节点的链接关系来确定。白名单内节点通过链接关系将信任度分值向外扩散传播,以信任度分值作为是否作弊的评判标准。

② 不信任传播模型

不信任传播模型和信任传播模型是相似的,赋予黑名单内页面节点不信任分值,通过链接关系将这种不信任关系传播出去,如果最后页面节点的不信任分值大于设定的阈值,则会被认为是作弊网页。

③ 异常发现模型

异常发现模型是高度抽象化的一个算法框架模型,其基本假设认为:作弊网页必然存在有异于正常网页的特征,这种特征有可能是内容方面的,也有可能是链接关系方面的。而制订具体算法的流程往往是先找到一些作弊的网页集合,分析出其异常特征有哪些,然后利用这些异常特征来识别作弊网页。

对于流量偏向很大,并严重影响了广泛用户的体验,网站严重违法或者被人实证举报等情况,就需要人工干预来实现反作弊。搜索引擎发现作弊,一般不会直接人工干预单个站点,而是升级完善反作弊算法,处理全网同类作弊站点。人工干预本身处理信息量大,不会很频繁,对影响小的站点是难以顾及的。

(3) 百度对作弊的判定条件

① 在网页源代码中的任何位置,故意加入与网页内容不相关的关键词。

② 在网页源代码中的任何位置,故意大量重复某些关键词,即使与网页内容相关的关键词,故意重复也被视为作弊行为。

③ 在网页中加入搜索引擎可识别但用户看不见的隐藏文字,无论是使用同背景色文字、超小字号文字、文字隐藏层,还是滥用图片 ALT(ALT 属性是一个必需的属性,它规定在图像无法显示时的替代文本。当用户把鼠标移到图像上方时,下面的代码在 ALT 属性中为图像添加描述性文本)等,都属于作弊行为。

④ 故意制造大量链接指向某一网址的行为。

⑤ 对同一个网址,让搜索引擎与用户访问到不同内容的网页(包括利用重定向等行为)。

⑥ 作弊行为的定义是针对网站而不是网页的。一个网站内即使只有一个网页作弊,该网站也被认为是有作弊行为的。

⑦ 有链接指向作弊网站的网站,负连带责任,也会被认为是作弊(但是作弊网站上链接指向的网站不算作弊)。

(4) Google 对作弊的判定条件

① 使用隐藏文本或隐藏链接。

② 采用隐藏真实内容或欺骗性重定向手段。

③ 向 Google 发送自动查询。

④ 使用无关用语加载网页。

⑤ 创建包含大量重复内容的多个网页、子域或域。

⑥ 创建安装病毒(如特洛伊木马)或其他有害软件的网页。

⑦ 采用专门针对搜索引擎制作的"桥页",或采用如联署计划这类原创内容很少或几乎没有原创内容的"俗套"(cookie cutter) 方式。

3.1.5 搜索引擎的使用技巧与方法

大多数搜索引擎都具备基本的检索功能,如布尔逻辑检索、通配符检索、字段限定检索等。

1. 布尔逻辑检索

不同的搜索引擎对常用的布尔逻辑运算符支持度不同,且采用的命令驱动方式也不一样。Infoseek、Excite、Google、百度完全支持 3 种运算;Lycos 只在其高级检索模式中完全支持,在简单检索模式中部分支持。

(1) 逻辑与

一般用"AND""&""＋"来表示,中文搜索引擎都可以用空格表示,用来检索两个及两个以上的检索词,检索结果应包含全部检索词。格式为"检索词 A(空格)检索词 B",查询网页既要包含 A,又要包含 B,两者缺一不可。例如,在百度中输入关键词"SEO(空格) 网络营销",就会找出与 SEO 和网络营销有关的网站。

(2) 逻辑或

一般用"OR""|"来表示,用于检索包含两个以上关键词中的某一个关键词的结果,可提高查全率。格式为"检索词 A |检索词 B",查询网页包含 A,或者包含 B。例如,在百度中输入关键词"SEO | 网络营销",会找出包含 SEO 或者网络营销的网页。

(3) 逻辑非

一般用"NOT""-"表示,有的搜索引擎用"!"表示,用于检索包含 NOT 前的关键词,但排除 NOT 后的关键词的网页。格式为"检索词 A -检索词 B","-"前要有空格,用来查询包含 A,但不包含 B 的网页。例如,在百度中输入关键词"SEO -网络营销",会找出包含 SEO 但不包含网络营销的网页。注意,在百度中使用这个指令时减号前面必须有空格,减号后面没有空格,紧跟着需要排除的词。

2. 通配符检索

截词检索是计算机检索应用非常普遍的技术,尤其对于外文检索,合理地使用截词符,可以预防漏检,提高查全率。在搜索引擎中,通常用通配符来实现和截词同样的检索效果,用"?"表示单个字符,用"＊"表示匹配的字符数量不受限制。如果忘记了名称的某部分,就可以用"＊"代替,如"资治＊鉴"。

3. 字段限定检索

字段限定检索是指限定检索词在搜索引擎数据库中的某个字段范围内进行查找,可以是标题、URL、链接、site 网站、filetype 等。

(1) 标题检索

在关键词前加"t:"、intitle 或"title:",搜索引擎进行的是标题检索,即只检索出标题中包括关键词的网页。目前,百度和 Google 都支持 intitle 指令。

(2) URL 检索

在关键词前加"u:"、"inurl:"或"url:",搜索引擎进行的是网址检索,可检索出网页地址 URL 中含有关键词的页面。这个指令对寻找网页上的搜索、帮助等很有用。示例:查找微软网站上关于 Windows 10 的安全课题资料,可搜索"inurl:security windows10 site:microsoft.com"。注意:"inurl:"后面不能有空格,Google 不对 URL 符号(如"/")进行搜索,对"cgi-bin/phf"中的"/"当成空格处理。

(3) 链接检索

链接检索就是在与特定网页或域有链接的所有网页中进行检索,使用的命令是"link:",此搜索指令只适用于 Google,在百度上是不起作用的。

(4) site 网站检索

该指令为高级检索指令(例如"site:www.mahaixiang.cn"),用来搜索某个域名下的所有被搜索引擎收录的文件,适用于所有的搜索引擎。site 指令还可以限制在某一网站内进行搜索,site 指令把搜索范围局限在这些网站内,以提高搜索效率。

(5) filetype 检索

该指令对搜索对象的文件类型做限制,冒号后是文档格式,如 pdf、doc、xls 等。filetype 指令搜索文件的后缀名或者扩展名,Google 支持 pdf、ps、dwf、kml、kmz、xls、ppt、doc、rtf、swf 这些后缀名,而百度支持 pdf、ppt、rtf、doc、xls 这些后缀名。比如搜索"SEO 优化 filetype:pdf",搜索返回的就是包含"SEO 优化"这个关键词 http://www.hx-dxds.com/的所有 PDF 文件。

除了以上一些高级检索指令外,不同搜索引擎还有其他的指令,能够更精准地帮助我们获取所需信息。

4. 使用其他符号的高级检索

在搜索引擎中,标点符号也可以被用于进行页面或文档的查找,常用的有双引号、书名号、空格、逗号、括号等。

(1) 双引号

把搜索词放在双引号中(英文半角双引号),代表完全匹配搜索一个词,也就是说搜索结果返回的页面包含双引号中出现的所有的词,连顺序也必须完全匹配,目前百度和 Google 都支持这个指令,例如,搜索"SEO 博客"则表示两个检索词不能拆分,不能交换位置。

(2) 书名号

加上书名号的关键词,有两层特殊功能,一是书名号会出现在搜索结果中;二是被书名号扩起来的内容,和双引号一样都是精确检索,检索词不会被拆分。书名号在某些情况下特别有效果。

(3) 括号

括号的作用是使括在其中的运算符优先执行,用于改变复杂检索式中固有逻辑运算符优先级的次序。例如,检索式"因特网 AND(计算机 OR 电脑)"表示要求先执行括号中的"OR"运算,再执行括号外的"AND"运算。

3.2 国内常用搜索引擎简介

搜索引擎为互联网主要流量入口,国内搜索引擎用户规模一直呈持续增长态势。2020 年中国搜索引擎用户规模达到 7.9 亿人,网民使用率达 82.5%。2020 年,受新冠肺炎疫情影响,我国绝大部分网民居家上网频率上升,搜索引擎用户规模同比增速明显加快。在经历 2019 年用户规模增长率处于 5.8% 的近年来最低水平后,2020 年国内搜索引擎用户规模达 7.9 亿人,同比增长率超过最近 5 年,达 10.2%,如图 3-3 所示。

(a) 2015—2020年国内搜索引擎行业用户规模及网民使用率

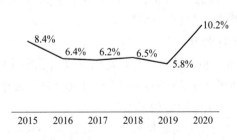

(b) 2015—2020年国内搜索引擎行业用户规模增长率

图 3-3　2020 年中国搜索引擎版本市场份额

据 StatCounter 2020 年 6 月的统计数据显示,在中国搜索引擎市场的竞争格局中,百度的市场份额为 66.15%,排名第二、三位的搜狗和好搜市场份额分别为 22.06% 和 3.40%,均与百度实力相差悬殊,如图 3-4 所示。

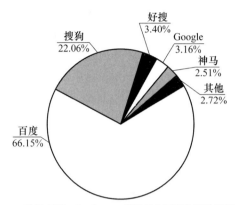

数据来源:StatCounter前瞻产业研究院统计数据

图 3-4　2020 年中国搜索引擎市场份额

根据前瞻产业研究院的《2020—2025 年中国互联网行业市场前瞻与投资战略规划分析报告》,预计未来几年中国搜索引擎市场仍将保持较为稳健的增长速度,到 2025 年,市场规模预计将接近 1 680 亿元,如图 3-5 所示。

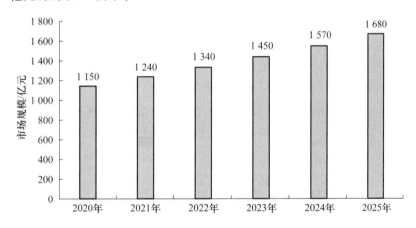

图 3-5　2020—2025 年中国搜索市场规模预测

3.2.1　百度

百度(http://www.baidu.com/)由资深的信息检索技术专家李彦宏与其好友徐勇共同创建。百度于 2000 年 1 月在北京中关村创立,第二年李彦宏在百度董事会上提出了百度转型做独立搜索引擎网站,开展竞价排名的计划。2005 年,百度在美国纳斯达克成功上市,并成为首家进入纳斯达克成分股的中国公司。通过"闪电计划"实行第二次技术升级后,百度在中文搜索引擎中名列第一。2016 年百度成功在欧洲推出了一项地图服务,为在欧旅行的中国人提供服务,并开始积极拓展国际搜索引擎市场。2016 年 9 月,百度世界大会以"人工智能"为主题,推出了由算法(神经网络、参数和样本训练)、计算能力〔服务器和中央处理器(Central Processing Unit,GPU)集群〕,以及大数据(网页资料、搜索数据、图像视频数据和定位数据)三部分构成的"百度大脑","百度大脑"在自然语言处理、语音识别处理、图像识别处理以及用户画像等4个方面具有前沿应用。2021年7月,在百度云智峰会上,李彦宏认为,未来10年,在人工智能领域,自动驾驶、数字城市运营、机器翻译、个人智能助手、生物计算、人工智能(AI)芯片、深度学习框架、知识管理等8项关键技术将深刻改变社会,百度会提前布局长期持续投入。李彦宏特别强调AI芯片是突破"卡脖子"技术的重要领域,同时又是一个高技术门槛和高风险投入的领域。百度自主研发的云端AI通用芯片昆仑芯片,2021年量产并应用到更多生产和生活场景中。

1. 百度搜索产品概况

百度搜索界面简单方便,目前是集新闻、地图、直播、视频、贴吧、学术等搜索为一身的综合性搜索引擎(如图3-6所示)。

图3-6　百度主页

随着百度的商业扩展,百度有了更多的产品,如图3-7和图3-8所示。

图3-7　百度产品(1)

图 3-8 百度产品(2)

2. 百度搜索

对于百度基本检索框,可以通过布尔逻辑检索、字段限定检索、通配符检索等多种检索技术实现检索,同时,在设置选项中提供搜索设置,如图 3-9 所示。百度高级检索如图 3-10 所示。

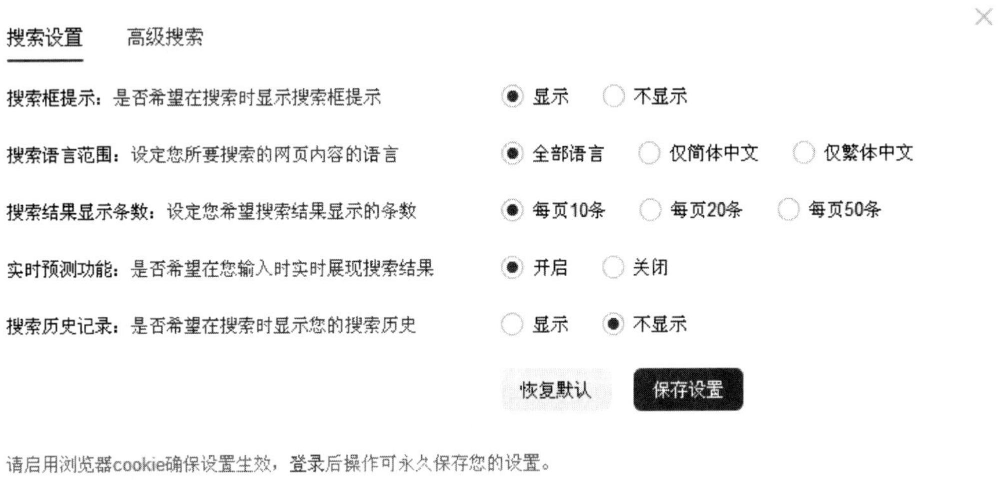

图 3-9 百度搜索设置

基本搜索可以通过构建逻辑检索式提出检索要求,也可以通过百度搜索提供的搜索技巧进行检索,而高级检索同样能够通过多种限定,准确表达检索意图,提高检索的查全率和查准率,获得同样的检索结果,举例如下。

(1) 基本检索

例如,要搜索关于新冠肺炎的内容,只想看美国新冠肺炎疫情的情况,只需在基本检索框中输入"新冠 美国"(中间为空格),如图 3-11 所示。

图 3-10 百度高级检索

图 3-11 利用布尔逻辑与搜索

通过逻辑或和逻辑与来构建百度的检索式,表达仅查找和中国、美国相关的网页,逻辑式为"(中国 OR 美国)AND 新冠",根据百度搜索语法调整其格式为"(中国 |美国)新冠",得到如图 3-12 所示的结果。

搜索关于新冠肺炎的内容,但不想看美国新冠肺炎疫情的相关情况,只需在基本检索框中输入"新冠 -美国新冠"("新冠"后为空格,"美国"前无空格),如图 3-13 所示。

图 3-12 利用布尔逻辑构建检索式

图 3-13 利用逻辑非构建检索式

（2）高级检索

如果同样的检索需求，通过百度高级检索来实现，如图 3-14 所示。

图 3-14　利用高级检索构建检索式

该检索的结果界面与图 3-15 利用逻辑非构建检索式的结果界面完全一致。注意在构建搜索引擎检索式时，当对主题的理解不同，选择的检索词不同，构建的检索式不同时，检索结果会有所不同。例如，我们搜索新冠肺炎的相关内容，但不想看美国新冠肺炎疫情的相关情况时，选择"新冠 -(美国)"作为检索式，那么检索结果如图 3-15 所示。

图 3-15　不同检索词构建的检索式结果不同

（3）利用百度搜索技巧的检索

利用百度搜索技巧进行检索，严格来说也是基本检索的一部分，只是借助百度高级语法来特殊表达的基本检索。例如，要搜索"化学"的 PPT 文档，只需在搜索框中输入"化学 filetype:ppt"

即可得到含有"化学"的 PPT 文档，如图 3-16 所示，同样该表达式也可以通过高级检索来描述。

图 3-16　利用百度搜索技巧构建检索式

通过百度基本检索构建检索式和通过高级检索选择同样的检索词、同样的逻辑表达时，能够得到同样的检索结果。作为新一代搜索引擎的代表，百度能够对自然语言进行分析来理解用户意图，比如，我们在百度搜索中直接给出搜索提问式"全球新冠疫情情况"，也能得到百度分析搜索意图后的检索结果，如图 3-17 所示。

图 3-17　自然语言下的百度搜索

3. 百度的特色功能

随着网络和科技的发展,百度产品目录不断扩容,包含新上线、搜索服务、导航服务、社区服务、游戏娱乐、移动服务、站长与开发者服务、软件工具等8个模块的多个产品,涵盖了爱企查、简单搜索、百度技术学院、百度百科、百度文库、百度学术、百度云、百度知道、百度翻译、百度快照、图片、视频、音乐等众多特色服务,下面简单介绍几种。

(1) 百度百科

百科指天文、地理、自然、人文、宗教、信仰、文学等全部学科知识的总称。百度百科(http://baike.baidu.com/,如图3-18所示)是百度公司推出的一个内容开放、自由的网络百科全书平台。其测试版于2006年4月20日上线,正式版在2008年4月21日发布,截至2021年8月,百度百科已经收录了超过2 390余万的词条,参与词条编辑的网友超过740余万人,几乎涵盖了所有已知的知识领域。百度百科强调用户的参与和奉献精神,充分调动因特网所有用户的力量,汇集上亿用户的头脑智慧,积极进行交流和分享,提倡网络面前人人平等,所有人共同协作编写百科全书,同时实现与搜索引擎的结合,从不同的层次上满足用户对信息的需求。百度百科提供用户词条编写入口,如图3-19所示,收录词条需要人工审核。

图3-18 百度百科主界面

图3-19 百度百科词条创建

（2）百度文库

百度文库平台（http://wenku.baidu.com/，如图3-20所示）的文档由百度用户上传，需要经过百度的审核才能发布，百度自身不编辑或修改用户上传的文档内容。百度文库于2009年11月12日推出，2010年7月8日，百度文库手机版上线，2011年12月百度文库优化改版，内容专注于教育、PPT、专业文献、应用文书四大领域，2013年11月百度文库正式推出文库个人认证项目，2019年11月，百度文库与首都版权产业联盟等单位联合推出版权保护"文源计划"，力求"为每篇文档找到源头"，百度文库创作者可在百度文库为原创作品申请版权服务，审核通过后，即可获得版权认证，并获得流量、收入、法务扶持。

图3-20 百度文库检索界面

百度文库提供对.doc、.ppt、.pdf、.txt、.xls等多种文档格式的兼容和批量上传功能，检索规则与百度搜索引擎一致，可通过布尔逻辑、截词检索等技术进行检索，但仅提供基本检索框，用户可根据百度文库提供的相关检索获取更多同主题检索结果，如图3-21所示。

图3-21 百度文库结果界面的推荐检索

（3）百度学术

百度学术（如图 3-22 所示）是一个提供海量中英文文献检索的学术资源搜索平台，涵盖了中国知网、万方数据、维普、SpringerLink 等中外文学术期刊、会议论文，在主界面新增了论文查重、学术分析等模块的快捷方式。

图 3-22　百度学术基本检索界面

百度学术主界面提供基本检索和高级检索两种方式。利用其高级检索可以按照条件限定框的提示来构建专业检索式。例如，想检索关于新冠的期刊文献，高级检索对应的检索式会在结果界面中自动给出，在高级检索中输入检索条件（如图 3-23 所示），相当于在基本检索中输入"intitle:（新冠'新型冠状病毒'）"，可得到文献标题中同时出现"新冠"和"新型冠状病毒"的期刊文献，如图 3-24 所示。

图 3-23　百度学术高级检索界面

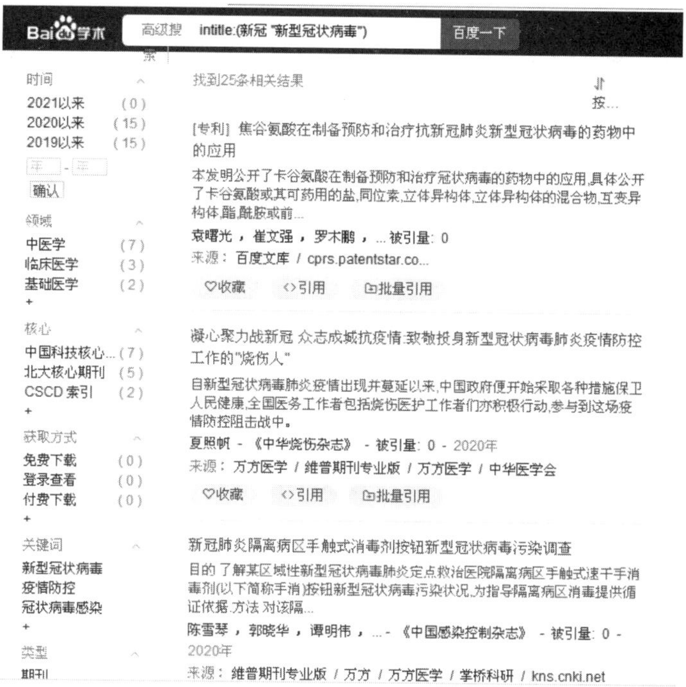

图 3-24 百度学术检索结果界面

检索结果的默认排序方式为相关度,还可以通过被引次数和时间调整排序方式。文献正下方显示文献来源,有多个来源时同时列出,显示该文献被哪些数据库收录。通过文献下方的"引用",可直接得到该文献的多个参考文献格式,如图 3-25 所示。同时,检索结果页面中给出时间、数据来源、资源类型、参考关键词、作者等可进行二次检索的限定字段,用来缩小检索范围,精确检索结果。

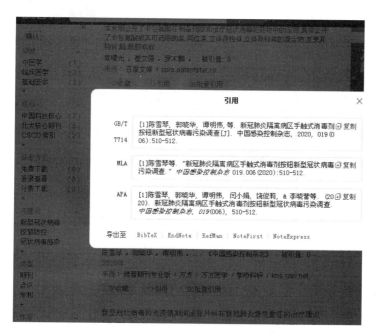

图 3-25 百度学术检索结果中文献引用界面

(4) 简单搜索

简单搜索(jiandan search)是于2017年7月由百度搜索开发并上线的一款搜索App,其界面如图3-26所示。简单搜索依靠语音搜索、图像识别、语音直达、多轮对话、语音播报等多种新一代搜索功能吸引用户,在展示的内容上对少儿与成人加以区别,目前手机用户有600多万。

图3-26 简单搜索界面

(5) 百度知道

利用搜索引擎核心技术,百度搜索开发了很多产品,比如百度知道,如图3-27所示。百度知道是一个基于搜索的互动式知识问答分享平台,用户自己根据具体需求有针对性地提出问题,通过积分奖励机制发动百度知道界面其他用户,来解决该问题。同时,这些问题的答案又会进一步作为搜索结果,提供给其他有类似疑问的用户,达到分享知识的效果。百度知道也可以看作对搜索引擎功能的一种补充,通过对回答的沉淀和组织形成新的信息库,其中信息可被用户进一步检索和利用。这意味着,用户既是搜索引擎的使用者,同时也是创造者。

图3-27 百度知道界面

3.2.2 搜狗搜索

搜狗搜索是搜狐(http://www.sohu.com/)公司旗下的产品,搜狐成立于1996年8月,张朝阳博士依据风险投资创办了搜狐的前身爱特信信息技术有限公司,1998年2月,爱特信信息技术有限公司推出了搜狐,其是中国首家大型分类查询搜索引擎。2004年8月3日搜狐推出了全球首个第三代互动式中文搜索引擎——搜狗(sogou)(如图3-28所示),域名为 www.sogou.com。搜狗以搜索技术为核心,致力于中文因特网信息的深度挖掘,帮助中国上亿网民加快信息获取速度,为用户创造价值。目前,搜狐主攻新闻、资讯、博客,搜狗主攻搜索引擎和拼音输入法。搜狗搜索提供网页、图片、视频、问问、地图等查询服务。

图 3-28　搜狗主页

1. 基本搜索

搜狗搜索简洁方便,对于基本搜索方式,搜狗搜索提供基本检索框,不提供高级检索框,在检索界面提供导航。用户只需在主页的搜索框内输入查询关键词并按一下回车键(Enter),或单击"搜狗搜索"按钮即可得到相关的资料。搜狗搜索中不区分英文字母大小写,无论大写字母还是小写字母均当作小写字母处理。

2. 学术搜索与英文搜索

2016年5月19日,搜狗宣布与微软正式达成合作,搜狗搜索对接微软必应全球搜索技术,推出搜狗英文搜索、搜狗学术搜索两个垂直频道,为中国用户提供权威、全面、精准的英文搜索体验。在最新的搜狗主页搜索框,已经去除传统的高级检索,而在上边增加了"学术""英文"按钮,单击即可进入学术搜索(见图3-29与图3-30)。

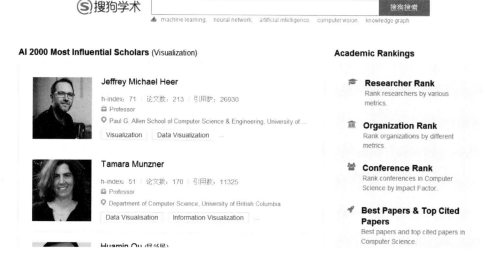

图 3-29　搜狗学术界面

图 3-30 搜狗英文界面

3.2.3 360 搜索

360 搜索(https://www.so.com,如图 3-31 所示)是 360 开放平台的组成部分,依托于 360 安全卫士和 360 安全浏览器为其提供的巨大流量和品牌优势,在国内搜索引擎市场中占据了不少份额。同时在移动因特网时代 360 搜索也通过 360 手机卫士、手机助手、免费 Wi-Fi、手机浏览器等带动了其移动搜索的发展。

图 3-31 360 综合搜索主界面

1. 360 搜索家族成员

(1) 360 综合搜索

360 综合搜索属于元搜索引擎,是通过统一的用户界面帮助用户在多个搜索引擎中选择和利用合适的搜索结果,来实现检索的操作,是对分布于网络的多种检索工具的全方位利用。这种将多元信息聚合在一起的方式,实现了网络工具化、个性化的发展需求,同时提升了网络的使用效率,能够让用户更快地从繁复的搜索系统里解放出来,让上网搜索更轻松有效。国外比较成功的类似网站有 InfoSpace、Dogpile、Vivisimo 等元搜索网站。

(2) 360 搜索+

360 导航搜索框(见图 3-32)提供多搜索引擎切换,包含综合、Bing、百度、有道、淘宝等搜索,同时将多个不同搜索网站界面集成在一个浏览页面中,用户只要输入一次关键字就可以同时完成多次搜索,并实现快速的切换查看。

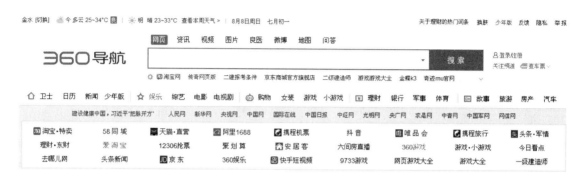

图 3-32　360 导航中的搜索框

360 搜索的主界面主要包括新闻搜索、视频搜索、音乐搜索、图片搜索、地图搜索、百科搜索。在分类栏目中,除 360 视频搜索之外,新闻、音乐、图片、地图及问答均来自百度,单击可自动跳转。

2. 360 高级搜索中语法的不同之处

① 在 360 高级搜索中不能用 site 命令查询一个域名的收录量。

② 360 高级搜索是不支持 domain 命令的。在 360 高级搜索中输入"domain:域名",会发现 360 高级搜索把 domain 当作一个关键词。

3. 360 综合搜索的信息来源

(1) 接入垂直搜索引擎

地图搜索与高德地图合作,音乐搜索整合了酷我、虾米等音乐网站的资源,360 视频则整合了优酷、土豆、搜狐、爱奇艺等视频网站的资源。

(2) 向合作伙伴免费开放应用盒子(oneBox)

当用户通过 360 搜索检索旅游、医疗、实用工具、火车票、明星任务等关键词时,360 搜索免费展示由合作伙伴定制的网页应用结果,其合作伙伴有携程旅行、酷讯网、39 健康网、寻医问药等。

以搜索机票为例,360 搜索引导合作伙伴进行同类数据的用户特惠竞争,将最优惠的数据展示在 360 应用盒子中。

(3) 免费认证官网

当用户搜索的关键词明确指向某个官网时,360 搜索将免费展示该认证的官网地址,不以竞价排名的方式销售网站关键词。

3.2.4　中国搜索

中国搜索(www.chinaso.com)由中国搜索信息科技股份有限公司创办运营,是由人民日报社、新华通讯社、中央电视台、光明日报社、经济日报社、中国日报社、中国新闻社联合设立的互联网企业,如图3-33所示。中国搜索依托于国家网络文化资源及7家股东单位的新闻信息和专业人才优势。内容与技术结合的中国搜索在适应媒体融合方面的用户评价明显高于其他主要搜索引擎产品,近年来市场占有率逐渐提升。中国搜索提供了新闻、报刊、网页、图片、视频、地图、网址导航七大类综合搜索服务,以及国情、社科、理论、法规、时政、地方、国际、军事、体育、财经、房产、汽车、家居、购物、食品、智慧城市等16个垂直搜索频道和"中国新闻"等移动客户端产品和服务。

图3-33 中国搜索主界面

根据《国内搜索引擎产品市场发展报告2020》的调查结果,在国内各主要垂直擎搜索领域,新闻搜索的用户关注度最高,达76.4%,其成为用户最关注的垂直搜索领域。而中国搜索的新闻搜索产品形态更加专业化、优质化,体现出搜索引擎"国家队"的标杆质量,在2020年国内垂直搜索领域中的新闻搜索领域用户大幅增长,用户份额排列第一位,达26.9%,百度资讯搜索、搜狗新闻搜索、神马新闻搜索分列第二、三、四位,新闻搜索领域用户份额分别为26.6%、18.4%和16.6%,如图3-34所示。

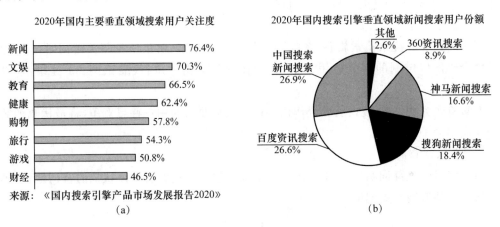

图3-34 垂直新闻搜索市场份额及关注度

3.3 国外搜索引擎的使用

据 StatCounter 的统计数据显示，Google 在全球搜索引擎市场占据领先优势地位，市场占有率稳定维持在 90％以上，而 Bing、Yahoo!、Baidu 则分别以微弱市场份额位列第二、三、四名。2020 年 6 月，Google 市场份额占比为 91.75％；Bing、Yahoo!、Baidu 位列其后，市场份额分别为 2.75％、1.70％和 1.02％；其他搜索引擎的市场份额均在 1％以下（图 3-35），其中 DuckDuckGo 在之后的多次排名中一度占据了全球使用率的 0.6％，开始崭露头角（图 3-36）。

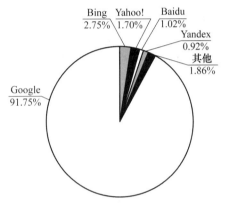

数据来源：StatCounter前瞻产业研究院统计数据

图 3-35　2020 年 6 月全球搜索引擎市场份额

数据来源：StatCounter 前瞻产业研究院统计数据

图 3-36　2020 年 12 月全球搜索引擎市场份额

3.3.1　必应

微软必应（Bing）是微软公司于 2009 年 5 月 28 日推出的，用以取代 Live Search 的全新搜索引擎服务。为符合中国用户的使用习惯，Bing 的中文品牌名为"必应"。

1. Bing 搜索的特点

Bing 提供网页、图片、视频、词典、翻译、资讯、地图等全球信息搜索服务，与其他搜索引擎相比其产品列表非常简洁（图 3-37），中文界面体现出中国文化元素，具有鲜明的特色。

（1）首页美图

必应最具特色的是其每日首页美图。必应图片搜索是用户使用率最高的垂直搜索产品之一，为进入中国市场，必应率先实现了中文输入的全球搜图，改变了传统搜索引擎首页单调的风格，通过将来自世界各地的高质量图片设置为首页背景，并加上与图片紧密相关的热点搜索提示，使用户每日都能有不同感受。

图 3-37　Bing 产品主页

（2）与 Windows 操作系统深度融合

来自微软，并成为微软品牌第四个重要产品之一，使得必应与 Windows 操作系统深度融合，产生了必应超级搜索功能（Bing smart search）。通过该功能，用户无须打开浏览器或单击任何按钮，直接在 Windows 8.1 搜索框中输入关键词，就能一键获得来自因特网、本机以及应用商店的准确信息，从而颠覆传统意义上依赖于浏览器的搜索习惯，实现搜索的"快捷直达"。随后，微软在 Windows 10 的操作系统中，嵌入 Bing，以一个卡通动漫助手的形象实现了中文的人机对话、意图探测等智能功能。

微软宣布了开源部分必应搜索引擎的核心算法，比如"矢量搜索"，通过该算法，可以更好地理解用户意向，而不是根据关键字匹配。例如，用户输入"巴黎的塔楼有多高？"，Bing 可以返回一个自然语言结果，告诉用户埃菲尔铁塔是 1 063 英尺（1 英尺＝30.48 cm），即使搜索查询中没有出现"埃菲尔"这个词，结果中也没有出现"高"这个词。

（3）全球搜索与英文搜索

微软面向全球，除了英文界面，也支持多语种搜索，目前支持四十多种语言。微软注重中国市场的开发，中国用户不需要用英文进行搜索，而只需输入中文，必应将自动为用户匹配英文，帮助用户发现来自全球的信息。

（4）提供跨平台使用

用户登录微软必应网页，打开内置于 Windows 8 及以上操作系统的必应应用，或直接按下 Windows Phone 的搜索按钮，可一站直达微软必应搜索。与 iOS 及安卓设备无缝衔接，发挥必应信息集成平台的作用，通过学习搜索习惯与喜好，为用户推荐定制化的内容。微软必应不仅是一个搜索引擎，用户可在任何设备中使用，其中大多数是深度整合。

（5）"必应搜索 全球 PK 赛"

"必应搜索 全球 PK 赛"是由微软发起的搜索质量盲测平台。测试在排除品牌信任影响的情况下，让用户选出"真心"喜欢的搜索引擎。用户登录活动页面后可自主选择 5 个关键词进行搜索，从而在无品牌影响的情况下直观对比必应和谷歌的网页搜索结果。

（6）智能语义搜索

智能语义搜索一直是搜索引擎追求的终极目标，微软在智能语义的探索中将研究成果集成到了微软 Azure 云计算平台的认知服务中,通过 Azure 认知搜索(Azure cognitive search),为预览版中的所有用户提供语义搜索功能。

2. Bing 的基本检索及特点

在 Bing 默认主界面中,相关产品较少,仅提供图片、视频、学术、词典、地图、MSN、Office 等内容,如图 3-38 所示。

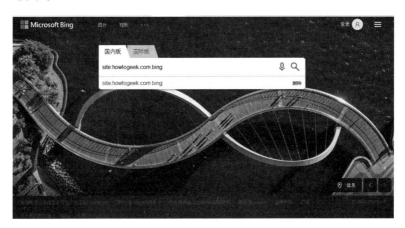

图 3-38　Bing 主页

Bing 基本检索是一框式检索,检索结果页面清晰,相关度高。检索语法与 Google、百度等搜索引擎一致,支持传统的通配符搜索,不区分英文字母大小写。比如,要在 How-To Geek(美国一个免费的指引性资源网站,howtogeek.com)这一特定网站搜寻(site search)与 Bing 相关的内容,可使用"site:运算符搜索"。可在基本检索框中构建检索式"site:howtogeek.com bing",则可以得到如图 3-39 所示的检索结果。

图 3-39　Bing 检索结果界面

3. Bing 的搜索功能

（1）Bing 学术

Bing 学术提供的检索结果界面简单，如图 3-40 所示，提供来自全球的多语种文献检索。服务结果显示文献来源及资源类型，未加语法限定，默认为全文检索。结果排序默认为按照相关性，除此以外还可以按时间的正序、倒序以及按照引用数来排序，二次检索仅提供时间排序。

图 3-40　Bing 学术检索结果界面

（2）Bing 词典

Bing 词典同时推出了 PC 版、手机版，界面简单，提供语义、语音、相关文章等多种检索和结果显示，如图 3-41 所示。

图 3-41　Bing 词典检索界面

3.3.2 Google

Google(http://www.google.com/)是由斯坦福大学的博士生 Larry Page 与 Sergey Brin 于 1998 年 9 月创立的。Google 是从第一代搜索引擎中脱颖而出的第二代搜索引擎的代表。Google 是最早被公认为全球规模最大的搜索引擎,同时也在依托搜索引擎技术不断拓展业务。Google 的主页面很简洁,标志(logo)的下面排列了四大功能模块:网站、图像、新闻组和目录服务。默认是网站搜索。Google 主要提供的搜索服务有网页搜索、图片搜索、视频搜索、全球地图搜索、新闻搜索、购物搜索、博客搜索、论坛搜索、学术搜索、财经搜索、问答、Notebook、在线翻译等。

1. Google 的检索方式

Google 搜索提供常规搜索和高级搜索两种功能,支持 132 种语言,包括简体中文和繁体中文,搜索结果准确率高,具有独到的图片搜索功能和强大的新闻组搜索功能。

(1) 基本检索

基本检索是 Google 默认的中英文主界面(见图 3-42),只需在输入框内输入检索词,单击下方的"Google Search"(Google 搜索)按钮或按回车(Enter)键,即可得到相关的网页列表。如果单击"I'm Feeling Lucky"(手气不错)按钮,系统将自动进入 Google 检索到的第一个网站页面,即相关性最高的网站,并且完全看不到搜索结果列表页面。

图 3-42 Google 基本检索界面

(2) 高级检索

单击 Google 主页右边的"Advanced Search"(高级)按钮,即可进入高级检索界面。Google 中文高级检索页面(见图 3-43)提供了对检索词在搜索结果中出现的 4 种限定:包括全部字词、包括完整字句、包括至少一个字词、不包括字词。"包括全部字词"对应于逻辑"与","包括至少一个字词"对应于逻辑"或","不包括字词"对应于逻辑"非","包括完整字句"可以限定进行精确匹配检索,即词组检索。

在高级检索界面中,还可以对语言、地区、文件格式(.pdf、.dwf、.ppt、.doc 等)、日期、字词位置(网页的标题、网页的正文、网页的网址、指向网页的链接)、网站和使用权限进行限定。用户可以根据自己的检索需要来进行限定,以提高搜索的准确度。

图 3-43　Google 中文高级检索页面

2．Google 的搜索语法

（1）逻辑运算符

在 Google 中，用空格表示 AND 运算符，只需在两个关键词中间加空格即可。用"-"表示逻辑"非"关系，"-"前必须有空格。用 OR 表示逻辑"或"操作，OR 的前面必须有空格。空格和"-"是英文字符，而不是中文字符"－"。比如"搜索引擎 －文化"，搜索引擎将其视为关键字"搜索引擎"和"文化"的逻辑"与"操作，中间的"－"被忽略。

（2）通配符

在 Google 中，星号"＊"代表任何文字。Google 搜索使用 stemming（词根还原）技术，在适当情况下，Google 搜索将不仅局限于搜索字词，还会搜索与这些字词部分或全部相似的字词。

（3）字母大小写

在 Google 搜索中不区分英文字母大小写，所有字母都会被视为是小写的。

（4）精确匹配

用双引号将搜索字词括起来即可。

（5）简繁转换

Google 运用智能型汉字简繁自动转换系统，为用户找到更多相关信息。这个系统实现的不是简单的字符变换，而是简体和繁体文本之间的"翻译"转换。

（6）搜索数字范围

用两个半角句号（不加空格）隔开两个数字可查看日期、价格和尺寸等指定字范围的搜索结果。提示：仅使用一个数字和两个句号即可表示上限或下限。例如"手机 价格 2000..5000"，搜索结果中会出现价格是 2 000 元至 5 000 元的手机相关信息。

（7）site 在特定网站或域名中搜索

在搜索中加入"site："可以限定在某个特定网站中搜索信息。例如"百度影音 site：www.skycn.com"，"site："后面跟的站点域名不要带"http：//"。"site："和站点名之间不要带空格。

(8) inurl 在特定 URL 链接中搜索

在搜索中加入"inurl:"可以限定在网站 URL 链接中搜索网站信息。例如"auto 视频教程 inurl:video",搜索词"auto 视频教程"可以出现在网页的任何位置,而"video"则必须出现在网页 URL 中。

(9) intitle 在特定的网页标题中搜索

在搜索中加入"intitle:"可以限定在网页标题 title 中搜索网站信息。例如"出国留学 intitle:美国",搜索词"出国留学"可以出现在网页的任何位置,而"美国"必需出现在网页 title 中。"intitle:"和后面的关键词之间不要有空格。

(10) related 相关网页搜索

在搜索中加入"related:"可以搜索与指定网站有相似内容的网页。例如,"related:baidu.com"可以搜索和百度类似的网站。

(11) filetype 在特定文档格式中搜索

在搜索中加入"filetype:"可以限定在文档格式中搜索网页信息,支持的文档格式有.pdf、.ps、.dwf、.kml、.kmz、.doc、.xls、.ppt、.rtf、.swf、.all(所有上面的文档格式),对于找文档资料相当有帮助,例如 Photoshop 实用技巧"filetype:doc"。

3. Google 的特色功能

在 Google 的检索主界面中,用户也可以直接选择不同的服务产品,如网页、视频、图片、地图、资讯、音乐等,其中包含几个具有特色的功能产品,如 Google 学术搜索、图书搜索、翻译、专利技术及专利检索。

(1) 学术搜索

Google 于 2004 年 11 月推出了学术搜索——Google Scholar(http://scholar.google.com/)。目前,Google 学术搜索 80% 以上为英文文献,同时与几百个数据库建立了交叉链接,为用户提供了便利的文献原文获取方式(如图 3-44 所示)。

图 3-44 Google 学术搜索页面

Google 学术搜索是一项免费服务,提供可广泛搜索学术文献的简便方法。用户可以从一个位置搜索众多学科的资料,包括来自学术著作出版商、专业性社团、预印本、各大学及其他学术组织的经同行评论的文章、论文、图书、摘要。Google 将测试版中 Google 学术搜索和 Google 专利搜索合并成目前的 Google 学术搜索。

(2) 图书搜索

Google 图书搜索(http://books.google.com/,如图 3-45 所示)实现了全文检索的功能,而且提供了图书馆馆藏和出版社信息,以便用户购买和借阅。

图 3-45　Google 图书搜索页面

使用 Google 图书搜索查找图书与使用 Google 网络搜索查找网站一样，只需在检索框中输入要查找的关键字或短语。检索技术也与 Google 网络搜索一致。

（3）翻译

Google 提供翻译功能（如图 3-46 所示），使用方便、快捷。目前 Google 翻译支持英文、中文、法语、德语、俄语、希腊语等近 65 种文字进行互译。

图 3-46　Google 翻译页面

（4）专利技术及专利检索

Google 搜索引擎提供专利检索功能，其自身也拥有大量的专利技术，下面简单介绍其中几项。

① PageRank 技术

Google 使用 PageRank 技术检查整个网络链接结构，并确定哪些网页最重要，然后进行超文本匹配分析，以确定哪些网页与正在执行的特定搜索相关。通过对由超过 50 000 万个变量和 20 亿个词汇组成的方程进行计算，在综合考虑整体重要性以及与特定查询的相关性之后，Google 可以将最相关、最可靠的搜索结果放在首位。Google 的搜索结果没有人工干预或操纵，不受付费排名影响且公正客观。

② 超文本匹配分析

Google 的技术并不采用单纯扫描基于网页文本的方式,而是分析网页的全部内容以及字体、分区及每个文字的精确位置等因素。Google 同时还会分析相邻网页的内容,以确保返回与用户查询最相关的结果。

③ 智能隐形眼镜专利

2015 年 3 月,Google 获得智能隐形眼镜专利,该专利采用多层设计方式,内置谷歌自己研发的芯片。

④ 网络剧透屏蔽系统

2015 年 Google 为了防止有人提前看过网络剧而剧透,申请了一个奇葩专利:防剧透系统。在这个防剧透系统中,社交网络会记录用户的电影、小说和剧集的观看或心愿单情况。一旦有人在推文或是文章中提及那些系统认为用户会担心剧透的作品,而且内容也确实有这个倾向,它就会将正文内容模糊化或是收起。

在专利检索服务中,Google 与 USPTO(美国专利及商标局)合作,整合了美国多达 700 万项技术专利,使用者可以通过专利的发布日期、专利号码以及专利的发明者等信息,搜索这些专利信息,可以 PDF 文件格式整本下载专利。目前 Google 在中国市场限制使用,用户可通过谷粉术进行 Google 专利及学术的检索,如图 3-47 所示。

图 3-47 Google 的专利检索界面

3.3.3 Yahoo!

Yahoo!(http://www.yahoo.com/)是世界上最早的搜索引擎之一,由斯坦福大学的两位博士研究生 David Filo 和 Jerry Yang(杨致远)于 1994 年创建。"Yahoo"一词源于《格列佛游记》中一个在外表和行为举止上都令人非常讨厌的家伙——列胡,而创始人喜欢字典里对 Yahoo 的定义:"粗鲁,不通世故,粗俗。"雅虎是全球第一家提供因特网导航服务的网站,是世界上最早的分类目录搜索引擎(见图 3-48)。服务包括搜索引擎、电邮、新闻等,业务遍及 24 个国家和地区,为全球用户提供多元化的网络服务。Yahoo! 有英、中、日、韩、法、德、意、西班牙、丹麦等 12 种语言版本,Yahoo! 曾推出中文版,其并非英文版的全文翻译,而是针对大陆(内地)、香港和台湾的访问者的需要、兴趣与习惯将信息集中起来供中文读者使用。

Yahoo! 提供分类目录检索、基本检索两种检索方式。

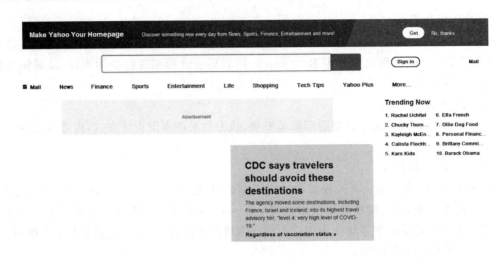

图 3-48 Yahoo! 主页

1. 分类目录检索

在 Yahoo! 主页的基本搜索框下,可以直接选择进行 Mail(邮件)、News(新闻)、Sports(体育)等的查询,单击"More"可进入 Yahoo! 更多目录检索页面,这里还提供了其他多种搜索服务。用户可以根据自己的查询需要,选择不同类型的搜索服务。单击"More Search"可进入 Yahoo! 的分类目录进行查询或浏览。

随着互联网的发展和用户需求不断变化,Yahoo! 的分类目录按内容从原本的 14 个大类〔Arts & Humanities(艺术与人文)、Business & Economy(商业和经济)、Computer & Internet(计算机和因特网)、Education(教育)、Entertainment(娱乐)、Government(政府)、Healthy(健康)、News & Media(新闻与媒体)、Recreation & Sports(休闲与体育)、Reference(参考文献)、Regional(地区)、Science(科学)、Social Science(社会科学)、Society & Culture(社会与文化)〕演变为现在的多项目录,如图 3-49 所示。

图 3-49 Yahoo! 分类目录

2. 基本检索

直接在检索框内输入关键词,然后单击右侧的"Search"按钮或按回车(Enter)键,即可得到相关的记录。

Yahoo! 搜索引擎支持一些特定的操作符,用于对查找的内容进行限定,用法与 Google、

Bing 类似。可通过布尔逻辑、通配符、站点限制、文献类型限制等多种高级语法来构建检索式。

3.3.4 其他搜索引擎

1. Excite

Excite 搜索引擎(http://www.excite.com/)是 Architext 公司的产品,1993 年 2 月由 6 个斯坦福的学生创建,他们的想法是通过分析字词关系,对互联网上的大量信息作更有效的检索。Excite 是世界上最早的大众搜索引擎。1999 年,互联网和搜索引擎由雅虎和 Excite 主宰,而谷歌只是搜索引擎行业中的后起之秀,Excite 的投资人维诺德·科斯拉曾经成功说服谷歌创始人布林和佩奇将谷歌以 75 万美元卖出。Excite 已经开发出包括中国的多种全球区域版本,为特定地区提供高效率的服务,它是国际上使用最为广泛的搜索引擎之一(见图 3-50)。

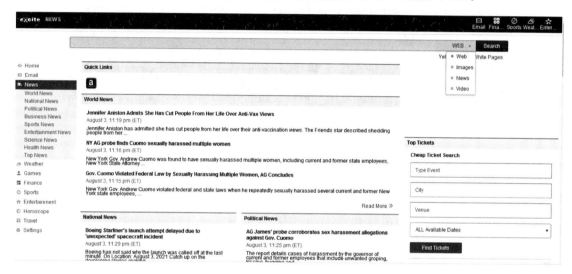

图 3-50 Excite 检索主页

Excite 最大的特点是使用基于概念或关键词的正文和主题搜索。概念搜索是指搜索引擎不只简单地查找含有关键词的网页,同时还搜索与关键词概念相关的网页。Excite 网站上除了搜索引擎外,还有新闻、天气、电邮、即时通信等。在当时,广告收入来自停留在网站上的用户,Excite 放弃收购谷歌的原因之一,是其认为搜索技术太好,速度太快,立即为用户提供了他们想要的信息后,用户会马上离开该网站,而"黏性"是当时网站最期望的衡量标准。

Excite 提供两种检索方式:分类目录检索和基本检索。用户可以查找网上的文档、评论、UseNet NewsGroup 或分类区。在同一个搜索框内可以输入简单的或更高级的搜索,包括布尔搜索和逻辑组,但用户不能像用其他一些搜索引擎一样控制搜索结果的格式。

(1) 分类目录检索

Excite 主页上部列出了 30 余种的目录分类。用户可以根据查找内容在分类目录中选择对应的类别,单击进入后系统会显示这一类目下的子类目。经过多次的选择后,就可以访问到所有要查找内容的网页。

(2) 基本检索

直接在检索框内输入关键词,单击"Search"按钮或按回车(Enter)键,就可以在 Excite 数据库中查找到与关键词相匹配的网页。在 Excite 中可以使用布尔逻辑运算符 AND、OR、NOT,以及括号来构成检索表达式,也可以使用"+"和"-"指定出现和排除某个单词。

除此以外,Excite 搜索引擎还提供了一个称为 Excite meta-search(Excite 元搜索)的检索界面,通过该界面可自动实现多元搜索。在 Excite 的高级检索界面也使用了元搜索技术,可以同时对包括 Google 在内的 14 个搜索引擎进行检索,并得到通过这些搜索引擎进行检索的结果。

2. Lycos

Lycos(http://www.Lycos.com/)创立于 1995 年,是最老资格的搜索引擎之一(见图 3-51),目前也是最大的西班牙语门户网站。2000 年 10 月,Terra Networks,S.A. 收购了 Lycos,Inc.,Terra Lycos 集团形成了,该集团拥有世界上规模最大的因特网网站群,在全球 43 个国家用 26 种语言提供服务。

图 3-51　Lycos 检索主页

Lycos 提供基本检索及高级检索。高级检索提供多种选择定制搜索条件,并允许针对网页标题、地址进行检索。Lycos 具有多语言搜索功能,首页下部显示部分 Open Directory 的目录索引。

Lycos 的优点在于它的速度快、使用简便、数据库很大,但是在支持逻辑检索和高级检索功能方面较弱。

3. Ask

Ask Jeeves(http://www.ask.com/)于 1996 年 6 月由 David Warthen 和 Garrett Gruener 创建。1997 年 4 月,Ask Jeeves 上线,2006 年改名为 Ask(http://www.ask.com/,如图 3-52 所示),是一个至今仍实质存在并有一定市场份额的早期搜索引擎。创立时标榜的特点是"自然语言"搜索,用户可以用问句形式搜索。其搜索引擎的特点是对语义搜索支持较优,同时结合了传统的关键字搜索。雅虎与微软的搜索业务合并之后,Ask 曾是美国排名第三的搜索引擎。

图 3-52　Ask 检索主页

Ask 检索界面简洁,将全部内容放在检索框下面,包括政治、历史、艺术、教育问答、新闻、视频、本地、购物、地图、游戏等。Ask 的问答是 Ask 最有特色的部分,支持自然提问,Ask 的数据库里储存了超过 1 000 万个问题的答案,只要用户用英文直接输入一个问题,它就会给出问题答案,如果用户的问题答案不在它的数据库中,那么它会列出一些跟用户的问题类似的问题和含有答案的链接,供用户选择。教育类的 Ask 检索如图 3-53 所示。

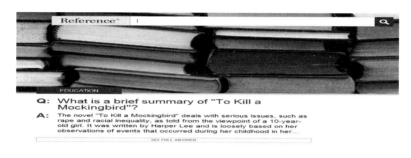

图 3-53　教育类的 Ask 检索

　　在 Ask 主页上可直接进行搜索,用户在文本框中输入想要查询的关键词,并按回车键或者单击"Search"按钮即可。
　　在 Ask 检索中,"&"表示逻辑"与",可以省略,"|"表示逻辑"或",不支持逻辑"非"。当需要精确的短语匹配时,只需把检索词用双引号括起来即可。Ask 检索支持通配符"＊","＊"可以代替多个字符。Ask 检索不区分字母大小写,无论输入大写字母还是小写字母,都同时查找大写字母和小写字母。

4. Dogpile

　　Dogpile(http://www.dogpile.com/)是 1996 年由美国人 Aaron Flin 创制的杰出的并行式和串行式相结合的混合式元搜索引擎,现属于 InfoSpace 公司,是性能较好的元搜索引擎之一。每一条搜索结果都综合多个搜索引擎,包括 Google、Yahoo!、Bing、Yandex(前三个是美国三大搜索引擎,Yandex 是俄罗斯用户最多的搜索引擎)等。Dogpile 一直是元搜索引擎家族的旗舰,被 InfoSpace 视为"门面工程",有些功能不支持中文,Dogpile 界面如图 3-54 所示。

图 3-54　Dogpile 界面

Dogpile 提出的口号是"Good Dog,Great Results(好狗好结果)"。Dogpile 元搜索引擎将用户的查询请求同时向多个搜索引擎递交,按照自定义的关联运算法则对得到的结果进行重复排除、重新排序等智能处理后,将优化过的检索结果返回给用户。检索结果更易于浏览,自动分类的技术增强了对检索结果的组织,还可以自动修正普通的拼写错误,更加方便了用户对 Dogpile 的利用。

Dogpile 在检索方式上也分为基本检索和分类目录检索,在 Dogpile 的主页上显示了 6 个大类的搜索功能,Dogpile 提供白页搜索。

(1) 主要功能

Dogpile 具有 web(网页)、images(图片)、video(视频)、news(新闻)等主要搜索功能。

① 网页搜索

网页搜索从源搜索引擎调取与查询词语相关度最高的结果。结果页面显示搜索结果统计、网页标题、网页摘要、网页 URL、提供结果的源搜索引擎(found on)、相关搜索(Are you looking for?)等信息。页面上端默认列示 Google、Yahoo!、Bing、Yandex 4 个源搜索引擎按钮。其高级检索(advanced web search)可进行搜索词语控制和网页语言、日期、站内或某域名内搜索、成人内容过滤等多项选择设置。

② 图片搜索

图片搜索主要由 Yahoo! 支持。结果显示图片缩略图和标题、像素、大小、所在网页的 URL、结果来源、相关搜索等信息。其高级检索(advanced image search)可进行搜索词语控制和图片色彩、格式(所有格式、.jpeg、.gif、.png)、尺寸,显示结果来源引擎,成人内容过滤等多项选择设置。

③ 视频搜索

视频搜索主要由 Yahoo!、Blinkx 等支持。结果显示文件名称、格式、所在网页的 URL、文件日期、结果来源、相关搜索等信息。

④ 新闻搜索

新闻搜索主要由 Yahoo!、News、Topix、FOX News、ABC News 等支持。结果显示新闻标题、摘要、发布时间、结果来源、相关搜索等信息。可以在"View Results by"的后面点选"Relevance"或"Date",按相关度或发布时间(倒排序)查看新闻。

(2) 检索结果辅助功能

① 相关搜索

在结果页右侧列表提示与查询提问相关的词语。

② 最近查询(recent searches)

在结果页右侧列表提示最近提交过的所有搜索词语。

③ 个性设置(preferences)

通过"preferences"可以进行成人内容过滤,例如,搜索词是否以黑体字标识,是否提示"recent searches(最近查询)",每页搜索结果显示数量,是否在新窗口中查看搜索结果,搜索结果语言等多项个人搜索习惯设置。

(3) 检索语法

Dogpile 可以使用布尔算符和模糊查询,即使是高级运算符和连接符,也能够将其转化为符合源搜索引擎的相应搜索语法。

① 支持"AND""OR""NOT"等布尔逻辑运算和优先运算符"()"、词组或短语精确搜索符"" ""

(英文引号)、通配符"*"、临近搜索符"NEAR"等。

② 支持"filetype:""intitle:""inurl:""link:"等搜索语法。

Dogpile集成了排名前几位的主要搜索引擎的服务,检索结果采用了自动聚类技术,对来自元搜索引擎的结果进行相关性比较,聚合生成并提供最符合查询提问的无重复结果列表,可以实现检索结果全局相关性排序;支持除英语以外的多种语言检索,如丹麦语、荷兰语、英语、法语、德语、意大利语、挪威语、葡萄牙语、西班牙和瑞典语等。

3.4 搜索引擎的发展历程及趋势

3.4.1 搜索引擎的发展历程

可以将搜索引擎的发展划分为5个时代。

1. 分类目录时代

对于早期搜索引擎的代表,其网站分类目录由人工整理维护,质量较高,但效率低,用户通过层层单击获取网站信息。Yahoo! 是这个时代的代表。

2. 文本检索时代

这一时代的搜索引擎采用了经典的信息检索模型,主要包括布尔模型、概率模型和向量空间模型。对因特网上几千万到几十亿个网页中的每个关键词都进行索引,建立索引数据库,主要查询用户关键词语网页内容相关度,将相关度高的返回给用户,如早期的 Altavista、Excite。

3. 链接分析时代

这一时代的链接分析代表的是一种推荐的含义,通过网站推荐链接的数量来判断一个网站的流行性和重要性。通过链接分析技术,分析索引网页本身的内容,分析索引所指向该网页的链接URL、锚文本,甚至链接周围的文字。比如"知识产权"一词,当网页A中没有这个词,但网页B中用链接"知识产权"指向这个网页A时,那么用户一样可以找到网页A并且越多的网页信息链接指向A,那么网页A在用户搜索"知识产权"时,也会因其相关性高而排序更靠前。这种模式的首先使用者是Google,随后大多数的主流搜索引擎都开始使用分析链接技术算法,通过该算法用户能轻易地进入最相关的分类区域去获取信息。

4. 用户中心时代

当客户输入查询的请求时,同一个查询的请求关键词在用户的背后可能是不同的查询要求。比如,用户输入"专利"一词,有专利申请信息、专利查询信息的不同需要。现在的大部分搜索引擎对相同查询返回相同的结果,利用简短的关键词并结合用户搜索时的大量特征,通过大数据分析,以上网的时间习惯、操作习惯、内容归类等特点,去逐渐勾勒出用户的特征信息,甚至是体貌特征,利用这种"推测式"算法来判定用户的真正查询要求,而能够利用这些信息进行推演的另一个主要因素是实名制会员的注册和移动因特网搜索引擎的推广,借助"数据挖掘"实现用户中心,根据用户所输入的查询请求和用户所处的地理位置、检索习惯、历史记录、个人背景等来综合判断,计算用户的真正查询请求。

移动因特网搜索的目的是提供精准到个人的搜索。前三代搜索引擎是基于PC因特网的搜索,第四代搜索引擎是精准到个人需求的移动因特网搜索。因此,第四代搜索引擎的人才可能不是来自Google、百度,而是来自亚马逊、京东、淘宝这些掌握了大量个人信息的商业巨头,或者来自跨界研究行为心理学、消费心理学、社会心理学等的IT研究机构或IT创业团队,因为这些机构或团队收集了海量个体数据信息,对人们行为习惯背后的"动机"与"特征"了如指掌。

5. 生态圈搜索时代

由于每个人周围的设备可以达到1 000～1 500台,所以物联网可能要包含$5×10^8$～10^9个物体,因而第五代搜索引擎的发展基于物联网(Internet of Things,IoT)的搜索。物联网就是物物相连的因特网,依托因特网将用户端延伸和扩展到任何物品与物品之间,进行信息交换和通信。物联网的核心技术包括无线传感器网络、ZigBee(低速短距离传输的无线网络协议)、M2M〔人到人(Man to Man)、人到机器(Man to Machine)、机器到机器(Machine to Machine)〕技术、RFID技术(射频识别技术,一种通信技术,目前广泛应用于图书馆、门禁系统、食品安全溯源)、NFC技术(由非接触式射频识别及互联互通技术整合演变而来,能在短距离内与兼容设备进行识别和数据交换)、低能耗蓝牙技术。

通过物联网核心技术,每个人都可以应用电子标签将真实的物体上网联结,在物联网上可以查出它们的具体位置。通过物联网可以用中心计算机对机器、设备、人员进行集中管理、控制,也可以对家庭设备、汽车进行遥控,以及搜索位置、防止物品被盗等,类似自动化操控系统,同时可以收集这些小的数据,最后这些小的数据可以聚集成大数据,大数据统计分析后,可用于解决一些社会问题,例如,重新设计道路以减少车祸、城市更新、灾害预测与犯罪防治、流行病控制等。

物联网技术在现实世界中,应用范围十分广泛。物联网拉近了分散的信息,统一整理物与物的数字信息。物联网主要应用于运输和物流领域、健康医疗领域、智能环境(家庭、办公场所、工厂)领域、个人和社会领域等。

目前,各搜索引擎运营商正在加大创新领域的搜索落地应用,搜索引擎渐渐渗透到用户衣、食、住、行各个领域,在大搜索生态的指引下,搜索的边界日益模糊,未来搜索将衍生出更加契合用户服务需求的商业模式,引领行业的变革发展。

3.4.2 搜索引擎发展的特点和趋势

1. 暗网搜索索引技术的发展

暗网(hidden web)又称深网,是指那些存储在网络数据库里,不能通过超链接访问而需要通过动态网页技术访问的资源集合,不属于那些可以被标准搜索引擎索引的表面网络。2001年,Christ Sherman、Gary Price将暗网定义为:虽然通过互联网可以获取,但普通搜索引擎由于受技术限制而不能或不作索引的那些文本页、文件或其他通常是高质量、权威的信息。

暗网如深邃的海底,而当今互联网上的搜索服务只像在海洋表面拉起的一个大网。"暗网"这一特定术语第一次被使用,是在2001年伯格曼的研究当中。从信息量来讲,与能够索引的数据相比,暗网则要庞大得多。根据Bright Planet公司此前发布的一个名为 *The Deep Web: Surfacing Hidden Value*(《深层次网络:隐藏的价值》)的白皮书中提供的数据,暗网包含100亿个不重复的表单,其包含的信息量是非暗网的40倍,有效高质量内容总量至少是后者的1 000～2 000倍。更让人无所适从的是,Bright Planet发现,无数网站越来越像孤立的系统,似乎没有打算与别的网站共享信息,如此一来,暗网已经成为互联网新信息的最大来源,也就是说,互联网正在变得越来越暗。

暗网主要有动态内容、脚本化内容、文本内容、私有网页、非HTML、未被链接内容等几种类型。"不可见"的原因主要分为两类:一类是技术的原因,很多网站本身不规范,或者说互联网本身缺少统一规则,导致了搜索引擎的爬虫无法识别这些网站内容并抓取;另一类原因则是很多网站根本就不愿意被搜索引擎抓取,比如考虑版权保护内容、个人隐私内容等,很多网站都在屏蔽搜索引擎,比如视频网站优酷屏蔽了百度。

因此,如何抓到、利用暗网这样的"搜索引擎抓取不到的网页数据",也是未来搜索引擎关注的焦点之一。

2. 搜索产品与人工智能技术深度融合

人工智能与搜索技术深度融合,在信息多样性、搜索便捷度、结果准确性等方面大幅提升了用户搜索体验。目前,市场上主流搜索引擎的机器识别技术已经能够以较高的成功率探测或者识别语音、图像、视频等,进一步帮助用户实现所想即所搜、所搜即所得;人工智能机器人辅助搜索,已经成为各大搜索引擎的标准配置,如百度的"小度"、搜狗的"语音助手"等,正逐渐受到用户的认可和欢迎。

3. 社交、新闻、专业问答等垂直搜索发展迅速

综合搜索引擎正在出现信息分类搜索的垂直化、专业化发展趋势。一方面,搜索信息的种类更加丰富,如搜狗搜索相继接入微信、QQ、知乎等,并与微软必应达成合作,在社交、新闻、专业问答、英文和学术搜索等垂直领域强化优质内容的吸收力度,构建新型内容生态,形成差异化竞争力;另一方面,搜索引擎针对用户在新闻热点、公益查询、应用分发、商品消费等不同领域的搜索需求,推出更加智能、全面、专业的搜索产品。由此引发了搜索引擎行业出现新的垂直化、专业化发展趋势。

4. 移动 App 的普及和优化

移动 App 的使用量不断增长,使得移动端搜索量已经超过了桌面搜索量。有数据表明,用户在移动 App 上花费的时间占消耗在数字媒体上的总时间的 52%。不仅如此,500 强企业 42%的移动端销量都来源于移动 App 的订单。一个设计精良的应用程序应当将其所使用的图标形象化和个性化,具有更高的辨识度,并增强其包含的信息量,以吸引用户了解更多信息。

5. 结构化数据会变得更加重要

Google、百度等搜索引擎不断探索新技术,不断完善搜索引擎的智能化,探索人工智能技术,以便能更好地理解用户搜索意图,理解并解决未来各种特殊信息检索需求情况,通过深度学习推进人工智能的广泛应用。

随着 Google、百度等搜索引擎更好地将机器学习融入他们的算法中,他们就能开发出一套智能算法来智能化地了解用户的搜索需求,通过反馈给用户最合适的站点来给予其最佳的体验。

为了适应这个改变,品牌在技术层面上需要关注结构化数据。结构化数据标记(例如 schema.org 网站上的 schema 标记)可以通过精确描述页面结构而不是借助爬虫来帮助网站与搜索引擎沟通。此外,这也帮助搜索引擎更加准确地展示这个网站。

在过去,缺失或不准确的结构化数据标记经常会被直接忽视,或者被视为对品牌绩效有很小的影响。当搜索引擎变得越来越智能化时,其也会越多地依赖于这些额外的数据,如果不能正确地利用这些数据将会对网站的效能有很大的影响。

当使用 schema.org 中的标记时,商业用户应该使用搜索引擎提供的站长工具来确保能够正确使用这些结构化标记。结构化数据检测工具能帮助商业用户容易且准确地在网页上添加相关内容。商业用户应该确保他们在整个网站使用的标记是连贯的,尤其是诸如视频之类内容丰富的网站要素,他们使用的标记更要保持连贯性。结构化数据标记帮助网页摘要随时都可以出现,比如视频搜索结果。这可以使网站在搜索引擎的搜索结果页面更能吸引用户,从而提高网站的点击率。

6. 链接仍然处于公众关注的中心

令网站和用户都感到极其苦恼的垃圾链接问题,将在未来的搜索引擎技术优化中得以解决。企业为自身发展会仔细查看现在的链接文件,找出类似网页的反链接数目突然增长这样的异常现象。对商业用户而言,集中精力获得反向链接也同样重要,因为反向链接会对网页有积极的影响。

那些拥有极佳声誉的网站链接可以积极影响其反向链接的网站,所以企业需要获得这些网站的链接。可靠的网站都知道在网页里创建其他网站的链接,就代表自己信任这个网站,所以这些网站仅会创建他们觉得符合网站用户的价值观以及满足质量要求的网站链接。所以,创建一个高质量的反链接文件就意味着需要关注:

① 为访问者提供高价值的内容;
② 创建一个设计优良、容易掌控的网站;
③ 通过社交宣传网站内容并获得营销力和声望;
④ 搜寻高质量网页上的特邀文章。

7. 网站布局页将更加重要

参与度将占据主导地位。在竞争激烈的内容战中,品牌不得不致力于提高用户参与度来维持用户对网站的兴趣,并不断推动用户进入网站。像网站布局这样的网站特征对企业从现代化内容战中冲出重围十分重要。当用户在网站中找不到他们想要的信息时,他们可能就返回上一级搜索页面,或更换其他搜索引擎,这样网站就会因用户找不到他们想要搜寻的东西而丢失了约 50% 的潜在销售量。未来网站需要首先为访问者优化网站布局和转化方式,从而让访问者很容易掌控这个网站。企业需要监测网站数据,关注访问者在整个网站的访问流程。

未来搜索引擎将以用户需求为导向,向着更加人性化、智能化的方向发展,并且随着科技的发展,搜索引擎将逐步成为移动设备、家居设备、电器、机械等多个领域中必不可少的技术支持。

思 考 题

1. 搜索引擎的工作原理是什么?
2. 使用百度、搜狗、Bing 等搜索引擎查找同一主题的信息,试分析比较查找结果的异同。
3. 简述 Bing、百度学术搜索的技术特点和特殊功能。
4. 思考搜索引擎对未来科技发展与人们生活的深度影响,如对人工智能发展的影响。

第 4 章 国内常用综合信息检索系统

目前,国内公开出版发行并具有一定影响力的电子文献信息资源达到百余种,涉及的文献类型众多,表现形式多样。本章主要介绍学术搜索与全文递送系统、中国知网(CNKI)、万方智搜、维普中文期刊服务平台等国内比较常用的几个综合信息检索系统,包括每个系统的简介、资源与服务及其检索利用方法。

4.1 学术搜索与全文递送系统

4.1.1 学术搜索与全文递送系统简介

学术搜索与全文递送系统(简称"搜递系统")是一个学术搜索和文献传递的综合服务平台,能够帮助用户更方便快捷地发现、获取和利用所有成员图书馆的各类资源,解决了长期困扰图书馆的关于资源增长与多平台复杂操作之间的矛盾,使找到、得到所有存在的学术资源成为可能。

目前搜递系统已搜集到 700 多个中外文数据库,有 3 亿多条元数据,其中已有 264 个中外文数据库对用户开放,包括的资源有中外文图书、中外文期刊、中外文学位论文、会议论文、专利、标准、OA 资源、视频、音频、图片、随书光盘等,能查询到 623 家其他图书馆的馆藏和电子资源状况。搜递系统实现了与 600 多家图书馆的系统集成,读者可直接通过网络提交文献传递(免费)申请,实时查询申请处理情况,真正实现了检索速度快、检索结果无重复、格式统一的一站式检索。

搜递系统为用户提供深入内容的章节和全文检索,部分文献的原文试读,以及高效查找、获取各种类型学术文献资料的一站式检索,提供周到的参考咨询服务,是一个真正意义上的学术搜索引擎及文献资料服务平台(如图 4-1 所示)。

图 4-1 学术搜索与全文递送系统界面

1. 图书搜索

选择"图书",在搜索框内输入关键词,然后单击"中文搜索",在海量的图书数据资源中进行查找。如果希望获得外文资源,可单击"外文搜索"。还可以在搜索框下方选择全部字段、书名或作者,进行查找(如图4-2所示)。

图 4-2　图书搜索界面

4.1.2　学术搜索与全文递送系统的检索方法

还可以通过右侧的高级检索来更精确地查找图书,高级检索界面如图4-3所示。

图 4-3　高级检索界面

2. 查看图书详细信息

从搜索结果页面单击"书名"或"封面"进入图书详细信息页面,该书的作者、封面、出版社、出版时间、内容提要等详细信息会一一罗列出来。可以通过单击两处"试读"按钮来试读图书的版权页、前言页、目录页、正文页(如图4-4所示)。

在本馆没有该书的情况下,搜递系统提供了推荐购买功能,可以通过单击"推荐购买纸本图书"来推荐本校图书馆购买该书。还可以查看哪些用户收藏了该书,单击用户名即可进入对方的个人图书馆。

图 4-4　图书详细信息界面

3. 获得图书的方式

如果本馆购买了图书的电子文本,单击"本馆电子文本"按钮即可获取该书。

如果本馆尚未购买该书,可以单击"邮箱接收全文"按钮,进入"图书馆参考咨询服务"界面(如图 4-5 所示)。按照提示填写所需资源信息和个人电子邮箱等内容,即可在所填写的电子邮箱内获得该书。

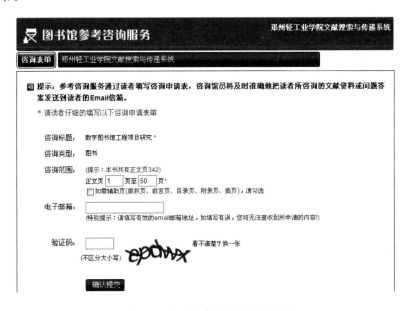

图 4-5　图书馆参考咨询服务界面

需要注意的是:每本图书单次咨询不超过 50 页,同一图书每周的咨询量不超过全书的 20%;所有咨询内容有效期为 20 天;回复邮件可能会被当作未知邮件或垃圾邮件,若没有收到回信,请查看一下不明文件夹或垃圾邮箱。

搜递系统还可进行期刊、报纸、学位论文、会议论文、专利、标准、视频、信息资讯等其他类型文献的检索和获取,具体方法可参考图书。

4.2 中国知网

4.2.1 中国知网简介

国家知识基础设施(National Knowledge Infrastructure,NKI)的概念由世界银行《1998年度世界发展报告》提出。1999年3月,以全面打通知识生产、传播、扩散与利用各环节信息通道,打造支持全国各行业知识创新、学习和应用的交流合作平台为总目标,王明亮提出建设中国知识基础设施工程(China National Knowledge Infrastructure,CNKI),并被列为清华大学重点项目。

在CNKI 1.0基本建成以后,中国知网充分总结近五年行业知识服务的经验教训,以全面应用大数据与人工智能技术打造知识创新服务业为新起点,CNKI工程跨入了2.0时代。CNKI 2.0的目标是将CNKI 1.0基于公共知识整合提供的知识服务,深化到与各行业机构知识创新的过程与结果相结合,通过更为精准、系统、完备的显性管理,以及嵌入工作与学习具体过程的隐性知识管理,提供面向问题的知识服务和激发群体智慧的协同研究平台。其重要标志是建成"世界知识大数据(WKBD)",建成各单位充分利用"世界知识大数据"进行内外协同创新、协同学习的知识基础设施(NKI),启动"百行知识创新服务工程",全方位服务中国世界一流科技期刊建设及共建"双一流数字图书馆"。

目前,CNKI新平台深度整合海量的中外文文献,包括90%以上的中国知识资源,如期刊、学位论文、会议论文、报纸、年鉴、专利、标准、成果、图书、古籍、法律法规、政府文件、企业标准、科技报告、政府采购等资源类型,以及来自65个国家和地区、600多家出版社的7万余种期刊(覆盖SCI的90%,SCOPUS的80%以上)、百万册图书等,累计中外文文献量逾3亿篇;同时,持续完善中英文统一主题检索功能,构建中外文统一检索、统一排序、统一分组分析的知识发现平台,打造兼顾检全、检准和新颖权威的世界级检索标准,旨在让读者在"世界知识大数据"中快速地、精准地、个性化地找到相关的优质文献。

4.2.2 中国知网文献检索方法

1. 一框式检索

在一框式检索中,可根据不同检索项的需求特点采用不同的检索机制和匹配方式,体现智能检索优势,操作便捷,检索结果兼顾检全和检准。在平台首页选择检索范围,下拉选择检索项,在检索框内输入检索词,单击检索按钮或按回车键,执行检索,如图4-6所示。

其中可供选择的检索项有主题、关键词、篇名、全文、作者、第一作者、通讯作者、作者单位、基金、摘要、参考文献、分类号、文献来源。检索时还具有智能推荐和引导功能,根据输入的检索词自动提示,可根据提示进行选择,更便捷地得到精准结果。使用智能推荐或引导功能后,不支持在检索框内进行修改,修改后可能得到错误结果或得不到检索结果。提供的智能引导功能有主题词智能提示、作者引导、基金引导、文献来源引导等。

图 4-6　一框式检索界面

2. 高级检索

高级检索支持多字段逻辑组合,并可通过选择精确或模糊的匹配方式、检索控制等方法完成较复杂的检索,得到符合需求的检索结果。对于多字段逻辑组合检索的运算优先级,按从上到下的顺序依次进行。

在首页单击"高级检索"进入高级检索页,如图 4-7 所示,或在一框式检索结果页单击"高级检索"进入高级检索页,如图 4-8 所示。

图 4-7　高级检索界面入口 1

图 4-8　高级检索界面入口 2

检索区主要分为两部分,上半部分为检索条件输入区,下半部分为检索控制区,如图 4-9 所示。

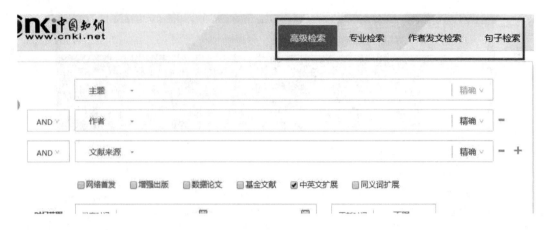

图 4-9　高级检索界面

检索条件输入区默认显示主题、作者、文献来源 3 个检索框，可自由选择检索项。

检索控制区的主要作用是通过条件筛选、时间选择等，对检索结果进行范围控制。控制条件包括出版模式、基金文献、时间范围、检索扩展。检索时默认进行中英文扩展，如果不需要中英文扩展，则手动取消勾选。

高级检索提供多个检索项，以满足不同的检索需求。检索项包括主题、关键词、篇名、全文、作者、第一作者、通讯作者、作者单位、基金、摘要、参考文献、分类号、文献来源。

与一框式检索的智能推荐和引导功能类似，主要区别是：高级检索的主题、篇名、关键词、摘要、全文等内容检索项推荐的是检索词的同义词、上下位词或相关词；高级检索的推荐引导功能在页面右侧显示。勾选后进行检索，检索结果为包含检索词或勾选词的全部文献。

3．作者发文检索

在高级检索页切换"作者发文检索"标签，可进行作者发文检索。作者发文检索通过输入作者姓名及其单位信息，检索某作者发表的文献，功能及操作与高级检索基本相同。

4．句子检索

在高级检索页切换"句子检索"标签，可进行句子检索。句子检索是指通过输入的两个检索词，在全文范围内查找同时包含这两个词的句子，找到有关事实的问题答案。句子检索不支持空检，同句、同段检索时必须输入两个检索词。

5．专业检索

在高级检索页切换"专业检索"标签，可进行专业检索。专业检索用于图书情报专业人员查新、信息分析等工作，使用运算符和检索词构造检索式进行检索。专业检索的一般流程：确定检索字段，构造一般检索式，借助字段间关系运算符和检索值限定运算符可以构造复杂的检索式。

专业检索表达式的一般式：＜字段＞＜匹配运算符＞＜检索值＞。

4.2.3　检索结果及文献获取

1．检索结果

（1）按资源类型查看文献

横向展示总库所覆盖的所有资源类型，总库检索后，各资源类型下显示符合检索条件的文献量，突显总库各资源的文献分布情况，可单击查看任一资源类型下的文献，如图 4-10 所示。

图 4-10　按资源类型查看文献界面

(2) 按中文、外文筛选文献

单击"中文"或"外文",查看检索结果中的中文文献或外文文献。单击"总库"回到中外文混检结果,如图 4-11 所示。

图 4-11　按中文、外文筛选文献

(3) 单库检索

当选中某单库时,上文检索区为该单库的检索项。例如选中"学术期刊",检索项为主题、期刊名称、DOI 等,如图 4-12 所示。

图 4-12　单库检索

(4) 横向资源类型与纵向分组筛选的配合使用

横向资源类型区与纵向分组区形成知识服务矩阵,两者配合使用,可快速、有效地找到所需文章,如图 4-13 所示。

图 4-13　横向资源类型与纵向分组筛选的配合使用界面

2. 文献获取

如果想要浏览、下载和打印检索到文章的全文,需要预先下载CNKI提供的专用全文浏览器软件。系统将全文浏览器软件以压缩文件格式存放在CNKI主页中,用户可单击全文浏览器图标进行下载并安装。

在完成检索操作并获得检索结果后,可以进行两类操作,一是选择"导出/参考文献",二是直接打开或下载文献全文。

(1) 导出/参考文献

在选择好要保存的文献记录后,单击页面右上方的"导出/参考文献",则系统将选中文献题录以默认的引文格式显示,包括题名、作者、关键词、作者机构、文献来源和摘要等。系统提供的参考文献的导出格式:CAJ-CD格式引文、查新(引文格式)、查新(自定义引文格式)、CNKI E-Learning格式、RefWorks、EndNote、NoteExpres和自定义等。如果要改变导出格式,可选择上述格式中的任意一种,可显示相应格式的参考文献信息,还可根据需要生成相应的"检索报告"。具体步骤为"选择题录—导出题录—预览—保存"。

① 选择题录。在检索结果页面中选择需要的条目,可单击检索结果页面"全选"按钮选中当前页的题录,或者在篇名前的方框内勾选需要的题录,如图4-14(a)所示。

② 导出题录。单击"导出/参考文献"进入检索结果组合页面,再进一步选择要导出的文献,单击"导出/参考文献"即可进入存盘页面,如图4-14(b)所示。

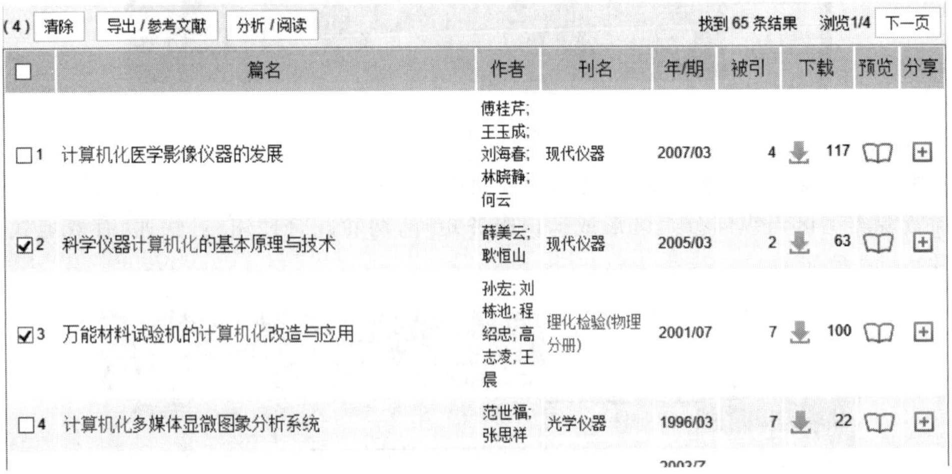

(4) 清除 | 导出/参考文献 | 分析/阅读　　找到65条结果　浏览1/4　下一页

□	篇名	作者	刊名	年/期	被引	下载	预览	分享
□1	计算机化医学影像仪器的发展	傅桂芹;王玉成;刘海春;林晓静;何云	现代仪器	2007/03	4	117		
☑2	科学仪器计算机化的基本原理与技术	薛美云;耿恒山	现代仪器	2005/03	2	63		
☑3	万能材料试验机的计算机化改造与应用	孙宏;刘栋池;程绍忠;高志凌;王晨	理化检验(物理分册)	2001/07	7	100		
□4	计算机化多媒体显微图象分析系统	范世福;张思祥	光学仪器	1996/03	7	22		

(a)

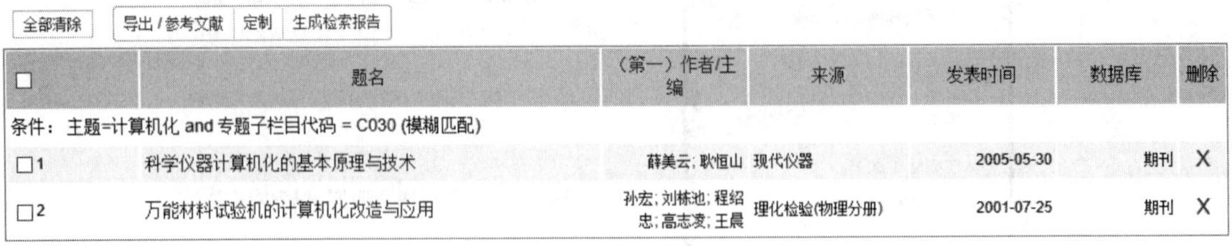

全部清除　导出/参考文献 | 定制 | 生成检索报告

□	题名	(第一)作者/主编	来源	发表时间	数据库	删除
条件:主题=计算机化 and 专题子栏目代码 = C030 (模糊匹配)						
□1	科学仪器计算机化的基本原理与技术	薛美云;耿恒山	现代仪器	2005-05-30	期刊	X
□2	万能材料试验机的计算机化改造与应用	孙宏;刘栋池;程绍忠;高志凌;王晨	理化检验(物理分册)	2001-07-25	期刊	X

(b)

图4-14　导出参考文献界面

③ 预览。选择格式,可查看相应输出格式。

④ 保存。单击"复制到剪贴板"按钮,可直接将内容粘贴到 TXT\Word 等各类文本中。单击"导出"按钮,可将内容存入 TXT 文档中。

(2) 原文浏览及下载

用户一般可通过检索结果显示的篇名、作者、中文摘要、刊名等信息对检索出的文章进行初步筛选和取舍。只有正常登录的正式用户才可以浏览和下载文献全文。系统提供两种途径浏览和下载全文:一是直接单击选中文献篇名前的"原文下载"图标;二是通过单击篇名打开"节点文献"显示窗口,然后单击该窗口中的"CAJ 下载"或"PDF 下载",进行原文下载。推荐使用 CAJ 格式。系统提供在线浏览和下载阅读两种方式。下载后可通过 CAJ 阅读器进行阅读和使用编辑。原文浏览及下载界面如图 4-15 所示。

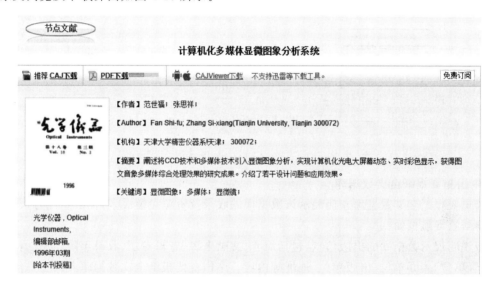

图 4-15 原文浏览及下载界面

4.2.4 中国知网其他单库介绍

1. 学位论文库

学位论文库左侧展示学位论文库的组成及资源量情况,右侧展示优秀学位授予单位,单击可进入出版物导航页面。

出版说明展示数据库的出版信息,主要包括简介、出版内容、专辑专题、收录年限、服务模式、出版时间、主管单位、主办单位、出版单位、国内刊号、国际刊号、地址等。学位论文库界面如图 4-16 所示。

图 4-16 学位论文库界面

学位论文库提供整本下载、分章下载、分页下载3种下载方式,提供手机阅读和在线阅读两种阅读方式。

2. 会议论文库

会议论文库左侧展示会议论文库的组成及资源量情况,右侧展示优秀会议论文集,单击可进入出版物导航页面。会议论文库主要包括一框式检索、高级检索、作者发文检索、专业检索、句子检索5种检索方式。

出版说明展示数据库的出版信息,主要包括简介、出版内容、专辑专题、收录年限、服务模式、出版时间、主管单位、主办单位、出版单位、国内刊号、国际刊号、地址等。会议论文库界面如图4-17所示。

图4-17 会议论文库界面

3. 中国重要报纸全文数据库

中国重要报纸全文数据库左侧展示该数据库的收录及资源量情况,右侧展示优秀报纸,单击可进入出版物导航页面。

出版说明展示数据库的出版信息,包括简介、文献来源、专辑专题、收录年限、服务模式、出版时间、主管单位、主办单位、出版单位、地址等内容。中国重要报纸全文数据库界面主要包括一框式检索、高级检索、专业检索、句子检索4种检索方式。中国重要报纸全文数据库界面如图4-18所示。

图4-18 中国重要报纸全文数据库界面

4. 中国年鉴网络出版总库

中国年鉴网络出版总库左侧展示该库的收录及资源量情况,右侧展示年鉴图片,单击可进入出版物导航页面。

出版说明展示数据库的出版信息,包括简介、文献来源、专辑专题、收录年限、服务模式、出版时间、出版单位、地址等内容。中国年鉴网络出版总库主要包括一框式检索、高级检索、专业检索3种检索方式。中国年鉴网络出版总库如图4-19所示。

5. 专利库

专利库左侧展示专利库的收录及资源量情况,右侧显示专利图片。

图 4-19　中国年鉴网络出版总库界面

出版说明展示数据库的出版信息,包括简介、文献来源、显著优势、专利分类、收录年限、收录数量、服务模式、更新频率、主管单位、主办单位、出版单位、地址等内容。专利库主要包括一框式检索、高级检索、专业检索 3 种检索方式。专利库界面如图 4-20 所示。

图 4-20　专利库界面

6．标准数据总库

标准数据总库左侧展示该库的收录及资源量情况,右侧展示标准图片。

出版说明展示数据库的出版信息,包括简介、显著优势、标准分类、收录年限、收录数量、服务模式、更新频率、使用说明、打开说明、主管单位、主办单位、出版单位、地址等内容。标准数据总库主要包括一框式检索、高级检索、专业检索 3 种检索方式。标准数据总库界面如图 4-21 所示。

图 4-21　标准数据总库界面

7．中国科技项目创新成果鉴定意见数据库

中国科技项目创新成果鉴定意见数据库左侧展示该库的收录及资源量情况,右侧展示成果图片。

出版说明展示数据库的出版信息,包括简介、数据来源、显著优势、成果分类、收录年限、收录数量、服务模式、更新频率、主管单位、主办单位、出版单位、地址等内容。中国科技项目创新成果鉴定意见数据库主要包括一框式检索、高级检索、专业检索 3 种检索方式。中国科技项目创新成果鉴定意见数据库界面如图 4-22 所示。

图 4-22　中国科技项目创新成果鉴定意见数据库界面

8. 国学宝典数据库

国学宝典数据库左侧展示国学宝典数据库的收录及资源量情况,右侧展示古籍图片。

出版说明展示数据库的出版信息,包括简介、资源特色、文献分类、收录年限、收录数量、服务模式、更新频率、研制单位、主管单位、主办单位、出版单位、地址等内容。国学宝典数据库主要包括一框式检索、高级检索、专业检索 3 种检索方式。国学宝典数据库界面如图 4-23 所示。

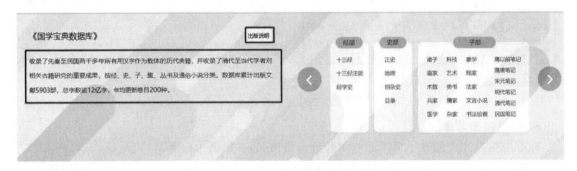

图 4-23　国学宝典数据库界面

4.3　万方智搜

4.3.1　万方智搜简介

万方智搜是北京万方数据股份有限公司旗下的学术资源检索与获取平台,致力于通过专业的检索及知识挖掘技术,帮助用户精准发现、获取与沉淀学术精华,让用户更加愉悦地获取知识、创造知识。同时,万方智搜携手国家科技图书文献中心、科睿唯安、Wiley、Taylor & Francis 等 30 余家世界著名出版商共建知识服务基石,共促开放科学服务,优化学术价值生态,助力科研创新发展。

万方智搜收录了包括期刊、学位论文、会议科技报告、专利、标准、科技成果、法规、地方志、视频等 10 余种资源类型在内的 3 亿多篇中外文学术文献,全面覆盖了各学科、各行业。在此基础上,万方智搜通过深度知识加工及知识图谱技术,构建了 2 000 万余条专家和机构数据、3 亿多条文献引证数据、近 1 万条期刊数据等。基于海量高品质知识资源和知识发现技术,万方智搜为用户提供专业文献检索、多途径全文获取、云端文献管理及多维度学术分析等功能,全面服务于用户的科研创新。

4.3.2 万方智搜文献检索方法

1. 统一检索

万方智搜首页的检索框即统一检索的输入框,实现多种资源类型、多种来源的一站式检索和发现,同时,它还可以对用户输入的检索词进行实体识别,便于引导用户更快捷地获取知识及学者、机构等科研实体的信息。

在统一检索的输入框内,可以选择想要限定的检索字段,目前共有 5 个可检索字段:题名、作者、作者单位、关键词和摘要。万方智搜统一检索输入框如图 4-24 所示。

图 4-24 万方智搜统一检索输入框

单击检索字段进行限定检索,也可以直接在检索框内输入检索式进行检索。例如,想检索题名包含"青蒿素"的文献,可以单击"题名"字段进行检索,检索式为(题名:青蒿素)。除此之外,也可以自主输入检索式进行检索,例如:(标题:青蒿素)、(题目:青蒿素)、(题:青蒿素)、(篇名:青蒿素)、(t:青蒿素)、(title:青蒿素)。万方智搜限定检索如图 4-25 所示。

图 4-25 万方智搜限定检索

万方智搜默认直接输入的检索词为模糊检索,可以通过双引号("",英文符号)来限定检索词为精确检索。例如,想要"信息资源检索"方面的文献,检索式为(信息资源检索),即模糊检索;检索式为("信息资源检索"),即精确检索。

另外也可以在检索框内使用 NOT、AND、OR 对检索词进行逻辑匹配检索,其中 AND 可以用空格代替,逻辑优先级关系为 NOT＞AND＞OR。例如,想要"信息检索"和"本体"方面的文献,检索式为(信息检索 AND 本体)或(信息检索 空格 本体)。万方智搜精确检索如图 4-26 所示。

图 4-26　万方智搜精确检索

2. 智能识别、智能检索

智能识别、智能检索指的是输入检索词,系统可以识别检索词的实体类型,智能提示是否要查找该实体。例如,在检索框里,输入检索式:张建国。系统识别张建国属于学者,因而优先展示作者张建国发表的文献,并提供所有同名学者的名片供选择,如图 4-27(a)所示。

例如,在检索框里,输入检索式:情报学报。系统识别"情报学报"为期刊名称,提示是否要查看《情报学报》这本期刊,如图 4-27(b)所示。

对检索结果进行二次检索,限定标题为"资源管理",如图 4-27(c)所示。

(a)

(b)

(c)

图 4-27　万方智搜智能识别、智能检索

单击"结果中检索",对检索结果进行精简,得到检索结果。

3. 分类检索

万方智搜提供了不同资源类型的检索,包括期刊、学位论文、会议论文、专利、科技报告、地方志等资源。可以通过单击检索框上部的资源类型进行检索范围切换。万方智搜可检索篇级文献,也可以检索期刊母体、会议、志书。期刊检索可以实现期刊论文检索和期刊检索,输入检索词或限定字段并输入检索词,单击"搜论文"按钮,可实现对期刊论文的检索;输入刊名、刊号,单击"搜期刊",可实现对期刊母体的检索。图 4-28 所示为期刊资源检索页面。

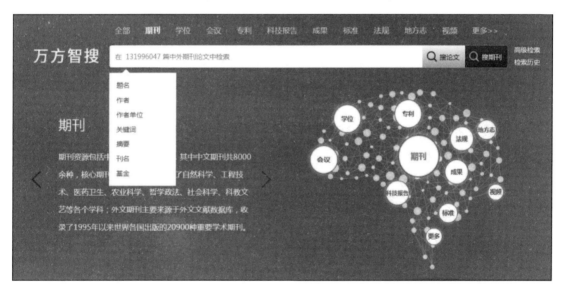

图 4-28　期刊资源检索界面

4. 高级检索

万方智搜检索框的右侧有高级检索的入口,单击进入高级检索界面。高级检索支持多个检索类型、多个检索字段和条件之间的逻辑组配检索,方便构建复杂检索表达式,如图 4-29 所示。

图 4-29　高级检索入口

在高级检索界面,可以根据自己的需要,选择想要检索的资源类型。系统通过以下检索条件提升检索的准确率。"与""或"和"非"表示限定检索条件,优先级为:非＞与＞或。主题、作者、作

者单位等为检索的限定条件。发表时间和更新时间表示限定的文献发表时间和万方智搜更新的时间。精确表示系统对于用户输入的检索词不拆分进行检索,例如,输入"信息管理学院",检索仅包含"信息管理学院"的文献。模糊表示系统对于用户输入的检索词拆分进行检索,例如,输入"信息管理学院",检索不仅包含"信息管理学院"的文献,还包含"信息系统管理学院"的文献。高级检索界面如图4-30所示。

图4-30 高级检索界面

5. 专业检索

万方智搜检索框的右侧有高级检索的入口,单击进入高级检索界面,然后选择"专业检索",如图4-31所示。

图4-31 专业检索页面入口

专业检索是所有检索方式里面比较复杂的一种检索方法。需要输入检索式来检索,并且确保所输入的检索式语法正确,这样才能检索到想要的结果。每个资源的专业检索字段都不一样,详细的字段可以单击"可检索字段"来进行选择。专业检索界面如图4-32所示。

图 4-32　专业检索界面

如果对自己想要检索的检索词不确定,可以使用"推荐检索词"功能,输入一些语句,单击"搜索相关推荐词",可得到规范的检索词,如图 4-33 所示。

图 4-33　专业检索推荐检索词界面

例如,检索主题为推荐,发表在《情报学报》上的期刊文献,检索式为"主题:(推荐) * 刊名:(情报学报)",专业检索得到的检索结果如图 4-34 所示。

图 4-34　专业检索推荐检索词检索

6. 作者发文检索

作者发文检索是指通过输入作者姓名和作者单位等字段来精确查找相关作者的学术成果。选择想要检索的资源类型,用添加或者减少检索条件,用"与""或"和"非"限定检索条件来进行检索。可以检索第一作者,并且能够同时检索多个作者的成果。作者发文检索如图 4-35 所示。

图 4-35 作者发文检索

7. 智能检索

高级检索添加了智能检索的功能,智能检索包括中英文扩展和主题词扩展两种方式,如图 4-36 所示。

图 4-36 高级检索智能检索功能

中英文扩展指的是对检索词进行中文与英文的扩展检索,扩大检索范围;主题词扩展指的是基于主题词表,对检索词扩展同义词和下位词,在保证查准率的条件下,扩大检索范围,提升检索的查全率。

4.3.3 检索结果及文献获取

1. 检索结果

(1) 结果展示

详情式检索结果如图 4-37(a)所示。

在检索结果页中可设置每页显示条数,可根据需要自由切换,每页显示 20、30 或 50 条,如图 4-37(b)所示。列表式只展示标题、作者、来源、时间等简要信息。

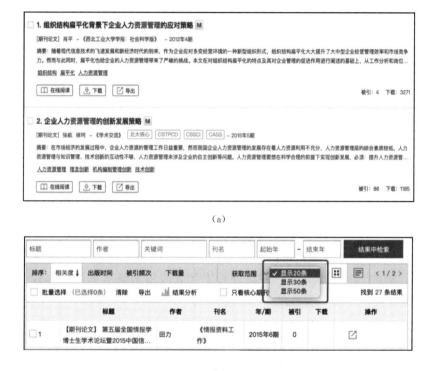

图 4-37　详情式/列表式检索结果

(2) 结果排序

万方智搜提供对检索结果的多维度排序,除了传统的相关度、出版时间、被引频次指标外,还提供了下载量等排序指标。针对不同的资源类型,万方智搜提供了不同的排序指标。例如,针对专利资源,万方智搜提供了专利的申请时间、公开时间等排序指标,如图 4-38 所示。

图 4-38　检索结果排序

(3) 结果筛选

在检索结果页面，通过资源类型、出版时间、语种、来源数据库等限定条件可进一步缩小检索结果范围。

例如，在期刊的检索结果页面下，可以通过出版时间、学科分类、核心收录、语种、来源数据库、刊名、出版状态、作者、机构等限定对期刊论文进行筛选。除此之外，系统还提供一键筛选"核心期刊论文"的功能，如图 4-39 所示。

图 4-39　检索结果筛选

(4) 结果限定

通过"获取范围"的分类来对结果获取范围进行限定，包括免费全文、有全文的资源、原文传递的资源、国外出版物。"只看第一作者"可在检索作者时限制显示该作者为第一作者的文献。检索结果限定如图 4-40 所示。

图 4-40　检索结果限定

(5) 结果操作

系统通过严密的嵌接检索发现的过程，提供针对文献的多种便捷操作，包括对单篇文献的操作或批量操作、下载、导出、分享、标签、笔记等。对于单篇文献，可在检索结果页进行在线阅读、下载、导出、收藏、分享等操作，如图 4-41(a) 所示。

单击"导出"按钮,可根据需要导出不同的文献格式。例如,导出规范的基于国家标准的参考文献格式,以及导出 NoteExpress 等文献管理工具格式,如图 4-41(b)所示。

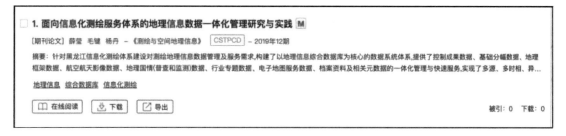

(a)

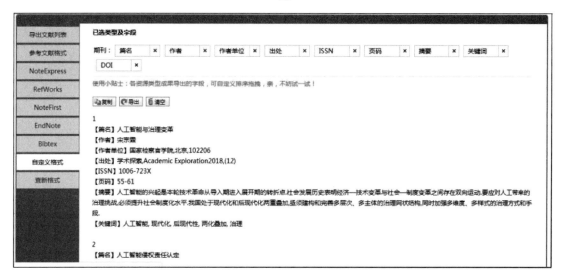

(b)

图 4-41　检索结果操作

2. 文献获取

万方智搜在知识产权的许可下,提供资源多种渠道的获取服务,便捷获取所需资源,实现快速、简便、易用、流畅的无缝检索体验与文献获取保障。

(1) 在线阅读和下载

万方智搜支持全文的在线阅读,包括期刊、学位论文、会议论文、专利、科技报告、法规、地方志等资源。单击检索结果页面和文献详情页面的"在线阅读"按钮可以查看文献,如图 4-42 所示。

图 4-42　文献在线阅读和下载

(2) 原文传递

万方智搜除了提供本平台收录的资源外,还与国家科技图书文献中心(NSTL)、国家工程技术数字图书馆(ISTIC)合作,提供文献的原文传递服务。机构用户利用万方智搜检索来自NSTL 和 ISTIC 的资源,可以通过原文传递服务便捷快速地获取所需资源,如图 4-43(a)、图 4-43(b)所示。

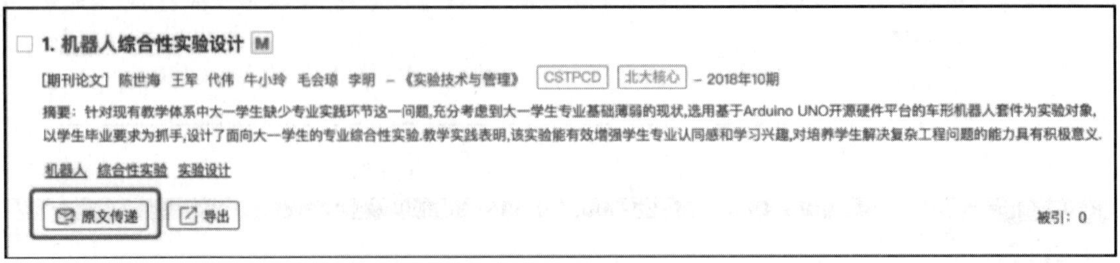

(a)

(b)

图 4-43　文献原文传递入口与界面

4.4　维普中文期刊服务平台

4.4.1　维普中文期刊服务平台简介

维普中文期刊服务平台是以中文期刊资源保障为核心基础,以数据检索应用为基础,以数据挖掘与分析为特色,面向教、学、产、研等多场景应用的期刊大数据服务平台。平台采用先进的大数据构架与云端服务模式,通过准确、完整的数据索引和知识本体分析,提供优质的知识服务解决方案和良好的使用体验。维普中文期刊服务平台具有以下功能。①价值高效的文献检索平台:检索排序优化和同义词扩展等大大地提高了检索性能。②精准的聚类组配方式:多维度对检索结果进行层层筛选。③深入的引文追踪分析:深入追踪研究课题的来龙去脉。④详尽的计量分析报告:快速了解和掌握相关领域的研究概貌。⑤完善的全文保障服务:全方位的期刊全文资源获取服务。⑥完整的移动解决方案:满足移动端用户的多场景使用需要。

浏览器地址栏中键入平台访问地址 http://qikan.cqvip.com,或通过图书馆网站数字资源列表中的维普期刊相关链接访问平台。

4.4.2 维普中文期刊服务平台文献检索方法

1. 统一检索

平台使用一框式检索,在首页检索框中输入检索词,单击"检索"按钮即可获得检索结果,还可以通过设定检索命中字段,从而获取最佳检索结果。平台支持题名、关键词、文摘、作者、第一作者、作者简介、机构、基金、分类号、参考文献、栏目信息、刊名等十余个检索字段。一框式检索界面如图 4-44 所示。

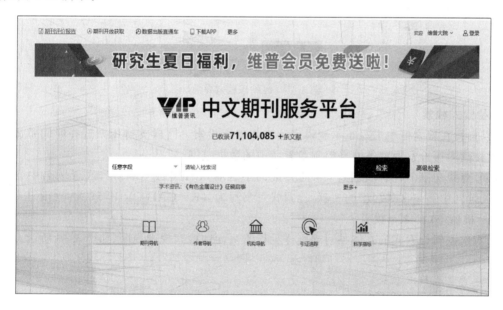

图 4-44 一框式检索界面

2. 向导式检索

向导式检索亦称组栏式检索,是指可以运用"与""或""非"的布尔逻辑关系将多个检索词进行组配检索。可以对每个检索词分别设定检索命中字段,并且通过时间范围限定、期刊范围限定、学科范围限定来调整检索的数据范围,还可以选择"精确"和"模糊"两种匹配方式,选择是否进行"中英文扩展"和"同义词扩展",通过更多的检索前条件限定,可获得最佳的检索结果。

例如,查看北京大学吴慰慈教授发表的"图书馆学"方面的期刊文献,可在检索区做如下操作:

① 在第一个检索框中输入检索词"图书馆学",根据查准或查全的需要,设定检索框前的检索字段为"题名或关键词"或"任意字段",设定检索框后的匹配模式为"精确"或者"模糊";

② 在第二个检索框中输入检索词"吴慰慈",根据需要,设定检索框前的检索字段为"作者"或"第一作者",同时选定逻辑组配关系"与";

③ 在第三个检索框中输入检索词"北京大学",设定检索框前的检索字段为"机构",同时选定逻辑组配关系"与";

④ 根据需要,选择是否进行"中英文扩展"或"同义词扩展",同时选定检索的时间范围、期刊范围和学科范围;

⑤ 单击"检索"按钮,执行检索,获取检索结果,如图 4-45 所示。

图 4-45 向导式检索界面

3. 检索式检索

可以自行在检索框中书写布尔逻辑表达式并进行检索。同样支持用户选择时间范围、期刊范围、学科范围等检索限定条件来控制检索命中的数据范围。

例如,查找文摘中含有"机械",并且关键词中含有"CAD"或"CAM",或者题名中含有"雷达",但关键词中不包含"模具"的文献,检索式可书写为:(K=CAD OR K=CAM OR T=雷达) AND R=机械 NOT K=模具。

注:布尔逻辑检索式的具体书写规则详见检索页面的检索规则说明,如图 4-46 所示。

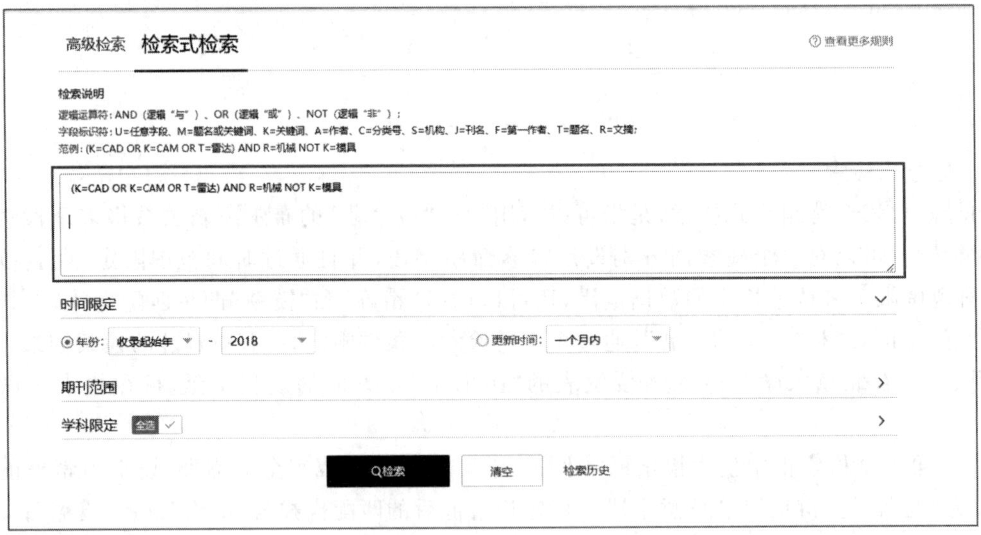

图 4-46 检索式检索界面

4.4.3 检索结果及文献获取

1. 检索结果

维普中文期刊服务平台提供了基于检索结果的二次检索、分面聚类筛选、多种排序方式,方便用户快速找到目标文献。

① 二次检索。在已有检索结果的基础上,通过"在结果中检索"选定特定检索内容,或者通过"在结果中去除"摒弃特定检索内容,缩小检索范围,进一步精炼检索结果。

② 检索结果聚类。基于检索结果的年份、所属学科、期刊收录、相关主题、期刊、发文作者和相关机构的分面聚类功能,各聚类项执行"且"的检索逻辑,通过单击相关聚类项,进行结果的聚类筛选。

③ 检索结果排序。基于相关度排序、被引量排序和时效性排序3种排序方式,从不同维度对检索结果进行梳理。

④ 文献选择。通过已选文献集合的文献管理功能,对已勾选内容进行题录导出和计量分析。

⑤ 文献题录导出。文献题录信息具有导出功能,支持的导出格式为文本、查新格式、参考文献、XML、NoteExpress、Refworks、EndNote、Note First、自定义导出、Excel 导出。可以通过勾选目标文献,单击"导出"按钮后选择适当的导出格式实现此功能。

⑥ 引用分析。可对单篇或多篇文献题录的参考文献和引证文献进行汇总分析,同样以查询结果的形式返回具体数据,有效梳理研究主题的来龙去脉。

⑦ 统计分析。提供对"检索结果"和"已选文献集合"的统计分析功能,分析文献集合的年份、发文作者、发文机构、发文期刊、发文领域等多维度的分布情况。

⑧ 查看视图切换。有文摘、详细和列表3种文献查看方式,可以按需进行视图切换。

⑨ 文献题录查看。可以在题录列表中详细浏览文献题录信息,根据显示方式的不同,文献题录显示详略不一,主要有题名、作者、机构、来源和期次等。

⑩ 首页信息预览。在文摘和详细视图下,可以单击题名右侧的预览按钮,以实现文献首页的内容预览,快速判断文献参考价值。

⑪ 全文保障服务。提供在线阅读、下载 PDF、原文传递、OA 全文链接等多途径的全文保障模式。

2. 文献获取

在检索结果页面,单击题名,即可查看当前文献的详细信息,并进一步实现与文献相关的多种操作。

① 题录中英文对照。文献详情页提供文献题录相关字段的中英文对照。

② 文献的全文获取。平台提供"在线阅读""下载 PDF""OA 全文链接"等方式来获取文献。

③ 文章收藏。可单击"收藏"按钮将自己喜欢的文章收藏到个人中心。

④ 文章分享。可以将自己感觉有价值的文章快速分享到微信、微博、QQ 等社交平台。

⑤ 文章题录导出。文章详细页同样提供题录导出,提供文本、查新格式、参考文献等10种导出格式。

⑥ 题录细览。可获取该篇文献的详细题录信息,单击字段所附链接,即可获得对应的字段检索内容。

⑦ 相关文献。提供与本文献研究领域相关的文献推荐,可以单击相关文献题名,获取相关文献信息。

⑧ 引文脉络。理清一篇文章从创作到利用的整个引用情况,既能回溯到该篇文章参考文献的参考文献,也能查询到该篇文章引证文献的引证文献。单击相关引文链接,即可定位到相关引文列表。

注:
- 参考文献。作者写文章时引用或参考的文献,反映该文章研究工作的背景和依据。
- 二级参考文献。本文参考文献的参考文献,进一步追溯本文研究领域的背景和研究依据,反映本文研究工作的源流。
- 引证文献。引用本文的文献。本文研究工作领域的继续、应用、发展或评价。
- 二级引证文献。本文引证文献的引证文献,进一步反映本文研究工作的继续、发展或评价。
- 同被引文献。与本文同时被作为参考文献引用的文献,与本文共同作为进一步研究的基础。
- 共引文献。当两篇文献被一篇(后来发表的)文献同时参考引用时,两篇文献之间的关系。

⑨ 期刊信息展示。展示该篇文章所属的期刊信息,包括刊名(封面)、该篇文章在的期次。

⑩ 职称评审材料打包下载。单击该按钮,即可一键获得包含文章目录、封面、封底、题录和全文在内的全部职称评审所需文献材料。

⑪ 相关知识对象。可查看与该篇文献相关的主题、作者、机构等知识对象。

4.4.4 其他特色功能

1. 职称评审材料打包下载

文献细览页的"职称评审材料打包下载"功能,提供用于职称评定的相关资料下载,包括文献 PDF 全文、目录、封面、封底信息。

2. 个性化用户中心

使用个人账号登录和使用平台,可以在个人中心中查看自己的检索历史、浏览历史、下载历史等行为轨迹;对感兴趣或有价值的文献进行收藏;对感兴趣的期刊进行关注;对需要持续追踪的检索式进行邮件订阅;个人中心还提供用户昵称、邮箱、密码等个人信息的维护功能;个人用户还可以查询与机构用户的权限关联情况,并作出相关操作。

3. 期刊开放获取

平台收录了数百种开放获取期刊,用户只需注册登录即可免费获取。

思 考 题

1. 利用学术搜索与全文递送系统查找本专业相关图书,分别尝试检索结果的形式为纸本、电子和文献传递的 3 种途径。

2. 中国知网能检索到多种文献类型,请列出其中至少 6 种能检出的文献类型。

3. 利用中国知网检索你所在学校本专业一位老师 2010 年以来发表的核心文章,并选择其中一篇全文下载。

4. 利用万方智搜学位论文库检索本专业 2019 年收录的硕博士论文,并选择其中一篇全文下载。

第5章 常用外文数据库检索

外文数据库已经成为高校图书馆的重要文献资源。外文文献反映世界各国科学技术的先进水平,及时报道国际重要科研成果和科研动向,是科研人员研究新课题、推出新成果的重要情报源。

5.1 Web of Science

5.1.1 Web of Science 概述

1955年,美国科学情报研究所(ISI)的Eugene Garfield博士在 *Science* 上发表了一篇论文,提出将引文索引(citation index)作为一种新的文献检索与分类工具。在进行了几次小规模实验性研究后,Eugene Garfield博士和他的团队于1963年推出了科学引文索引(Science Citation Index,SCI)。随后,ISI分别在1973年和1978年推出了社会科学引文索引(Social Sciences Citation Index,SSCI)和艺术与人文引文索引(Arts & Humanities Citation Index,A&HCI),从而进一步扩大了引文索引法的应用范围。此外,Web of Science核心合集还收录了会议论文引文索引(Conference Proceedings Citation Index,CPCI)以及图书引文索引。

Web of Science核心合集数据库收录了18 000多种世界权威的、高影响力的学术期刊,内容涵盖自然科学、工程技术、生物医学、社会科学、艺术与人文等领域,最早回溯至1900年。Web of Science核心合集收录了论文中所引用的参考文献,并按照被引作者、出处和出版年代编制成独特的引文索引。

Web of Science核心合集是获取全球学术信息的重要数据库,包括以下数据库。

① 科学引文索引是一个聚焦自然科学领域的多学科综合数据库,共收录了9 500多种自然科学领域的世界权威期刊,覆盖了178个学科领域,总记录数超过5 200万条,总参考文献数超过114 800万篇,每篇论文都有参考文献信息,1991年以来的论文还提供了作者摘要。收录范围:1900年至今。涉及的主要学科:数学、物理、化学、生命科学与技术、医学、天文学、药理学、植物学、计算机科学、环境、材料科学、农业、兽医学、动物学等。

② 社会科学引文索引是全球著名的社会科学领域引文索引数据库,收录范围:1900年至今。收录了58个社会科学学科的3 500多种权威学术期刊,涉及人类学、商业、经济学、教育、语

言学、哲学、心理学、历史、图书馆学和信息科学、法律、社会学、城市规划以及妇女研究等学科。

③ 艺术与人文引文索引的收录范围：1975年至今。收录了28个人文艺术领域学科的1 800多种国际性、高影响力的学术期刊的数据内容。涉及的学科有考古学、建筑、艺术、亚洲研究、电影/广播/电视、民俗、历史、哲学、语言、语言学、文学评论、文学、音乐、哲学、诗歌、宗教、戏剧等。

④ 会议论文引文索引包括科学会议论文引文索引（Conference Proceedings Citation Index-Science，CPCI-S）和社会人文科学会议论文引文索引（Conference Proceedings Citation Index-Social Science & Humanities，CPCI-SSH）两个子库，收录范围：1990年至今。共收录了超过200 000个会议论文，涉及250多个学科，年新增记录38.5万余条，会议文献类型包括图书、期刊、科技报告、出版商或学会出版的联系出版物、预印本、国际会议录等。

⑤ 化学反应事实数据（Current Chemical Reactions，CCR-EXPANDED）〔包括法国国家知识产权局（Institut National de la Propriete Industrielle，INPI）化学结构性数据，可回溯至1840年〕收录了1985年以来的最新化学反应，以及一步或多步反应的新方法，数据源自重要期刊和39个专利授权机构的专利，每一步反应都提供精确的反应式及反应详细信息。收录了超过100万种化学反应，每月新增化学反应3 000个左右。

⑥ 化学物质事实性数据（Index Chemicus，IC）目前收录了1993年至今的420万种化合物，包含重要国际期刊中报道的新颖有机化合物结构及重要相关数据，许多记录具有从原料到最终产物的反应过程，是关于生物活性物质和天然产物新信息的重要来源。

⑦ 图书引文索引（Book Citation Index，BkCI）包括图书引文索引-自然科学版（Book Citation Index-Science，BkCI-S）和图书引文索引-社会科学与人文版（Book Citation Index-Social Science & Humanities，BkCI-SSH），收录了2005年之后（含2005年）出版的超过101 800种学术专著，同时每年增加10 000种新书。提供全面的被引参考文献检索以及图书记录和图书章节的相互链接，呈现来自期刊、会议录和其他图书的准确引用次数，并单独提供针对图书和图书章节的被引频次计数，此外还提供来自图书和图书章节的完整书目，并能从图书和图书章节记录链接至全文。通过BkCI数据库，科研工作者可以看出一本图书在引文网络中的位置，通过查找参考文献追溯理论的起源、考证事实依据，通过施引文献了解科学研究的最新演进与发展，并从另外一个侧面考查图书的引文影响力。对图书章节、图书和丛书信息进行深入标引，能够帮助科研工作者轻松地浏览一本图书中所包含的各个章节，并可以深入考查每一个图书章节的被引用情况。

⑧ 新兴资源引文索引（Emerging Sources Citation Index，ESCI）包括2015年至今的数据，展示了重要的新兴研究成果。2015年11月，Thomson Reuters推出了Emerging Sources Citation Index数据库，在之前科学引文索引、社会科学引文索引和艺术与人文引文索引的基础上，纳入了新兴领域中高品质且通过同行专家审议的期刊。Emerging Sources Citation Index主要定位于拥有"活力和潜力"，且在学术界已经产生"地区"影响力的新刊。新兴资源引文索引收录的期刊已经通过了初始的期刊评价，在未来仍有机会被收录进Web of Science核心合集数据库。所有被收录进ESCI的期刊，可以按照全文、引用、学科分类、所有作者和地址等方式进行索引。

注意：访问数据种类及年代依各图书馆订购情况而定。

Web of Science平台将Web of Science核心合集与多个区域性引文索引、专利数据、专业领域的索引以及研究数据引文索引连接起来，总计拥有超过33 000种学术期刊。除了Web of Science核心合集以外，还包括一些其他数据库，具体如下。

① KCI 韩国期刊数据库对 KCI 所包含的多学科期刊中的文章提供访问。KCI 由韩国国家研究基金会(National Research Foundation of Korea)管理,包含了在韩国出版的学术文献的题录信息。

② MEDLINE(《国际性综合生物医学信息书目数据库》)是美国国家医学图书馆(The United States National Library of Medicine,NLM)的主要生命科学数据库。探索生物医学与生命科学、生物工程学、公共卫生、临床护理以及植物和动物科学,使用 MeSH 词表(《医学主题词表》)和 CAS 注册号进行精确检索。链接到 NCBI(美国国家生物技术信息中心)数据库与 PubMed 相关论文文献,回溯至 1950 年。

③ 俄罗斯科学引文索引(Russian Science Citation Index)收录了 2005 年至今的文献,提供超过 500 份科学、技术、医学以及教育领域期刊中由俄罗斯科研人员编写的学术论文的题录信息以及引用情况。数据库中所包含的优秀出版物是由俄罗斯最大的科研信息提供方 Scientific Electronic Library (eLIBRARY. RU)精心挑选的。

④ Scientific Electronic Library Online Citation Index(SciELO Citation Index)提供 1997 年至今的数据资源,收录了拉丁美洲、葡萄牙、西班牙及南非等地区和国家在自然科学、社会科学、艺术和人文领域的前沿公开访问期刊中发表的权威学术文献。

⑤ 中国科学引文数据库(Chinese Science Citation Database,CSCD)。科睿唯安(原汤森路透知识产权与科技)与中国科学院合作,将 CSCD 嵌入 Web of Knowledge 平台中,以让全世界更多的科研人员了解中国的科研发展及动态。作为 Web of Knowledge 中的首个非英文产品,该数据库收录了约 1 200 种中国顶级学术出版物,共有近 200 万条记录,数据回溯至 1989 年。

⑥ Derwent Innovation(德温特创新)专利数据平台具备智能检索、分析、预警和海量文献图像化功能,具有协助组织建立跨部门的技术情报搜集与分析能力,为用户提供更广泛视角的技术信息来源。它收录了全球 156 个国家/地区的专利信息,涵盖全球 75 个国家/地区的专利全文。

5.1.2 Web of Science 检索方法、技术与结果处理

Web of Science 是一个基于 Internet 的文献信息平台,它整合了学术期刊、会议录、专利等文献信息,通过统一的检索界面向用户提供自然科学、工程技术、生物医学、社会科学、艺术与人文等多个领域的学术信息。它将检索技术、信息分析及文献管理软件无缝地整合在一起,提供文献检索、分析、评价和管理等多项功能。

1. Web of Science 检索平台

Web of Science 是一个综合的数据库系统服务平台,整合了科睿唯安公司的多款数据库产品,如 Biological Abstract、BIOSIS Citation Index、FSTA 食品科学数据库、中国科学引文数据库、Inspec、MEDLINE 等数据库,以各单位的订购为准。Web of Science 检索界面如图 5-1 所示。

2. 检索方法

(1) 基本检索

如图 5-2 所示,Web of Science 核心合集的基本检索界面是一个简单的检索对话框,可以单击"添加行"添加检索框,进行多途径组配检索(AND/OR/NOT),单击界面下方的"添加日期范围"可以进行时间选择,单击右上方的"编辑"可以进行数据库的选择,如图 5-3 所示。

(2) 作者检索

作者检索功能可以简单方便地确认并检索出特定作者的所有文献。作者姓名的形式:姓氏

图 5-1　Web of Science 检索界面

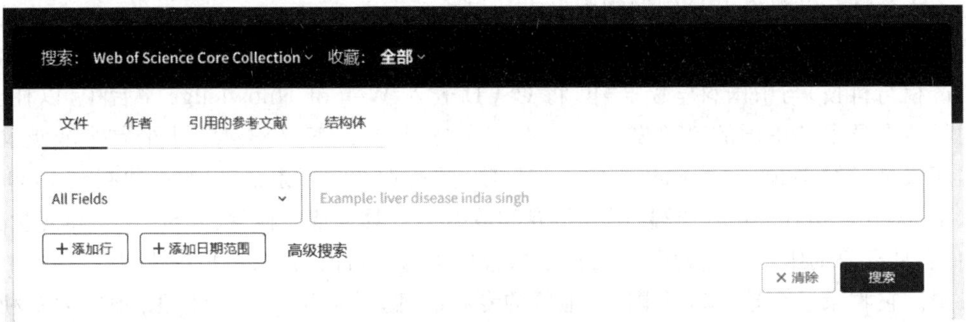

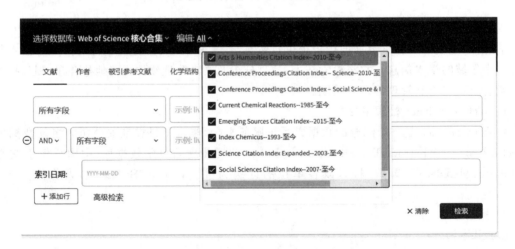

图 5-2　Web of Science 核心合集基本检索界面

图 5-3　Web of Science 核心合集基本检索界面的时间和数据库选择

在先,名字和中间名首字母在后。姓氏可以包含连字号、空格或撇号,例如 Wilson SE、O'Grady AP、Ruiz-Gomez M、Wang YR。检索界面如图 5-4 所示。作者检索时可以在"姓氏"字段中输入作者的姓氏;在"名字和中间名首字母"字段中输入名字或者名字首字母,也可通过页面下方的

"添加姓名的不同拼写形式"输入不同的姓名拼写形式。

图 5-4 Web of Science 核心合集作者检索界面

（3）被引参考文献检索

被引参考文献检索是从被引用文献的著者及被引用期刊、被引用文献的年代检索引用过它的作者及其文献。通过被引参考文献检索，可以了解某个已知理念或创新获得确认、应用、改进、扩展或纠正的过程。Web of Science 核心合集被引参考文献检索界面如图 5-5 所示。

图 5-5 Web of Science 核心合集被引参考文献检索界面

在"被引作者"检索中，对于多个作者的文献进行检索时，输入第一作者姓名，从较早或无匹配来源记录的文献中引用的文献可能只包含第一作者的姓名，被引作者包括机构作者和发明人。如果姓氏所含字符多于 15 个，输入前 15 个字符，后面跟一个星号（*）通配符表示剩余的字符。例如，"Klapdor-Kleingrothaus* OR KlapdorKleingro*"可查找 KlapdorKleingrothaus HV、Klapdor-Kleingrothaus HV、Klapdorkleingro. H、Klapdorkleingro. HK、Klapdorkleingro. HV。

（4）化学结构检索

该检索方式可以进行化学结构式、化学反应以及化合物检索。输入化学结构绘图和/或任何所需的数据，然后单击"检索"按钮进行检索。Web of Science 核心合集化学结构检索界面如图

5-6(a)所示，Web of Science 核心合集化合物数据检索界面如图 5-6(b)所示，Web of Science 核心合集化学反应数据检索界面如图 5-6(c)所示。

图 5-6　Web of Science 核心合集化学结构检索、化合物数据检索、化学反应数据检索界面

(5) 高级检索

Web of Science 核心合集高级检索界面如图 5-7 所示。在高级检索界面可以创建检索式并对其进行组配。检索式可以由一个或多个字段标识以及检索词组成,允许使用布尔逻辑运算符和通配符。

图 5-7　Web of Science 核心合集高级检索界面

3. 检索技术

(1) 布尔逻辑运算符

系统支持布尔逻辑运算符 AND、OR、NOT、NEAR 以及 SAME。其中,使用 NEAR/x 可查找由该运算符连接的检索词之间相隔指定数量的单词的记录,该规则也适用于单词处于不同字段的情况,用数字取代 x 可指定将检索词分开的最大单词数;而 SAME 表示它所连接的检索词出现在同一个句子中或者同一字段里。

(2) 英文字母大小写区分

系统不区分英文字母大小写,可以使用大写字母,也可以使用小写字母或者大小写字母混合,例如 CELL、cell 和 Cell 对于系统来说一样。

(3) 通配符

系统支持"*""?""$",其中:"*"代表零到多个字母,如"lib*",可以检索到 lib、library、libraries、liberal 等;"?"表示任意一个字符,如"wom?n"可检索到 woman、women;"$"表示零个或一个字符,如"car$",可检索到 car、cars、care。

通配符可位于检索词的中间或者结尾,但不能位于开头,且不能在出版年中使用通配符,如可以使用 2016,但不能使用 201*。

(4) 短语检索

可以使用引号对一个特定的短语进行检索,如"Environmental protection",这样可以精简检索结果,如果不使用引号,系统将会按照"Environmental AND protection"的方式进行检索。

如果输入以连字符分隔的两个单词,则词语将被视为精确短语。

(5) 检索运算符的优先顺序

如果在检索式中使用不同的运算符,则会根据下面的优先顺序处理检索式:NEAR/x、SAME、NOT、AND、OR。使用括号可以忽略运算符的优先级,括号内的表达式优先执行。

(6) 禁用词

禁用词是指无检索意义的词,如冠词(a、an、the)、介词(of、in、on)及代词等单独使用没有实际意义的词,系统将自动屏蔽禁用词。

4. 检索字段

Web of Science 数据库中的检索字段包括 All Fields(所有字段)、Topic(主题)、Title(标题)、Author(作者)、Publication Titles(出版物名称)、Author Identifiers(作者识别号)、Group Author(团体作者)、Editor(编者)、DOI(数字对象标识符)、Year Published(出版年)、Address(地址)、Affiliation(机构扩展)、Conference(会议)、Language(语种)、Document Type(文献类型)、Funding Agency(基金资助机构)、Grant Number(授权号)、Accession Number(入藏号)、PubMed ID(给每条 MEDLINE 记录的一个唯一标识符)等。

5. 检索结果

Web of Science 检索结果界面如图 5-8 所示。该页面显示所用检索式、检索结果的数量、每条记录的概要信息(题名、作者、刊名、卷期、页码、出版年、摘要、被引频次)、来源数据库、出版商处的全文链接等内容。

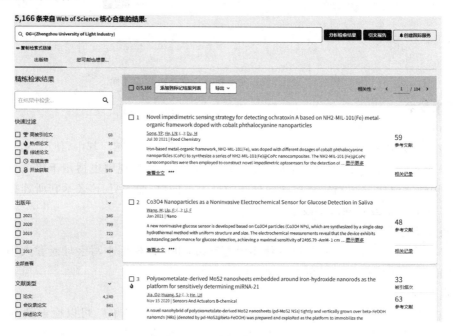

图 5-8　Web of Science 检索结果界面

(1) 检索结果的排序方式

检索结果可以按照以下方式进行排序:相关性、日期(降序、升序)、被引频次(最高优先、最低优先)、使用次数(所有时间,最多优先)、使用次数(最近 180 天,最多优先)、最近添加、会议标题(升序、降序)、第一作者姓名(升序、降序)、出版物标题(升序、降序)等。默认为相关性优先排序。

(2) 精炼检索结果

如果检索结果数量较大,可以通过检索结果页面左侧的检索框对检索结果进行精炼。二次检索可以通过快速过滤出版年、文献类型、Web of Science 类别、作者、出版物标题、出版商、基金资助机构、开放获取、编者、团体作者、研究方向、国家/地区、语种、会议名称、丛书名称等来进行。

(3) 全记录显示

在检索结果页面单击文献标题,可以进入该文献的全记录页面,如图 5-9 所示。该页面显示文献的题名、作者、摘要、关键词、作者信息、出版商、基金资助、文献被引频次、引用的参考文献、使用次数、全部被引频次计数以及在 Web of Science 数据库中各个子库的引用情况等。

图 5-9　Web of Science 检索结果全记录界面

(4) 分析检索结果

单击检索结果页面右上角的分析检索结果,可以进入分析界面,选择分析途径(如作者、文献类型、Web of Science 类别、所属机构、出版物标题、出版商、基金资助机构、授权号、开放获取等)可以对检索结果进行分析。Web of Science 检索结果分析界面(按作者)如图 5-10 所示。

图 5-10　Web of Science 检索结果分析界面

(5) 检索结果的输出

Web of Science 检索结果的输出包括打印、存盘、通过电子邮件发送记录、保存、添加到标记结果列表等,可以在检索结果页面或检索结果全记录页面进行检索结果的输出操作。

5.1.3 Web of Science 检索实例

【检索课题】

检索有关"非辐射环境污染"方面的 2018—2020 年出版的文献。

【分析课题,选择检索词,编制检索式】

根据课题可知检索内容为"非辐射环境污染",故检索中不含"辐射"(radiation),而含有"环境污染"(environmental pollution),另外"环境"还可以扩展为 water、air、environment,"污染"可以扩展为 pollutant、pollute。考虑英语词汇的变化形式,可以进一步采用通配符 pollut * 、radiat * 。构造的检索式为"((water or air or environment)and pollut *)not radiat * "。由于该课题涉及的检索词较多,逻辑关系比较复杂,所以考虑选择标题作为检索入口。出版日期选择 2018—2020 年,检索界面如图 5-11 所示。

图 5-11　Web of Science 检索实例检索界面

【检索结果及分析】

输入系统进行检索,得到检索结果 8 637 条(如图 5-12 所示),将这 8 637 条结果按照国家/地区进行分析,可知该领域研究最多的国家是中国和美国(如图 5-13 所示)。

图 5-12　Web of Science 检索结果显示界面

图 5-13　Web of Science 检索结果分析界面

5.2　EI

5.2.1　EI 概述

美国工程索引(The Engineering Index,EI)是世界上著名的工程技术领域中具有权威性的大型文摘性检索工具之一,创立于 1884 年,最初是由美国工程师学会联合会下设的工程索引公司编辑出版的,早期有印刷版、微缩版等信息产品,1969 年开始提供 EI Compendex 数据库服务。1995 年以来 EI 公司开发了称为"EI Village"的系列产品,1998 年,合并到爱思唯尔工程信息公司(Elsevier Engineering information Inc.)。目前使用的 Engineering Village 2 平台是以 EI Compendex 等数据库为信息源的网上统一检索平台,该信息检索平台可检索美国工程索引、美国专利等信息资源。

Engineering Village 是一个多数据库的检索平台,包括 EI Compendex、Inspec、GEOBASE、GeoRef、EnCompassLIT & PAT、USPTO&EPO、NTIS、PaperChem、CBCN、Chimica 等 12 个数据库,其中 EI Compendex 就是我们常说的 EI 数据库。EI 是一个文摘和引文数据库,不是全文库。

EI 收录了 1969 年以来的 5 000 多种工程领域的期刊论文、会议论文和科技报告,超过 1 130 万条记录,收录范围涵盖了工程和应用科学领域的各学科,涉及机械工程、土木工程、环境工程、电气工程、结构工程、材料科学、固体物理、超导体、生物工程、能源、化学和工艺工程、固体废弃物的处理、控制工程、农业工程和食品技术、计算机和数据处理、电子和通信、石油、宇航、汽车工程等,以及这些领域的子学科和其他主要的工程领域。数据库内容每周更新。

5.2.2　EI 的检索方法、检索技术、检索字段与结果处理

1. 检索方法

(1) 快速检索(quick search)

进入 EI 数据库主页,默认检索界面就是快速检索界面,如图 5-14 所示。在快速检索界面最

多可以执行3个检索途径的逻辑组配。

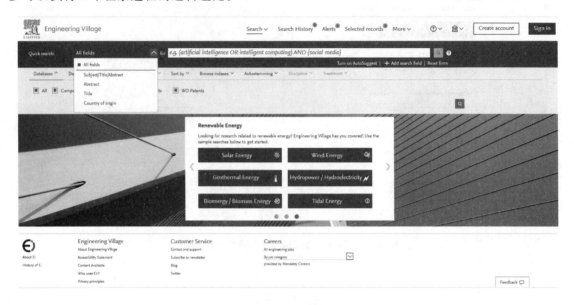

图 5-14　EI 快速检索界面

(2) 专业检索(expert search)

专业检索提供更强大而灵活的检索功能,检索界面如图 5-15 所示。在专业检索中,用户需要使用检索词和布尔逻辑运算符加上检索字段限制符来构造检索式,在检索框中输入检索式来进行检索。单击检索框下方的"Search codes"可以查看检索代码提示,单击"Date"可以进行出版日期选择,在检索框中直接输入检索字段代码可以进行检索。可利用索引功能浏览/查询作者(author)、作者所在机构(author affiliation)、控制词汇(controlled term)、语言(language)、期刊名称(source title)、文件类型(document type)、出版社(publisher)和学科领域(discipline)等。

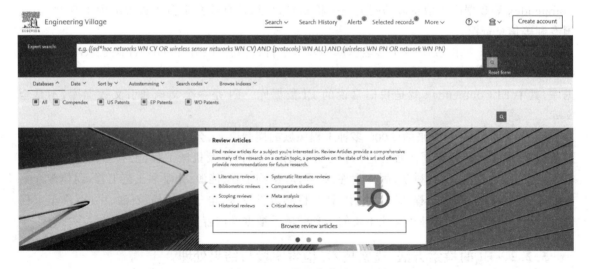

图 5-15　EI 专业检索界面

(3) 叙词检索

EI 数据库有自己的叙词表,每一篇文献在数据库中都有相应的叙词,也就是全记录中的

"Controlled terms"所显示的内容。叙词检索仅提供一个检索输入框,检索词之间可以进行逻辑组配。"Vocabulary search"可利用主题词表,自动生成工程专用同义词汇,避免检索到有该词汇但内容却无关的文献。EI 叙词检索界面如图 5-16 所示。

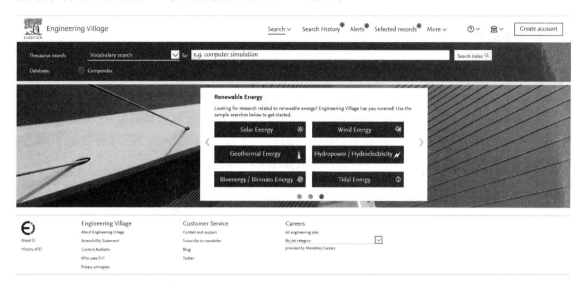

图 5-16　EI 叙词检索界面

2. 检索技术

(1) 逻辑运算符

系统支持布尔逻辑运算符 AND、OR、NOT。

(2) 英文字母大小写

系统不区分英文字母大小写,检索词使用大小写字母或者大小写字母混合均可。

(3) 截词符

星号(*)为右截词符,放置在词尾,如检索"comput*"可以得到 computer、computing、computed、computation、computational、compute、computerized 等。

(4) 精确检索

进行短语的精确检索时,需要使用大括号或引号,例如"environmental protection"、{environmental protection}。有两个或两个以上的关键词,只要用 AND 链接即可;若关键词是由两个或两个以上的单词组成的,如 Solar cell,则加上双引号("Solar cell"),即可执行与输入的关键词串完全相同的检索。

(5) 词根检索

在快速检索中,系统自动执行词根检索(作者字段除外)。例如,输入 management 时,系统会将 manager、manage、managed、managers 等检出。单击"Autostemming offers"取消该功能。在专业检索中,系统自动关闭该功能,如果需要使用则单击"Autostemming offers"即可。

(6) 特殊字符

除了 A~Z、a~z、0~9、*、、?、#、()、{}之外的字符,均视为特殊字符。检索时系统自动忽略特殊字符,如需要对特殊字符进行检索,则需要加引号或者括号,如{n>6}。

3. 检索字段

EI 数据库中的检索字段有 All fields(所有字段)、Subject/Title/Abstract(主题/标题/摘

要)、Abstract(摘要)、Author(作者)、Author affiliation(作者单位)、Title(标题)、EI Classification code(EI 分类码)、CODEN(分类标号)、ISSN(标准国际连续出版物号)EI main heading(EI 主标题,表示文章主概念的词)、Publisher(出版者)、Source title(刊名)、EI controlled term(EI 受控词)、Country of origin(原产国)。

4. 检索结果

(1) 显示结果

检索结果首先以列表的形式显示,每个页面可以选择显示 25 条、50 条或 100 条记录,如图 5-17 所示。每条检索结果记录都包括题名、作者、作者单位、来源期刊、卷期、页码、年代、语种等信息,还可以通过单击题名、作者、全文链接等进行超链接。如果检索结果偏多,还可以通过页面左侧的检索框进行精炼检索。单击文章标题可以进入文章 Abstract(摘要)界面或者 Detailed (详细信息)界面,如图 5-18 所示,可以更详细地显示文章信息。

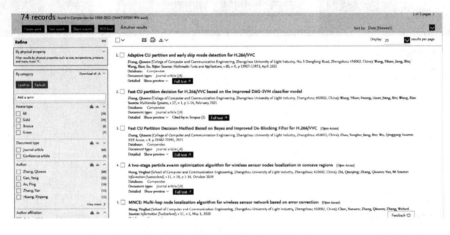

图 5-17　EI 检索结果列表界面

图 5-18　EI 记录的 Detailed 显示界面

(2) 标记记录

在检索结果列表显示页面,单击记录前的复选框,或者"select all on page",选择页面上的记录,进行记录标记。

(3) 输出检索结果

在检索结果列表页面,可以对已标记的记录进行直接输出。打印:单击"print"图标,可以打印标记的检索结果。存盘:单击"download"图标,可以下载标记的检索结果,同时可以选择输出文件的格式,如.pdf、.excel、.rtf 等。E-mail:单击"E-mail"图标,可以将检索结果通过电子邮件发送出去。

(4) Refine Results(精炼检索结果)

Refine Results 提供了一个强大的分析工具,用户可以从中获得大量的情报信息,如通过年代分析,了解课题所处的生命周期,通过出版项分析了解论文的质量等。

在检索结果页面左侧的"Refine Results"工具栏,利用二次输入框(Add to term)或者通过工具栏里的 Controlled vocabulary(受控词表)、Author(作者)、Author affiliation(作者单位)、Classification code(分类码)、Country(国家)、Document type(文献类型)、Language(语种)、Year(年代)、Source title(来源期刊)、Publisher(出版商)、Funding sponsor(基金支持)等栏目精炼检索结果,使用 Include(限制)按钮或者 Exclude(排除)按钮达到优化或调整检索结果的目的。

5.2.3 EI 检索实例

【检索课题】

在 EI 数据库中检索 2015 年以来,有关"汽车尾气氮氧化物的控制"的研究论文。

【分析课题】

本课题要检索的主题是汽车尾气、氮氧化物。

【选择检索词,编制检索式】

检索词:汽车(automobile)、尾气(exhaust)、氮氧化物(nitrogen oxides)、控制(control)。

检索式:automobile and exhaust and "nitrogen oxides" and control。

【检索步骤】

进入 EI 数据库专业界面(Expert Search),输入检索式(automobile and exhaust and "nitrogen oxides" and control),选择时间阶段为 2015—2021 年,单击"Search",显示结果有 151 条记录,如图 5-19 所示。

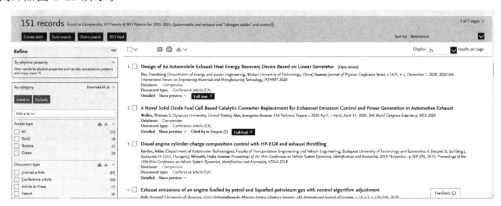

图 5-19 检索实例检索结果显示界面

检索结果按照相关度(relevance)进行排序,选择相关度较高的前15条进行输出、下载全文等操作。

5.3 Elsevier ScienceDirect

5.3.1 Elsevier ScienceDirect 概述

Elsevier 公司 1580 年于荷兰创立,是一家经营科学、技术和医学信息产品及出版服务的出版集团。通过与全球的科技与医学机构合作,公司每年出版多种期刊和新书,以及其他一系列电子产品,如 ScienceDirect、Scopus、Embase、EV、Reaxys、Scival、在线电子图书等。

ScienceDirect(www.sciencedirect.com)是全球著名出版公司 Elsevier 公司的核心产品,简称 SD,收录了爱思唯尔公司出版的 3 000 余种期刊,其中的大部分期刊都是 SCI、EI 等国际公认的权威大型检索数据库收录的各个学科的核心学术期刊,收录图书 33 000 多种,质量和影响在各学科领域名列前茅,最早可回溯至 1823 年。内容涵盖 24 个学科领域:农业和生物学,生物化学/遗传学/分子生物学,商业、管理和会计学,化学工程学,化学,计算机科学,决策科学,地球和行星学,经济学、计量经济学和金融,社会科学,心理学,艺术与人文科学,能源和动力,工程和技术,环境科学,免疫学和微生物学,材料科学,数学,医学,神经科学,护理与卫生保健,药理学/毒理学/制药学,物理学和天文学,兽医学。

5.3.2 Elsevier ScienceDirect 的检索方法、检索结果与检索技术

1. 检索方法

(1) 登录数据库

数据库主页的网址为 www.sciencedirect.com。已订购数据库的成员馆用户访问权限通过 IP 地址控制,无须输入用户名和密码,无用户数额限制。登录后的界面如图 5-20 所示。

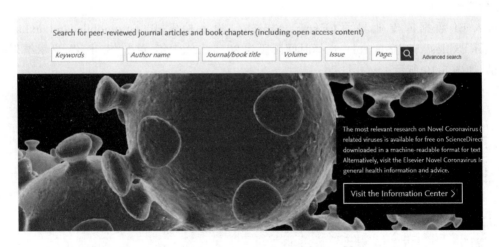

图 5-20 Elsevier ScienceDirect 数据库主页界面

(2) 浏览

单击主页搜索框下边的导航栏"Browse by production title"可以按字母顺序浏览数据库中的所有期刊和图书,也包括那些机构没有订购的内容,如图 5-21 所示。其中已定购的提供全文,否则没有全文链接,可查看其摘要,也可以单击数据库的各学科分类,按学科进行浏览,同时还提供该学科最新出版的文献,通过单击这些文献标题可直接浏览。

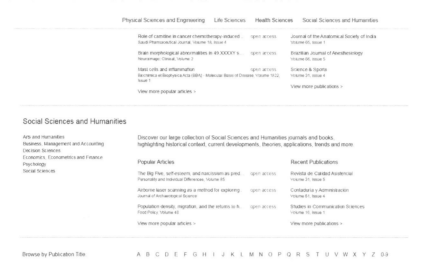

图 5-21　Elsevier ScienceDirect 数据库浏览界面

在"Browse"(浏览)页面中,可以先查看按字母顺序列出的所有标题,按主题领域查看列表或者直接查看收藏的标题。通过显示的授权图标,可验证是能查阅全文还是只能查看摘要。

(3) 基本检索(basic search)

单击导航栏中的"Search"进入基本检索界面(见图 5-22),基本检索界面上有 Keywords(关键词)、Author name(作者姓名)、Journal/book title(期刊/书名)、Volume(卷)、Issue(期)、Page(页码)6 个检索词输入框,在输入框中键入相应的检索字段,单击"Search"。

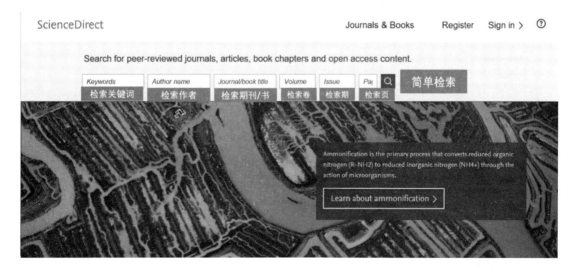

图 5-22　Elsevier ScienceDirect 基本检索界面

(4)高级检索(advanced search)

高级检索方式有更多的限定选择,用户可以限定检索结果的来源、科目、日期等。逻辑运算符为 AND、OR、AND NOT,检索字段限定为"Title, abstract or author-specified keywords"(题目/摘要/作者指定的关键词)、Authors(作者)、Author Affiliation(作者机构)、References(参考文献)等,检索界面如图 5-23 所示。

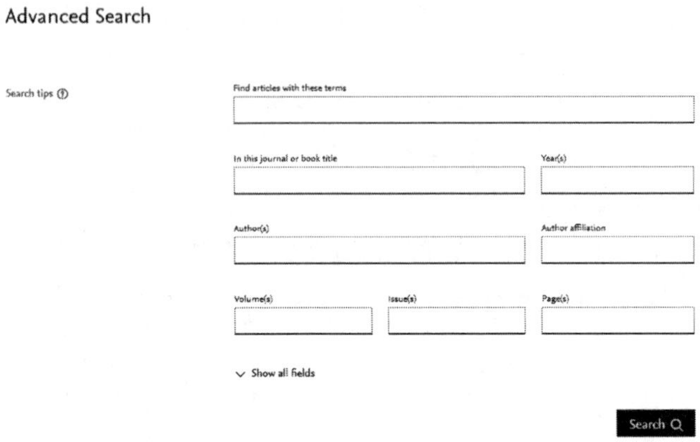

图 5-23 Elsevier ScienceDirect 高级检索界面

(5)专家检索(expert search)

Elsevier ScienceDirect 专家检索界面如图 5-24 所示。专家检索是使用命令行方式的文本检索。专家检索与基本检索的检索限定和检索结果限定相同。常用字段:Abstract(摘要)、Affiliation(机构)、Authors(作者)、Journal-Name(期刊名)、Keywords(关键词)、References(参考文献)、Title(题名)、Title-Abstr-Key(主题)。专家检索使用布尔逻辑语言进行检索。

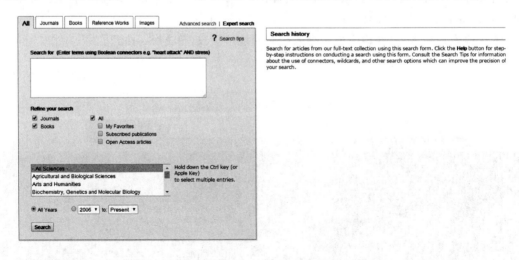

图 5-24 Elsevier ScienceDirect 专家检索界面

2. 检索结果

(1)检索结果题录显示

检索后,首先显示检索结果的题录列表,包括篇名、作者、刊名、卷、期、页码、文摘、全文链接点等,如图 5-25 所示。搜索结果列表中包含搜索结果,还有以 HTML(通过单击文章标题)或

.pdf格式查看文章的选项。通过选择授权图标,可查看文章全文或者文章摘要。文章摘要可通过 Show preview(显示预览内容)或 Open all previews(打开所有预览内容)查看。默认情况下,搜索结果列表中会包含图形摘要。

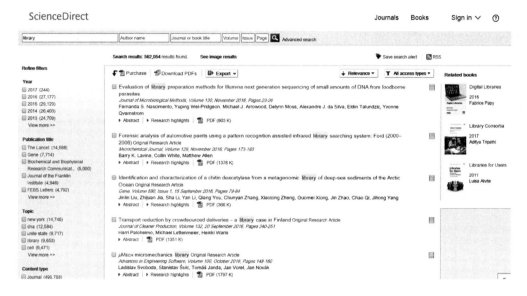

图 5-25　Elsevier ScienceDirect 检索结果界面

可通过 Relevance(相关度,默认选项)或 Date(日期)对搜索结果列表进行排序。

(2) 二次检索

在检索结果界面的左侧"Refine filters"栏下边对应的栏目前框选哪些选项可以进行二次检索。选择项包括 Year(年代)、Publication title(出版物)、Topic(主题)、Content type(文献类型)等,用户根据需要框选一些选项以后,单击"Apply filters",可以精炼检索结果。

(3) 检索结果输出

单击文章题名可以查看 HTML 格式的全文,进入文章详细信息页面(如图 5-26 所示)。单击文章篇名左边的"Abstract"可以快速查看摘要,单击"Download PDF"可以下载和浏览 PDF 全文(需安装 Adobe 浏览器),单击"Highlight"可以查看文章主要观点。单击页面上方的"Export"可以输出选中文献的信息。单击"Download PDFs"(下载多个 PDF)可以批量下载,最多可同时下载 20 篇 PDF 文章,该功能还允许用户对下载的文件进行自动命名,或者按自己的文件命名体例进行自定义。可通过单击"Save search alert"保存检索式和检索提示(该功能只针对注册用户)。

3. 检索技术

(1) 逻辑运算符

① AND,与的逻辑,默认运算符,要求多个检索词同时出现在文章中。

② OR,或的逻辑,检索词中的任意一个或多个出现在文章中。

③ AND NOT,非的逻辑,后面所跟的词不出现在文章中。

(2) 通配符

①"*"取代单词中的任意个(0,1,2,…)字母,如"transplant *"可以检索到 transplant、transplanted、transplanting 等。

②"?"取代单词中的 1 个字母,如"wom?n"可以检索到 woman、women。

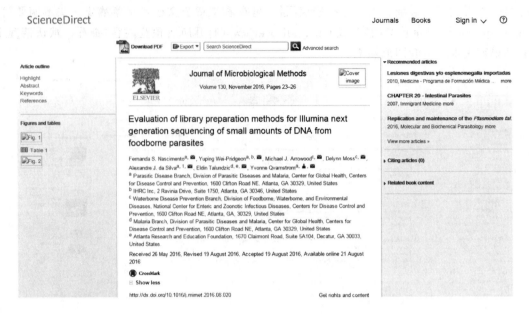

图 5-26　Elsevier ScienceDirect 文章详细信息页面

(3) 位置运算符

① W/n,两词用 W 和数字连接,表示两词之间相隔不超过 n 个词,词序不定。

② PRE/n,两词用 PRE 和数字连接,两词相隔不超过 n 个词,词序一定。

(4) 拼写方式

当英式与美式拼写方式不同时,可使用任何一种形式检索,如 behaviour 与 behavior、psychoanalyse 与 psychoanalyze。

(5) 单词复数

使用名词单数形式可同时检索出复数形式,即名词的单复数不影响其检索结果,如 horse 与 horses、woman 与 women。

(6) 其他

支持用希腊字母 α、β、γ、Ω 进行检索(或英文拼写方式);法语、德语中的重音、变音、符号,如 é、è、ä 均可以用来检索;""(引号)作为词组查询,如"heart attack";连接符可以省略,不区分大小写。

5.3.3　Elsevier ScienceDirect 检索实例

【检索课题】

检索郑州轻工业大学的张治红在 2015—2020 年以 detection 为标题、文摘或关键词发表的文献。

【检索步骤】

选择 Year(s)、Author(s)、Author affiliation、"Title, abstract or author-specified keywords"作为检索项,在检索框中分别输入"2015-2020""zhihong zhang""zhengzhou university of light industry""detection",单击"Search"按钮即可,如图 5-27 所示。Elsevier ScienceDirect 检索结果如图 5-28 所示。

图 5-27　Elsevier ScienceDirect 检索界面

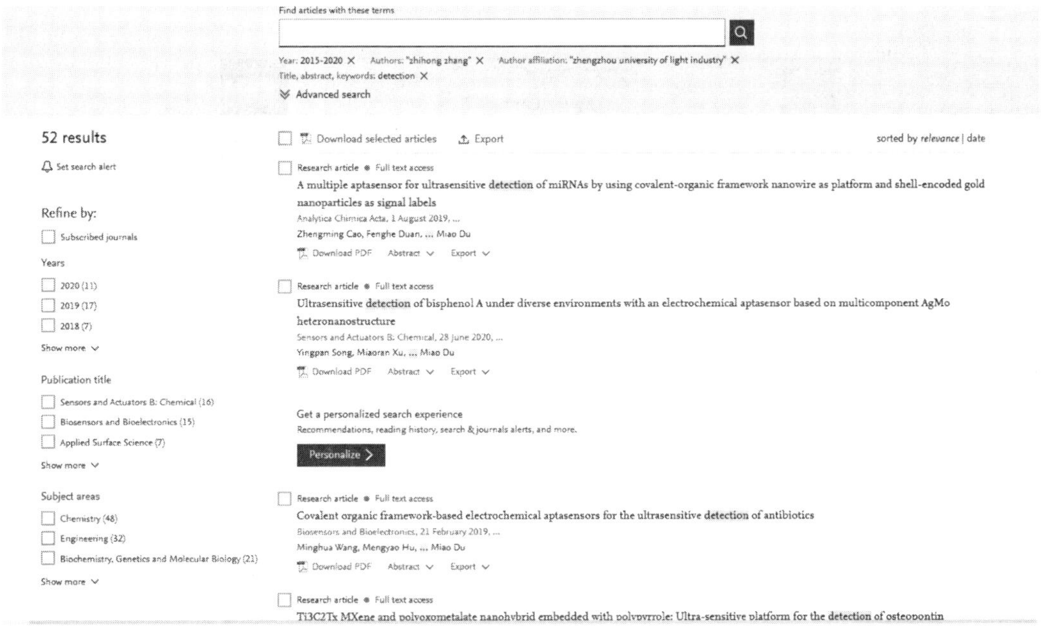

图 5-28　Elsevier ScienceDirect 检索结果

单击文章标题,可以直接浏览文献,如图 5-29 所示,也可以单击文献标题下方的"PDF",直接以.pdf 格式浏览文献,如图 5-30 所示。

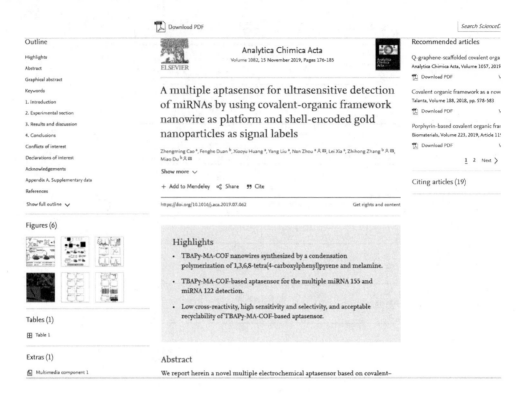

图 5-29　Elsevier ScienceDirect 文献浏览界面

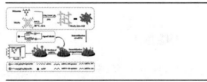

图 5-30　Elsevier ScienceDirect 文献.pdf 格式浏览图

5.4 SpringerLink

5.4.1 SpringerLink 概述

德国斯普林格(Springer-Verlag)是世界上著名的科技出版集团,通过 SpringerLink 系统提供学术期刊及电子图书的在线服务。2002 年 7 月,Springer 公司和 EBSCO Metapress 公司在中国开通了 SpringerLink 服务。

斯普林格·自然集团(Springer Nature)是一家全球领先的从事科研、教育和专业出版的机构。集团旗下汇聚了一系列备受尊敬和信赖的品牌,以各种创新的产品和服务,为客户提供优质的内容。斯普林格·自然集团是世界上最大的学术图书出版公司,同时出版全球最具影响力的期刊,也是开放获取领域的先行者。

Springer 每年出版期刊超过 1 820 种,涵盖了自然科学、技术、工程、医学、法律、行为科学、经济学、生物学等 11 个学科。Springer 出版的期刊 60% 以上被 SCI 和 SSCI 收录,很多期刊在相关学科领域都拥有较高的排名。

5.4.2 SpringerLink 的检索方法、检索结果与检索技术

1. 检索方法

(1) 数据库浏览

数据库主页的网址为 https://link.springer.com/。进入 SpringerLink 检索页面,已订购数据库的成员馆用户访问权限通过 IP 地址控制,无须输入用户名和密码,无用户数额限制。数据库首页提供学科列表、推荐图书及推荐期刊,如图 5-31 所示。数据库导航栏提供图书浏览、期刊浏览和影像资料浏览,图书浏览提供 2 万多种图书的字顺浏览;期刊浏览提供近 2 000 种期刊的字顺浏览;影像资料浏览提供相关主题的学习资源。在数据库首页可以通过关键词(keyword)来进行快速检索,检索技术采用 Google 关键词检索技术,具备搜索关键词自动建议功能。

(2) 高级检索

在 SpringerLink 数据库登录页面(图 5-31),可以通过单击检索框右侧小齿轮图标"Advanced search"进入高级检索(图 5-32)。在高级检索中,可以通过一条或多条字段来检索相关的文章,检索字段包括相关词汇(关键词、短语)、标题(期刊名)、作者、编辑名称、出版年限等信息。通过勾选搜索界面下方的"Include Preview-Only content"按钮可以设定在机构访问权限内搜索。

2. 检索结果

(1) 检索结果显示

SpringerLink 数据库的检索结果可以按照不同的排序条件进行显示(如图 5-33 所示),默认条件下检索结果按相关性排序,也可以按照时间顺序由新到旧或者由旧到新排序,可限定出版年限和页码。在默认条件下,显示平台所有资源检索结果,如果取消图 5-32 中"Include Preview-Only content"的勾选,则只显示授权范围内的检索结果。搜索结果可能显示以下内容类型:丛

书、书、期刊、参考工具书、章节、实验方案、文章、参考工具书条目等。

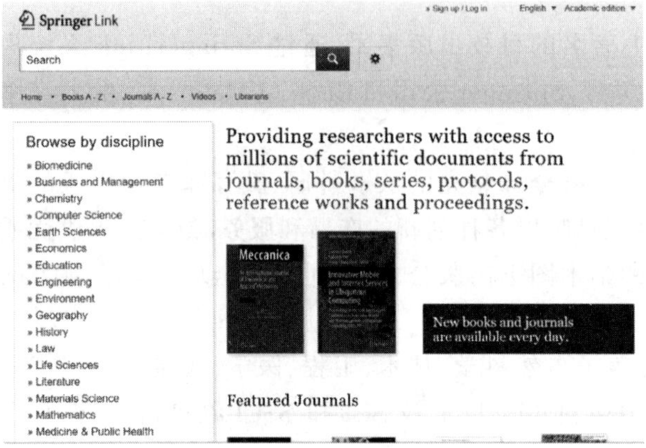

图 5-31 SpringerLink 数据库首页 　　图 5-32 SpringerLink 数据库高级检索界面

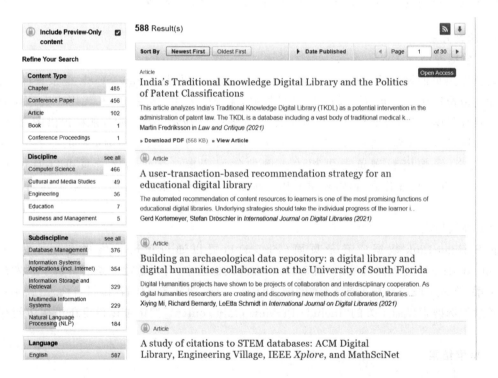

图 5-33 SpringerLink 数据库结果显示界面

（2）检索结果聚类

SpringerLink 数据库检索结果页面（图 5-33）有检索结果聚类选项，通过单击页面左侧的聚类选项可以帮助用户优化检索结果。聚类选项包括内容类型、学科、子学科、作者、语言等。

（3）检索结果输出

单击检索结果中的文章题目,可以在线浏览全文,在 HTML 格式下可直达各个部分的链接,也可以通过单击页面右上角的"Download PDF"下载.pdf 格式的全文(如果机构订购了该资源则可以下载,否则不能下载全文),如图 5-34 所示。

图 5-34　检索结果在线浏览界面

SpringerLink 数据库支持移动阅读,可以通过平板电脑、手机等各种移动终端 7 天×24 小时,在全球任何地方通过网络登录数据库并浏览和下载数据库资源。

3. 检索技术

（1）布尔逻辑运算符

AND——检索出的记录包括由 AND 分开的所有词;OR——检索出的记录包括由 OR 分开的任意一个词;NOT——缩小检索范围,检索出的记录包括 NOT 前的词,但不包括 NOT 后的词。

（2）词组检索

系统中使用英文双引号作为词组检索运算符,在检索时将英文双引号内的几个词当作一个词组来看待。

例如,检索"information retrieval",只检索 information retrieval 这个词组,检索不到 retrieval of information 这个短语。

（3）截词符

无限截词符"*"代表零个或者若干个字符,可以检索到一个词根的所有形式。例如,输入"comput *",可以检索到 computer、compute、computed、computation 等相同词根不同形式的词。

"**"用来检索动词的所有形态,在某个动词后加"**",将检索出该动词的所有形态,即在词尾加上"**",则可表示一个词的所有形式。例如,输入"sink **",检索结果为 sink、sinking、sank、sunk 等。

（4）停用词

SpringerLink 的停用词包括 the、is、about 等,在执行检索前它们就被系统的搜索引擎排除在外,但系统不会将 and 作为停用词。

(5) 特殊符号

如果检索短语中包含标点符号或者连词符等特殊符号,系统会将特殊符号识别为空格,检索出包含标点符号、连词符和不包含标点符号、连词符的记录。

例如,检索"television :talk show",既可以检索出包含 television talk- show 的记录,又可以检索出包含 television talk show 的记录。

4. 个性化服务功能

当某用户在可识别的 IP 范围内登入 http://link.springer.com 时,该用户将被自动识别为该机构的一部分。同时,用户登入时所用的邮箱和密码也可以被识别:单击"注册/登录"(Sign Up/Login),注册并建立账户(Sign up to create an account),注册用户通过账号登录后可以查看用户收藏页面。在 SpringerLink 系统的任何一个操作界面,登录框都会出现在快速检索区的右侧,在免费注册并登录后,通过"My SpringerLink"栏目可以设置和管理个人喜欢的文献(favorites)、检索式(searches)和专题通报(alerts),还可以查看历史记录(order history)和管理个人账户(account details)。

5.4.3 SpringerLink 检索实例

【检索课题】

检索 2015—2020 年期间发表的题目中包含"移动学习"的文献。

【检索步骤】

选择"移动学习"(mobile learning)作为检索词,在高级检索的"where the title contains"框中输入""mobile learning"",在"Show documents published"下方的"Start year"中输入"2015",在"End year"中输入"2020",逻辑关系选择"between-and",单击"Search"按钮即可,如图 5-35 所示。检索结果如图 5-36 所示。

图 5-35　检索界面　　　　　　　图 5-36　检索结果界面

5.5 Wiley

5.5.1 Wiley 概述

约翰威立国际出版公司(John Wiley & Sons Inc.)1807 年创建于美国,是全球知名的出版机构,面向专业人士、科研人员、教育工作者、学生、终身学习者提供必需的知识和服务。经过 200 多年的发展,约翰威立国际出版公司已经在全球学术出版、高等教育出版和专业及大众图书出版领域建立起了卓越的品牌。

Wiley Online Library(简称 Wiley)平台拥有 1 600 多种经同行评审的学术期刊,20 000 多种电子图书,200 多种在线参考工具书,580 多种在线参考书,19 种生物学、生命科学和生物医学的实验室指南(current protocols),17 种化学、光谱和循证医学数据库(cochrane library)。

Wiley 的期刊学科范围广,包括化学、高分子与材料科学、物理学、工程学、农业、兽医学、食品科学、医学、护理学、口腔医学、生命科学、心理学、商业、经济、语言学、新闻传播学、历史学、政治学、社会学、艺术类、人类学等全部学科。Wiley 还包括很多其他重要的跨学科领域出版的期刊。

Wiley 的电子书包括在线图书和参考工具书(例如百科全书和手册),在图书馆界颇负盛名,很多参考工具书在其专业范围内影响力很大。

5.5.2 Wiley 的检索方法、检索结果与检索技术

1. 检索方法

(1) 登录数据库

数据库主页的网址为 https://www.onlinelibrary.wiley.com/,已订购数据库的成员馆用户访问权限通过 IP 地址控制,无须输入用户名和密码,无用户数额限制。登录后的界面如图 5-37 所示。

图 5-37 Wiley 数据库主页界面

(2) 浏览

主页将内容分成了 17 个学科大类进行展示,每一学科大类下方都包含相应的子学科。Wiley Online Library 平台提供了 126 个子学科,如图 5-38 所示,以方便用户获取学科相关资源。在学科区域下方是一个名为"New to Wiley Online Library"(Wiley Online Library 新出版内容)的部分。此外,平台也支持按字母顺序浏览所有期刊和图书,如图 5-39 所示。

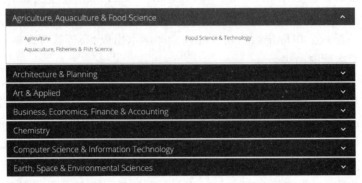

图 5-38　Wiley 数据库主页按学科浏览界面

图 5-39　Wiley 数据库主页新出版内容浏览界面

(3) 一般检索

为了便于用户使用,Wiley 的检索框位于首页最醒目的位置。检索框支持预测补全功能。输入检索词/词组时,Wiley 会在下拉菜单中显示相关的作者或出版物名称,以供选择(如图 5-40 所示)。单击右侧放大镜开始检索。

图 5-40　Wiley 一般检索界面

（4）高级检索

在一般检索框的下方，单击"Advanced Search"（高级检索），即可进入高级检索界面。高级检索方式有更多的限定选择，用户可以限定检索结果的来源、科目、日期等。逻辑运算符为 AND、OR、AND NOT，检索字段限定为 Title（标题）、Authors（作者）、Keywords（关键词）、Abstract（摘要）、Author Affiliation（作者机构）、References（参考文献）、Funding agency（资助基金）等。Wiley 高级检索界面如图 5-41 所示。

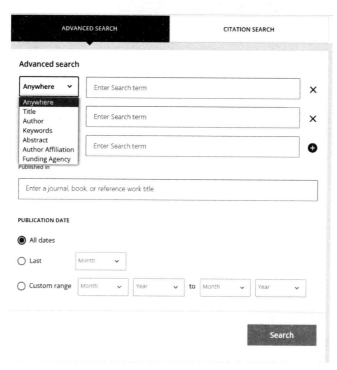

图 5-41　Wiley 高级检索界面

2. 检索结果

（1）检索结果题录显示

检索后，首先显示检索结果的题录列表，包括篇名、作者、刊名、卷、期、页码、文摘等，如图 5-42 所示。搜索结果列表中包含搜索结果，还有以 HTML（通过单击文章标题）或 .pdf 格式查看文章的选项。通过选择授权图标，可查看文章全文或者文章摘要。文章摘要可通过单击检索结果页面的"Abstract"右边的下拉框显示，默认摘要隐藏显示。

可通过 Relevance（相关度，默认选项）或 Date（日期）对搜索结果列表进行排序。Full Access——订阅用户可访问的内容；Free Access——所有用户均可访问的内容；Open Access——开放获取的内容。

（2）二次检索

通过单击检索结果界面左侧"Filters"栏下边对应的栏目，可以进行二次检索。支持按照"出版物类型"（Publication Type）、"出版时间"（Publication Date）、"开放获取"（Open Access）、"学科"（Subjects）、"出版物名称"（Published in）或"作者"（Authors）等条件对检索结果进行筛选。

（3）检索结果输出

在检索结果界面，单击"Download PDFs"选项（下载 PDF），在弹出的对话框中勾选需要下载的文章或章节,可下载全文的内容,上方会通过"小锁"图标进行标注,单击"Download(.zip)"(下载压缩包)选项,一次可同时下载 20 篇文章或章节,这个功能也适用于同一期(issue)中的多篇文献,包括已接收的文章(accepted article)以及早期预览文章(early view)的批量下载。

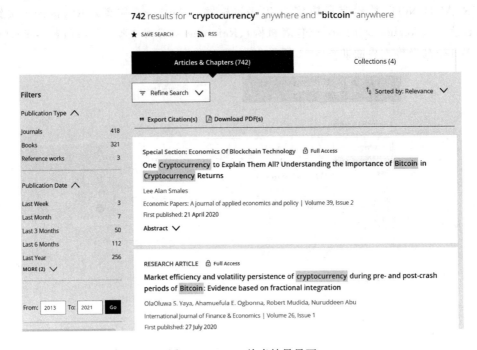

图 5-42　Wiley 检索结果界面

单击文章题名可以查看 HTML 格式的全文,进入文章详细信息页面;单击文章篇名下边的"PDF"可以下载(需要权限)和浏览全文(需安装 Adobe 浏览器);单击页面右侧的"Figures"(图片)选项卡,可查看文章图片的缩略图及图示;单击缩略图,可放大查看细节,亦可下载至计算机(支持图片格式和.ppt 格式);单击"References"(参考文献),可以查看该文献的参考文献;单击"Related"(相关内容)选项卡,可查看与主题相关的文章,扩展阅读;单击"Information"(信息),显示文献的引用次数、关键词等信息;单击某一关键词可完成进一步检索。

单击文章摘要上方的"TOOLS"(工具)选项,可以在下拉菜单中选择"Request Permission"(获取许可)、"Export Citation"(导出引文)、"Add To Favorites"(添加至收藏栏)或"Track Citation"(追踪引用),其中后两项功能需登录后使用。单击"Share"(分享)选项,可以将本文通过电子邮件、领英或微信等社交媒体进行分享。

3. 检索技术

(1) 逻辑运算符

对于 AND、OR、NOT,系统默认的顺序为 AND、OR、NOT。

(2) 有限运算符

可以使用括号将优先运算的检索式括起来。

(3) 通配符

使用问号(?)来表示单个字符,如"wom?n"可以检索到 woman 和 women。使用"*"表示零个或者多个字符,例如:"plant*"可以检索到带有该根的单词 plant、plants、planting 等;"an*mia"可以检索到 anemia、anaemia 等。"*"不能用于检索词的开头或精确检索的短语中。

5.5.3 Wiley 检索实例

【检索课题】

检索 2020 年发表在 *International Journal of Clinical Practice* 上的有关新型冠状病毒肺炎(COVID-19)的文献。

【检索步骤】

选择检索项"Title",在检索框中输入"COVID-19"（新型冠状病毒肺炎），在"Published in"下方的检索框中输入"International Journal of Clinical Practice",在"PUBLICATION DATE"下方选择"Custom range",输入检索时间范围,单击"Search"按钮即可,如图 5-43 所示。Wiley 检索结果如图 5-44 所示。

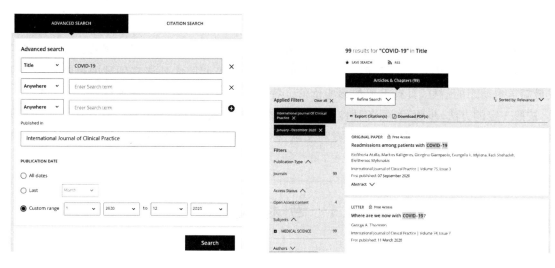

图 5-43　Wiley 检索界面　　　　　　图 5-44　Wiley 检索结果

单击文章标题,可以直接浏览文献,也可以单击文献标题下方的"PDF"按钮,直接以.pdf 格式浏览文献。

思　考　题

1. 利用 Web of Science 数据库了解本校教师论文的收录情况,并对检索结果进行分析。
2. 利用 EI 数据库检索你感兴趣的老师 2015 年以来发表的文章。
3. 选择一个数据库检索与专业课题相关的文献,写出检索式,并注明分别用篇名途径、关键词途径和全文途径检索所得文献的篇数。

第6章 特种文献及其检索

特种文献是指不公开发行或不定期出版、来源特殊、技术性强和使用价值较高的文献。它介于图书和期刊之间,其内容广泛新颖,类型复杂多样,涉及当前国内外诸多领域的最新科研成果或最新学术动态的信息,具有重要的参考价值。特种文献检索是指运用各种载体形态的检索工具,按照一定的方法、步骤,利用各种检索途径,根据特种文献的内、外部特征,查找读者所需相关信息和全文的过程。通常特种文献是专利文献、标准文献、会议文献、科技报告和学位论文等的总称。

6.1 专利文献

6.1.1 专利及专利文献概述

1. 专利的概念及特点

专利(patent)从法律角度来说,指专利权,是指专利权人在法律规定的有效期限内,对其公开发明创造享有的独占权。人们通常所说的专利就是这一含义。从技术角度来说,专利指的是取得专利权的发明创造。从文献角度来说,专利指的是记载发明创造的专利文献。

"专利"包括3个方面的含义:一是专利权,即专利权人在法律规定的有效期限内对其发明成果享有的独占权或垄断权;二是受专利法保护的发明创造;三是记载发明的技术内容及其相关法律事项的专利文献。

专利是一种无形财产,具有专有性、地域性、时间性和优先权的特点。《中华人民共和国专利法》规定,在一段时间内未经专利权人许可,任何单位和个人不得实施其专利。

2. 专利的种类

按照《中华人民共和国专利法》和实施细则的规定,世界上各国专利根据被保护的发明创造的实质内容分为发明专利、实用新型专利和外观设计专利。发明专利是指对产品、方法或者其改进所提出的新技术方案;实用新型专利是指对产品的形状、构造或其结合所提出的实用的新技术方案;外观设计专利是指对产品的形状、图案、色彩或其结合所做的富有美感的并适于工业上应用的新设计。

3. 授予专利权的条件

每一次发明要成为专利,必须具备以下"三性"。

(1) 新颖性

各国对新颖性的要求稍有不同,在中国新颖性是指申请专利的发明在申请日之前,未在世界范围内被公开发表和在本国被公众所知所用。

(2) 创造性

创造性指同申请日以前已有的技术相比,该发明有突出的实质性特点和显著的进步,该实用新型专利有实质性特点和进步。

(3) 实用性

一般指发明能制造或使用,并能产生积极的效果。

4. 专利审查与授权

各国专利法规定,对专利要经过申请、审查、批准和公布等程序。

1) 申请文件

申请发明专利或者实用新型专利,应提交请求书、说明书及其摘要、附图和权利要求书等文件。

(1) 请求书

请求书是确定发明专利或者实用新型专利申请的依据,应写明发明专利或者实用新型专利的名称,发明人的姓名,申请人姓名或者名称、地址,以及其他事项。

(2) 说明书及其摘要

说明书应对发明专利或者实用新型专利作出清楚、完整的说明,以所属技术领域的技术人员能够实现为准;摘要应简要说明发明专利或者实用新型专利的技术要点。

(3) 附图

附图是实用新型专利申请的必要文件,发明专利申请如为产品应提交附图。附图应当使用绘图工具和黑色墨水绘制,不得涂改或易被涂擦。

(4) 权利要求书

权利要求书应以说明书为依据,说明发明专利或者实用新型专利的技术特征,清楚、简要地限定要求专利保护的范围。

申请外观设计专利的,应提交请求书以及该外观设计的图片或者照片等文件,提交的有关图片或者照片应清楚地显示要求专利保护产品的外观设计,应写明使用该外观设计的产品及其所属的类别。

2) 审查与授权

目前,世界各国专利的审查制分形式审查制、实质性审查制和早期公开延迟审查制 3 种。

(1) 发明专利申请的审查与授权

我国发明专利申请的审查采用早期公开延迟审查制,这种审查制能及早公布专利技术,可及时地获得专利信息,有利于技术发展,并避免了专利申请的积压现象,但审查时间较长,专利说明书从申请到批准公布需要出版若干次。

其审查程序如下。

① 受理。符合受理条件的,国家知识产权局专利局将确定申请日,给予申请号,并且核实文件清单后,发出受理通知书,通知申请人。

② 形式审查。对符合受理条件的专利申请先作形式审查,审查内容主要包括是否属于《中

华人民共和国专利法》中不授予专利权的范围,是否明显缺乏技术内容不能构成技术方案,申请文件是否齐备及格式是否符合要求,若是外国申请人还要进行资格审查及申请手续审查。形式审查不合格的,国家知识产权局专利局将通知申请人在规定的期限内补正或陈述,逾期不答复的,申请将被视为撤回。经答复仍不合格的,予以驳回。

③ 公布。经形式审查认为符合《中华人民共和国专利法》要求的,自申请日起满 18 个月,即行公布专利申请说明书(也可以根据申请人的请求早日公布其申请),申请人获得专利申请临时保护的权利。

④ 实质审查。发明专利申请公布以后,自申请日起 3 年内,国家知识产权局专利局可以根据申请人随时提出的请求,对其申请进行实质审查(即新颖性、创造性和实用性审查)。经审查认为不符合《中华人民共和国专利法》规定的,将通知申请人在指定的期限内陈述意见或进行修改,无正当理由逾期不答复的,该申请被视为撤回,经多次答复申请仍不符合《中华人民共和国专利法》规定的,予以驳回。申请人无正当理由逾期不请求实质审查的,该申请即被视为撤回。

⑤ 授权。发明专利申请经实质审查没有发现驳回理由的,由国家知识产权局专利局作出授予发明专利权的决定,发给发明专利证书,同时予以登记和公告。发明专利权自公告之日起生效。

(2) 实用新型专利、外观设计专利申请的审查与授权

我国的实用新型专利和外观设计专利申请采用的是形式审查制(也称为登记制),经形式审查没有发现驳回理由的,由国家知识产权局专利局作出授予实用新型专利权或者外观设计专利权的决定,发给相应的专利证书,同时予以登记和公告。实用新型专利权和外观设计专利权自公告之日起生效。

5. 专利文献的概念及特点

1988 年世界知识产权组织在《知识产权教程》中将专利文献定义为:专利文献是包含已经申请或被确认为发现、发明、实用新型和工业品外观设计的研究、设计、开发和试验成果的有关资料,以及保护发明人、专利所有人及工业品外观设计和实用新型注册证书持有人权利的有关资料的已出版或未出版的文件(或其摘要)的总称。该教程指出:专利文献是指各国专利局以及国际性专利组织,在审批专利过程中产生的官方文件及其出版物的总称。专利文献有广义和狭义之分。狭义的专利文献是指专利局公布的专利说明书和权力要求书;广义的专利文献包括各种与专利有关的文献,如专利公报、专利文摘、专利索引等。与其他科技文献相比,专利文献具有集技术、法律、经济信息为一体,数量庞大,内容广博、新颖,著录规范,经审查的专利技术内容可靠等特点。

6. 专利文献的检索途径

① 号码途径。主要通过申请号、专利号检索特定的专利。

② 名称途径。主要通过发明人、专利权人、专利申请人或专利权受让人(包括自然人和法人)的名称查找特定的专利。

③ 主题途径。主要通过选取关键词查找相关技术主题的专利。

④ 分类号途径。通过所查技术主题的国际专利分类号来查找专利。国际专利分类的主要依据是《国际专利分类表》(*International Patent Classification*,IPC)。

7. 专利分类表

目前,国际上通用的专利分类表是《国际专利分类表》和《国际外观设计分类表》(第 12 版)。

(1)《国际专利分类表》

1968年第1版《国际专利分类表》公布生效,以后每5年更新一次,从2006年1月1日起到2010年12月31日有效的IPC分成核心板(core)和高级版(advanced)两个版本。2011年1月1日起,IPC不再区分核心版和高级版,每年都更新。目前已有70多个国家和组织采用这种分类法,IPC采用等级结构,把整个技术领域按部、大类、小类、大组、小组5级进行分类。

① 部(section)。部是分类系统的一级类目,共分为8个部,每个部都有部名及部号,用字母A～H表示。每个部又包含若干个分部,8个部共包含20个分部。分部只有分部名而没有分部号。

② 大类(class)。每个大类都有类名和类号,大类号由部类号加上两位阿拉伯数字组成,如A61(医学和兽医学、卫生学)。

③ 小类(sub-class)。每个小类都有类名和类号,小类号由大类号加上一个大写英文字母组成,如A61N(电疗、磁疗、放疗)。

④ 大组(group)。大组号由小类号加上一个1～3位阿拉伯数字及"/00"组成,如A61N1/00(电疗法;其所用的线路)。

⑤ 小组(sub-group)。小组号由小类号加上1～3位的阿拉伯数字,再加上一斜线"/",斜线之后再加上2～4位阿拉伯数字("/00"除外)所组成,如A61N1/26(电疗刷、电疗按摩器)。

一个完整的IPC分类号应由部、大类、小类、大组、小组5个等级的符号依次组成,如电疗按摩器的IPC分类号如下:

部　A 人类生活需要

大类　A61 医学和兽医学、卫生学

小类　A61N 电疗、磁疗、放射疗

大组　A61N1/00 电疗法;其所用的线路

小组　A61N1/26 电疗刷、电疗按摩器

(2)《国际外观设计分类表》(第12版)

《国际外观设计分类表》(第12版)用于外观设计专利的分类与检索,第12版于2019年2月1日正式实施。

8. 专利文献的编号

(1)专利申请号

专利申请号是指国家知识产权局受理一件专利申请时给予该专利申请的一个标识号码。它由12位阿拉伯数字组成,包括申请年号、申请种类号和申请流水号3个部分。从左至右,专利申请号中的第1～4位数字表示受理专利申请的年号,第5位数字表示专利申请的种类,第6～12位数字为申请流水号,表示受理专利申请的相对顺序。申请年号采用公元纪年,例如:2008表示专利申请的受理年份为公元2008年;专利申请号中的申请种类号用1位数字表示,"1"表示发明专利申请,"2"表示实用新型专利申请,"3"表示外观设计专利申请,"8"表示进入中国国家阶段的《专利合作条约》发明专利申请,"9"表示进入中国国家阶段的《专利合作条约》实用新型专利申请;申请流水号用7位连续数字表示,一般按照升序使用,例如从0000001开始,顺序递增,直至999999。每一自然年度的专利申请号中的申请流水号都重新编排,延续上一年度所使用的申请流水号。

(2)专利文献号

2004年,国家知识产权局发布了《专利文献号标准》,对自1989年1月1日起施行的专利文

献号编号规则进行了修改。

《专利文献号标准》所称"专利文献号"是指国家知识产权局按照法定程序,在专利申请公布和专利授权公告时给予的文献标识号码。

专利文献号用9位阿拉伯数字表示,第1位数字表示申请种类号("1"表示发明专利申请,"2"表示实用新型专利申请,"3"表示外观设计专利申请),第2~9位数字为文献流水号,表示文前发布或公告的排列顺序。专利文献号的流水号用8位连续阿拉伯数字表示,按照发明专利申请第一次公布,或实用新型专利、外观设计专利申请第一次公告各自不同的编号序列顺序递增。

专利授权公告号沿用该发明专利申请在第一次公布时被赋予的专利文献号。

(3) 专利文献种类标识代码

专利文献种类标识代码以一个大写英文字母,或者一个大写英文字母与一位阿拉伯数联合表示,单纯的数字不能作为专利文献种类标识代码使用。

大写英文字母表示相应专利文献的公布或公告,阿拉伯数字用来区别公布或公告阶段中的专利文献种类。

专利文献种类标识代码中字母的含义如下。

A:发明专利申请公布。

B:发明专利授权公告。

C:发明专利权部分无效宣告的公告。

U:实用新型专利授权公告。

Y:实用新型专利权部分无效宣告的公告。

S:外观设计专利授权公告或专利权部分无效宣告的公告。

(4) 专利文献种类标识代码的使用规则及文献号的编排规则

一件专利申请形成的专利文献只能获得一个专利文献号,该专利申请在后续公布或公告时被赋予的专利文献号与首次获得的专利文献号相同,不再另行编号。

① 专利文献种类标识代码与中国国家代码(CN)、专利文献号的联合使用

为了完整、准确地标识不同种类的专利文献,应当将中国国家代码、专利文献号、专利文献种类标识代码联合使用。排列顺序应为中国国家代码、专利文献号、专利文献种类标识代码。如果需要,可以在中国国家代码、专利文献号、专利文献种类标识代码之间分别使用1位单字节空格,如下:

CN ×××××××× A
CN ×××××××× B
CN ×××××××× C
CN ×××××××× U
CN ×××××××× Y
CN ×××××××× S

专利文献种类标识代码的书写及印刷格式除法律法规、行政规章另有规定以外,在印刷及数据显示格式中,字母和数字之间不得用空格。

② 其他国家、其他实体及政府间组织双字母代码标准

CH 瑞士 CN 中国 DE 德国 EP 欧洲专利局

FR 法国 GB 英国 JP 日本 RU 俄罗斯联邦

US 美国 WO 世界知识产权组织(WIPO)

9. 专利说明书

《中华人民共和国专利法》规定:说明书应当对发明专利或者实用新型专利做出清楚、完整的说明,以所属技术领域的技术人员能够实现为准;必要的时候,应当有附图。摘要应当简要说明发明专利或者实用新型专利的技术要点。

说明书通常由扉页、权利要求书和说明书正文三部分构成。

(1) 扉页

扉页位于说明书首页,著录本专利的申请、分类、摘要等法律、技术特征和著录事项,如图 6-1 所示。

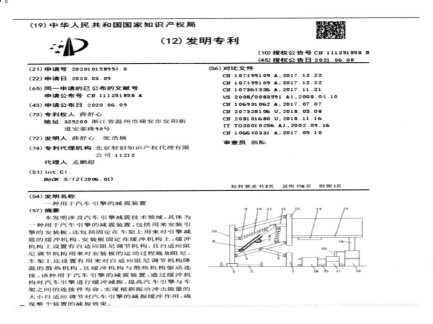

图 6-1 专利说明书扉页

(2) 权利要求书

权利要求书应当说明发明专利或者实用新型专利的技术特征,清楚、简要地表述请求保护的范围,如图 6-2 所示。

权利要求书主要包括:①前序部分,写明要求保护的发明,或者实用新型专利技术方案的主题名称和发明,或实用新型专利主题与最接近的现有技术共有的必要技术特征;②特征部分,使用"其特征是……"或者类似的用语,写明发明专利或者实用新型专利区别于最接近的现有技术的特征,这些特征和前序部分写明的特征合在一起,限定发明专利或者实用新型专利要求保护的范围。

(3) 说明书正文

说明书正文包括如下内容:①技术领域,写明要求保护的技术方案所属的技术领域;②背景技术,写明对发明专利或者实用新型专利的理解、检索、审查有用的背景技术,并且尽可能引证反映这些背景技术的文件;③发明内容,写明发明专利或者实用新型专利所要解决的技术问题以及解决其技术问题采用的技术方案,并对照现有技术写明发明专利或者实用新型专利的有益效果;④附图说明,说明书有附图的,对各幅附图作简略说明;⑤具体实施方式,详细写明申请人认为实现发明专利或者实用新型专利的优选方式,必要时,举例说明,有附图的,对照附图。专利说明书如图 6-3 所示。

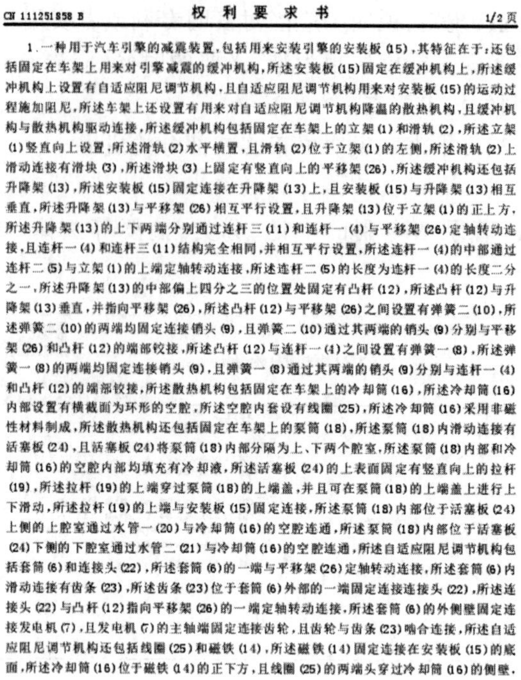
CN 111251858 B　　权 利 要 求 书　　1/2 页

1. 一种用于汽车引擎的减震装置,包括用来安装引擎的安装板(15),其特征在于:还包括固定在车架上用来对引擎减震的缓冲机构,所述安装板(15)固定在缓冲机构上,所述缓冲机构上设置有自适应阻尼调节机构,且自适应阻尼调节机构用来对安装板(15)的运动过程施加阻尼,所述车架上还设置有用来对自适应阻尼调节机构降温的散热机构,且缓冲机构与散热机构驱动连接,所述缓冲机构包括固定在车架上的立架(1)和滑轨(2),所述立架(1)竖直向上设置,所述滑轨(2)水平横置,且滑轨(2)位于立架(1)的左侧,所述滑轨(2)上滑动连接有滑块(3),所述滑块(3)上固定有竖直向上的平移架(26),所述缓冲机构还包括升降架(13),所述安装板(15)固定连接在升降架(13)上,且安装板(15)与升降架(13)相互垂直,所述升降架(13)与平移架(26)相互平行设置,且升降架(13)位于立架(1)的正上方,所述升降架(13)的上下两端分别通过连杆三(11)和连杆一(4)与平移架(26)定轴转动连接,且连杆一(4)和连杆三(11)结构完全相同,并相互平行设置,所述连杆一(4)的中部通过连杆二(5)与立架(1)的上端定轴转动连接,所述连杆二(5)的长度为连杆一(4)的长度二分之一,所述升降架(13)的中部偏上四分之三的位置处固定有凸杆(12),所述凸杆(12)与升降架(13)垂直,并指向平移架(26),所述凸杆(12)与平移架(26)之间设置有弹簧二(10),所述弹簧二(10)的两端均固定连接销头(9),且弹簧二(10)通过其两端的销头(9)分别与平移架(26)和凸杆(12)的端部铰接,所述凸杆(12)与连杆一(4)之间设置有弹簧一(8),所述弹簧一(8)的两端均固定连接销头(9),且弹簧一(8)通过其两端的销头(9)分别与连杆一(4)和凸杆(12)的端部铰接,所述散热机构包括固定在车架上的冷却筒(16),所述冷却筒(16)内部设置有横截面为环形的空腔,所述空腔内套设有线圈(25),所述冷却筒(16)采用非磁性材料制成,所述散热机构还包括固定在车架上的泵筒(18),所述泵筒(18)内滑动连接有活塞板(24),且活塞板(24)将泵筒(18)内部分隔为上、下两个腔室,所述泵筒(18)内部和冷却筒(16)的空腔内部均填充有冷却液,所述活塞板(24)的上表面固定有竖直向上的拉杆(19),所述拉杆(19)的上端穿过泵筒(18)的上端盖,并且可在泵筒(18)的上端盖上进行上下滑动,所述拉杆(19)的上端与安装板(15)固定连接,所述泵筒(18)内部位于活塞板(24)上侧的上腔室通过水管一(20)与冷却筒(16)的空腔连通,所述泵筒(18)内部位于活塞板(24)下侧的下腔室通过水管二(21)与冷却筒(16)的空腔连通,所述自适应阻尼调节机构包括套筒(6)和连接头(22),所述套筒(6)的一端与平移架(26)定轴转动连接,所述套筒(6)内滑动连接有齿条(23),所述齿条(23)位于套筒(6)外部的一端固定连接连接头(22),所述连接头(22)与凸杆(12)指向平移架(26)的一端定轴转动连接,所述套筒(6)的外侧壁固定连接发电机(7),且发电机(7)的主轴端固定连接齿轮,且齿轮与齿条(23)啮合连接,所述自适应阻尼调节机构还包括线圈(25)和磁铁(14),所述磁铁(14)固定连接在安装板(15)的底面,所述冷却筒(16)位于磁铁(14)的正下方,且线圈(25)的两端头穿过冷却筒(16)的侧壁,

图 6-2　权利要求书

6.1.2　国内专利文献检索

1. 中国专利手工检索

中国专利检索工具分专利公报、文摘、索引 3 种。

(1) 专利公报

中国专利局从 1985 年 9 月 10 日起,陆续出版发行了《发明专利公报》《实用新型专利公报》《外观设计专利公报》几个分册,分别公布了与各类型专利申请、审查和授权有关的内容、事项和决定,以下主要介绍《发明专利公报》。

《发明专利公报》是专利公报中最主要的一种,报道发明专利申请、授权等有关事项、内容,包括发明专利申请公开、发明专利权授予、发明保密专利、发明专利事务、申请公开索引、授权公告索引等部分。

(2) 文摘

中国专利局出版有《中国发明 实用新型专利年度分类文摘》,相当于专利公报有关部分的年度累积本。文摘按 IPC 分类体系中的 8 个部(大类)(A～H)分别编辑出版,各部又分为若干分册。文摘按 IPC 分类体系排列,各部均包括文摘正文和索引两部分。文摘正文及索引的格式与专利公报中基本相同。

(3) 索引

中国专利局还出版有《中国专利索引》,包括两个分册,即《分类年度索引》(第一分册)和《申请人、专利权人年度索引》(第二分册)。1986 年创刊,原为年刊,1993 年起改为半年刊。

该索引的著录项目包括 IPC 分类号、公开号(或授权公告号、专利号)、申请号、申请人(或专

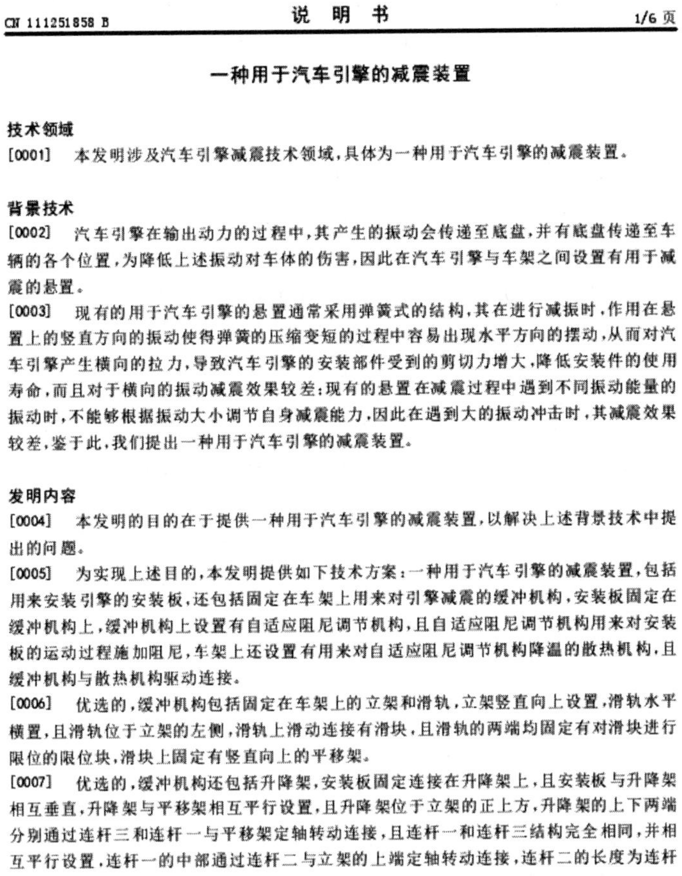

> CN 111251858 B　　　　　说　明　书　　　　　1/6 页
>
> **一种用于汽车引擎的减震装置**
>
> **技术领域**
> [0001]　本发明涉及汽车引擎减震技术领域,具体为一种用于汽车引擎的减震装置。
>
> **背景技术**
> [0002]　汽车引擎在输出动力的过程中,其产生的振动会传递至底盘,并有底盘传递至车辆的各个位置,为降低上述振动对车体的伤害,因此在汽车引擎与车架之间设置有用于减震的悬置。
> [0003]　现有的用于汽车引擎的悬置通常采用弹簧式的结构,其在进行减振时,作用在悬置上的竖直方向的振动使得弹簧的压缩变短的过程中容易出现水平方向的摆动,从而对汽车引擎产生横向的拉力,导致汽车引擎的安装部件受到的剪切力增大,降低安装件的使用寿命,而且对于横向的振动减震效果较差;现有的悬置在减震过程中遇到不同振动能量的振动时,不能够根据振动大小调节自身减震能力,因此在遇到大的振动冲击时,其减震效果较差,鉴于此,我们提出一种用于汽车引擎的减震装置。
>
> **发明内容**
> [0004]　本发明的目的在于提供一种用于汽车引擎的减震装置,以解决上述背景技术中提出的问题。
> [0005]　为实现上述目的,本发明提供如下技术方案:一种用于汽车引擎的减震装置,包括用来安装引擎的安装板,还包括固定在车架上用来对引擎减震的缓冲机构,安装板固定在缓冲机构上,缓冲机构上设置有自适应阻尼调节机构,且自适应阻尼调节机构用来对安装板的运动过程施加阻尼,车架上还设置有用来对自适应阻尼调节机构降温的散热机构,且缓冲机构与散热机构驱动连接。
> [0006]　优选的,缓冲机构包括固定在车架上的立架和滑轨,立架竖直向上设置,滑轨水平横置,且滑轨位于立架的左侧,滑轨上滑动连接有滑块,且滑轨的两端均固定有对滑块进行限位的限位块,滑块上固定有竖直向上的平移架。
> [0007]　优选的,缓冲机构还包括升降架,安装板固定连接在升降架上,且安装板与升降架相互垂直,升降架与平移架相互平行设置,且升降架位于立架的正上方,升降架的上下两端分别通过连杆三和连杆一与平移架定轴转动连接,且连杆一和连杆三结构完全相同,并相互平行设置,连杆一的中部通过连杆二与立架的上端定轴转动连接,连杆二的长度为连杆

图 6-3　专利说明书

利权人)、发明专利名称或实用新型专利名称、外观设计产品名称及登载该专利申请的专利公报的卷、期号等项。

此外,还有《中国专利索引:申请号/公开(告)号对照表》,1990 年创刊,年刊。

《中国专利索引》和《中国专利索引:申请号/公开(告)号对照表》实际上就是专利公报中相应索引的年度或半年度累积本,与 3 种专利公报配套使用,可帮助使用者迅速查到所需文献并提取说明书。除印刷版外,中国专利局等单位还出版有相应的机读版(包括光盘版、联机版、网络版)等。

2. 中国专利网络检索

(1) 国家知识产权局专利检索系统

国家知识产权局专利检索系统的网址为 http://www.cnipa.gov.cn/。本检索系统现提供专利检索和分析,收录了 103 个国家、地区和组织的专利数据,以及引文、同族、法律状态等数据信息,其中涵盖了中国、美国、日本、韩国、英国、法国、德国、瑞士、俄罗斯、欧洲专利局和世界知识产权组织等,提供常规检索、表格检索、药物专题检索、检索历史、检索结果浏览、文献浏览、批量下载等功能。

(2) 中国专利信息网

中国专利信息网的网址为 http://www.patent.com.cn。中国专利信息网始建于 1998 年 5

月,该网是我国因特网上第一个全方位提供专利信息检索与专利技术及产品信息服务的专利网站。其中,中国专利数据库集中了我国自1985年实施专利制度以来的全部发明专利和实用新型专利,记录内容包括专利的完整题录信息和文摘。专利数据库提供19个检索入口,提供逻辑检索、简单检索和菜单检索3种检索方法。

（3）中国知识产权网

中国知识产权网的网址为http://www.cnipr.com。中国知识产权网由中华人民共和国国家知识产权局知识产权出版社主办,提供中国专利、中国商标、中国版权的知识产权信息和服务。该网的专利检索系统收录了1985年以来公布的全部中国专利信息以及1970年以来瑞士、德国、英国、法国、美国、日本、欧洲专利局和世界知识产权组织的专利信息。专利检索栏目分为基本检索和高级检索。与其他中文专利检索系统比较,该系统有二次检索、过滤检索、同义词检索,并可保存检索表达式的功能。

中国知识产权网专利检索系统可免费浏览、下载中国专利公开时的著录项目、摘要、主权项和授权时的著录项目、摘要、主权项、引证文献,以及国外专利的著录项目、摘要和附图,获取全文需交纳一定的费用。

（4）万方数据资源系统中外专利数据库

该数据库收录了1985年以来的中外专利文献,范围涉及中国、美国、日本、英国、德国、法国、瑞士、世界知识产权组织、欧洲专利局、俄罗斯、韩国、加拿大、澳大利亚等国家和地区,内容涵盖自然科学的各个学科领域。系统提供了25个检索入口,检索方法和万方的其他数据库基本相同。

（5）广东省专利大数据应用服务系统

广东省专利大数据应用服务系统的网址为http://www.cnipsun.com/quick/quickSearch.do。该数据库是由广东省知识产权局、广东省知识产权研究与发展中心及广州奥凯信息咨询有限公司联合开发的专业、简单、便捷的专利检索工具。该应用服务系统的专利数据由国家知识产权局区域专利信息服务（广东）中心提供,数据范围覆盖世界多个国家和组织,提供1985年以来的中国专利（包括失效专利）和1978年以来的国外专利数据,数据内容包括专利题录、权利要求、法律状态、说明书、附图、原文、引证和同族专利等信息,提供有智能检索、高级检索、分类检索、法律状态检索、批量检索、专利对比、下载与分享、专利分析等功能。

（6）重点产业专利信息服务平台

重点产业专利信息服务平台的网址为http://chinaip.cnipa.gov.cn/。为配合国务院十大重点产业调整和振兴规划的实施,发挥专利信息对经济社会发展和企业创新活动的支撑作用,国家知识产权局牵头,在国务院国有资产监督管理委员会行业协会办公室的协调下和各行业协会的积极参与下,建设了专利信息服务平台,为十大重点产业提供公益性的专利信息服务。在内容上,涵盖规划中有关技术创新重点领域的国内外数十个国家专利文献信息;在功能上,针对科技研发人员和管理人员,提供一般检索、分类导航检索、数据统计分析、机器翻译等多种功能于一体的集成化专题数据库系统。利用信息平台,行业和企业可以了解竞争对手的技术水平,跟踪最新技术发展动向,提高研发起点,加快产品升级和防范知识产权风险,为自主创新、技术改造、并购重组、产业或行业标准制定和实施"走出去"战略发挥重要作用。

（7）CNKI的中国专利数据库（知网版）

CNKI的中国专利数据库（知网版）主要收录1985年以来的所有中国专利文献,专利类型为发明专利、实用新型专利和外观设计专利。国家知识产权局知识产权出版社提供数据。

系统提供了 16 个检索入口,检索方法和 CNKI 的其他数据库相同。

该数据库的特点是每条专利都集成与该专利相关的最新文献、科技成果和标准等信息,可完整地展现该专利产生的背景、最新发展动态和相关领域的发展趋势,并可浏览发明人和发明机构更多的论述及在各种公开出版物上发表的信息。

(8) INNOJOY 专利检索平台

INNOJOY 专利检索平台的网址为 http://www.innojoy.com/。INNOJOY 专利检索平台由保定市大为计算机软件开发有限公司开发,收录数据范围包括中国专利及国外超过 100 多个国家和组织(包括美国、日本、英国、德国、法国、俄罗斯、比利时、EPO、WPO、瑞士等)1 亿多条高品质全球专利商业数据、19 个国家地区的代码化全文数据及美国增值数据。INNOJOY 专利检索平台可提供中、英、日、法等多种语言的专利检索,具有在线分析、定期预警和机器翻译等功能。目前 INNOJOY 专利检索平台作为综合性的专利信息利用平台,有免费用户端和 VIP 收费用户端。

该数据库提供简单检索、表格检索、逻辑检索等 10 种检索途径,并且通过大为专利指数(DPI)对用户检索结果的有效专利进行如技术价值、权利价值、运营价值的质量评估。

(9) Patentics 专利检索平台

Patentics 专利检索平台的网址为 https://www.patentics.com/index.html。Patentics 专利检索平台是索意互动(北京)信息技术有限公司开发的专利检索与分析数据平台,有免费用户端和 VIP 收费用户端。免费库开放普通检索功能和部分分析功能,VIP 用户开放特色功能——智能语义检索及大数据分析。关注该平台提供的手机公众号"patentics",可以编写智能语义检索请求,获得前 10 项免费检索结果,该结果以相关度从高到低排序。

免费检索的数据库数据源包括美国、欧洲、PCT(专利合作协定)、日本、韩国、中国专利申请和授权全文,中国外观专利、美国外观专利全文,中国学位论文、中国期刊全文,全球摘要,3GPP 标准,专利诉讼,ETSI(欧洲电信标准化协会)标准。

该数据库提供智能搜索、导航检索、简单检索、高级检索和表格检索入口。免费客户端提供检索结果随机采样聚类分析,帮助使用者了解技术概况,同时还可进行专利地图自动制作。

(10) SOOPAT 专利分析数据库

SOOPAT 专利分析数据库的网址为 http://www2.soopat.com/。SOOPAT 专利分析数据库立足专利领域,是便捷、专业的专利搜索引擎,致力于专利信息数据的深度挖掘,为用户实现功能强大的专利搜索与分析功能。它可以检索到中国所有公开的专利,还可以检索到美国、欧洲专利局、世界知识产权组织、日本、德国、法国、英国、瑞士、瑞典、韩国、荷兰、意大利、澳大利亚、印度、南非、加拿大、俄罗斯等国家和组织的专利文献。该数据库(图 6-4)实行注册登录制度,注册成为会员后,可以免费对专利信息进行检索、分析以及下载。该数据库还提供我国专利代理人考试信息、SOOPAT 专利导航以及 PAIMM 等专利交易信息。数据库的检索方式主要有表格检索、高级检索、IPC 分类搜索等(图 6-5)。

另外,其他免费检索数据库有上海市知识产权信息平台、润桐专利检索、佰腾专利检索、专利之星检索系统、PatentCloud 检索平台、合享智慧手机 App 平台、LindenPat 专利检索等。上海科技信息研究所有美国政府四大科技报告的原文馆藏,中国国防科技信息中心藏有大量的 AD(美国武装部队技术情报局)报告和 NASA(美国国家航空航天局)报告,中国科学院文献中心收藏的 PB(美国商务部出版局)报告最全,核科技信息研究所收藏有较多的 DOE(美国能源部)报告。

图 6-4 数据库主页

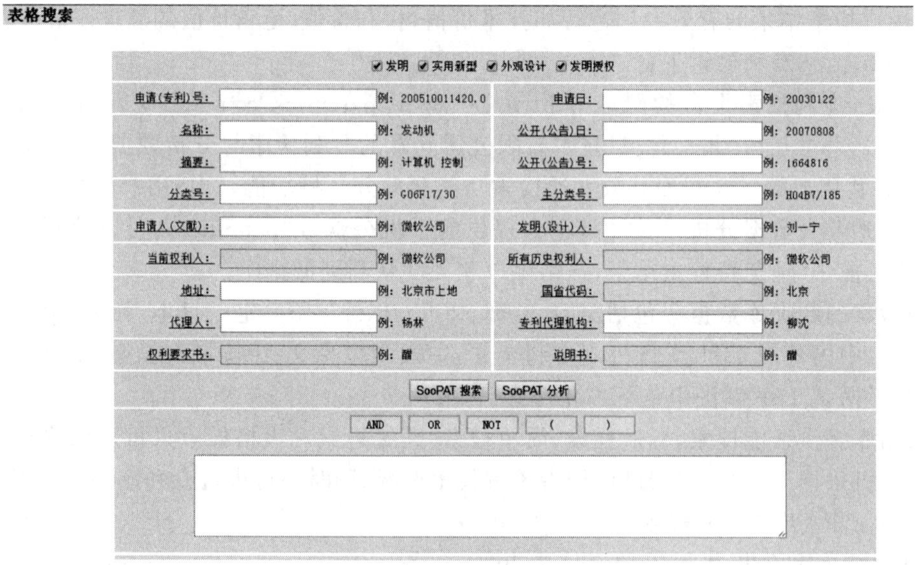

图 6-5 表格搜索页

3. 检索实例

检索课题:无人机集群应用方面的专利文献。

(1) 制定检索策略

① 分析课题,提取检索词(无人机、无人系统、集群)。

② 利用相关检索技术编制科学检索式((无人机 or 无人系统)and 集群/摘要 and(无人机 or 无人系统)and 集群/发明名称)。

(2) 实施检索策略

① 登录网址 http://pss-system.cnipa.gov.cn/,访问国家知识产权局专利检索,注册后登录。单击"专利检索与分析",打开高级检索界面。

② 输入检索式,设定检索要求,如图 6-6 所示。

③ 单击 检索 按钮,得到 426 条检索结果,如图 6-7 所示。

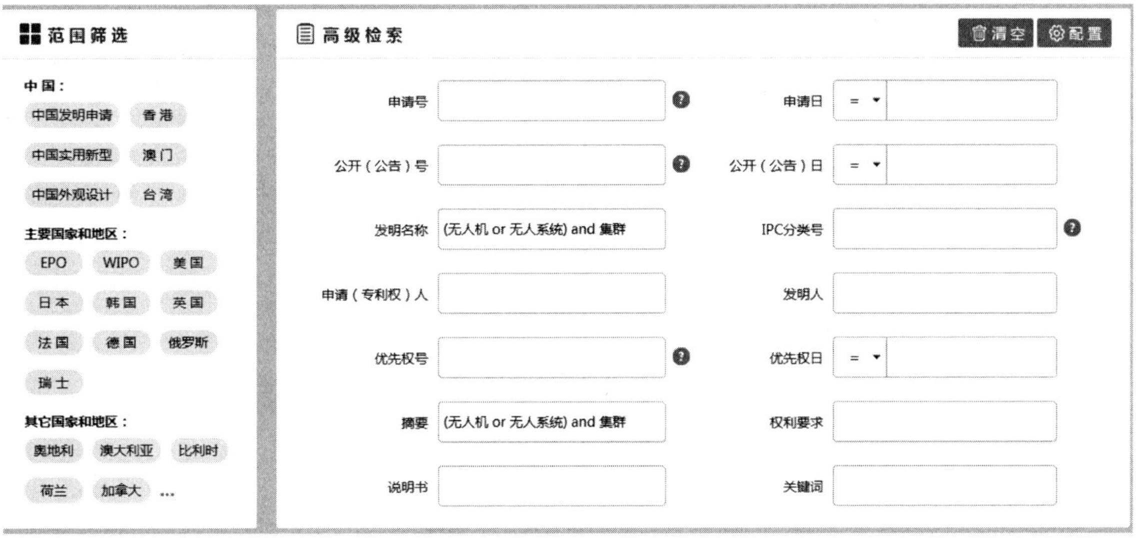

图 6-6　高级检索界面

图 6-7　检索结果界面

(3) 检索结果处理

① 浏览文摘。在检索结果界面(图 6-7)单击 详览 图标,即可浏览单篇文摘,如图 6-8 所示。也可单击图 6-7 右侧的 ✓ 图标全选,再单击 ≡ 图标,批量浏览文摘。

② 阅读全文。单击图 6-8 上方的"全文文本"链接或"全文图像"链接,阅读不同版本的专利说明书。

③ 下载全文。单击图 6-8 左边的 下载 按钮,在弹出的文献下载设置页面选择下载文本的版本(如图 6-9 所示),填写验证码,单击 下载 按钮即可。

图 6-8　文摘页面

图 6-9　文献下载设置页面

6.1.3　国外专利文献检索

1. 国外专利手工检索

《世界专利索引》(WPI)由英国德温特出版公司出版。德温特出版公司是专门从事专利文献报道的私营出版商。德温特出版公司创刊时仅出版了《英国专利文摘》,20世纪70年代开始以题录形式全面报道十多个国家和两个国际组织(欧洲专利合作公约和国际专利合作条约)的专利文献。目前,德温特出版公司专利文献的报道范围已扩展到30多个国家,形成了一套世界性专利检索刊物,即《世界专利索引》。《世界专利索引》除印刷版外,还以缩微、光盘、联机数据库、网络数据库等形式出版发行。

WPI目录周报印刷版于1999年停版,文摘周报每周出版一期,2000年分P、Q、EPI、CPI 4个分册,2000年后,此4个分册均更名为 *Derwent Alerting Abstracts Bulletin*。各分册中专利文摘正文的编排顺序一样,均以德温特分类号顺序编排,同一类下按专利的国别代码字顺排序,同一国按专利号大小排序。

每期文摘正文后都有下列3种索引。

(1) 专利权人索引(patentee index)

其著录项目为:专利权人代码;专利权人名称,多为公司或单位名称,少数是个人名称。2000年及以前的专利权人索引均以专利权人代码字顺排列。2001年的文摘周报中专利权人索引开始以专利权人全称形式排列。

(2) 登记号索引(accession number index)

著录项目包括入藏号,德温特分册号,同族专利号,专利登载的年、周号。

按入藏号顺序编排。由于德温特公司把同族专利编为同一入藏号,所以该索引集中反映同族专利。通过它我们就可以检索到同一专利的所有文献。所谓同族专利,是指同一专利的不同表现形式,包括基本专利、补充或修订的专利以及在不同国家申请的专利(即相同专利)。

(3) 专利号索引(patent number index)

按专利号顺序编排,著录项目只有专利号、入藏号和专利权人代码。

2. 国外专利网络检索

1) 美国专利文献的检索

美国自1790年实行专利制度后,200多年来对专利法进行了多次修订,其中1999年对专利法的修改将延续了200多年的专利实质性审查制改为早期公开延迟审查制,于2000年3月29日生效,目前出版的专利文献有以下几种。

① 发明专利说明书(patent specification)。美国专利文献的主体,占美国专利文献总量的95%以上,有效期为17年。

② 植物专利说明书(plant patent specification)。从1931年起实施。主要内容包括新培育出的农作物、果树、花卉等植物品种。这些专利的专利号前冠有"PLT"字样,有效期为17年。

③ 外观设计专利说明书(design patent specification)。从1842年起实施,主要为保护工业制造品在外观、形状上的创新性设计,其保护期为3年半、7年和14年,专利号前冠有"D"字样。

④ 再公告专利说明书(reissued patent specification)。从1936年起实施,这种专利说明书是专利发明人发现原有专利有重大错误或遗漏,权利要求没有写到应有的程度,而自愿放弃原专利,重新提出专利申请并获准出版的专利说明书。这种专利说明书的专利号前冠有"Re"字样。

⑤ 防卫性公告(defensive publication)。从1968年起实施。1985年更名为依法登记的发明(statutory invention registration)。依法登记的发明说明书不是专利,它具有专利的防卫性特征,而不具有专利的实施性特征。这种公告是指发明人认为自己的发明不值得或者不愿意申请正式专利,防止别人以同样的发明申请专利。这样既破坏了该项发明的新颖性,又不妨碍自己对其发明的使用。当然,别人也可以无偿使用该公告技术。防卫性公告的编号前都有"T"字样。

⑥ 再审查证书(reexamination certification)。美国专利商标局于1981年公布了"再审查制度"。在专利批准以后的两年内,如果有人对某项专利有异议,在提交书面要求和交纳一定的费用后,专利商标局将对此专利进行再审查。若再审查通过,就出版"再审查证书"。证书仍沿用原来的专利号,只是在原专利号前冠以"BI"字样。

下面介绍美国专利与商标局专利数据库。

(1) 数据库简介

美国专利及商标局(USPTO,http://www.uspto.gov)提供两种专利数据库：① Issued Patents(PatFT,授权专利数据库)可检索 1790 年以来已授权美国专利,全部免费显示概要、提供说明书全文,其中 1975 年前的专利只提供图像格式(TIFF 格式)专利说明书,1976 年后的还提供 HTML 格式专利全文;② Published Applications(AppFT,公开专利数据库)可检索 2001 年 3 月以来公开的专利申请,全部免费提供图像格式和 HTML 格式全文。该专利数据库包括专利授权数据库、专利申请公布数据库、专利法律状态数据库、专利转让数据库、专利公报数据库、专利分类表数据库、专利基因序列数据库、外观专利检索数据库等。

单击网址 http://www.uspto.gov 进入 USPTO 主页,单击主页左侧"Patents"下的"Application process",会出现很多选项,单击"Search for patents"即可进入专利数据库检索界面,如图 6-10 所示。下面我们以授权专利数据库为例介绍 USPTO 的检索方法。

(2) 检索方法

两种数据库都提供 3 种检索方式,即快速检索、高级检索和专利号检索。

① 快速检索(quick search)

快速检索模式如图 6-11 所示,提供两个检索词输入框(Term 1 和 Term 2)以及两个对应的字段选择下拉列表框(Field 1 和 Field 2)。两个检索词输入框之间可以用布尔逻辑运算符进行组配。输入框下方还设有检索年代范围选择(Select years)下拉列表框,以限定检索时间范围。检索时,在"Term 1"框中输入检索词或短语,在对应的"Field 1"中选择所要检索的字段。进行多词检索时,在"Term 2"中输入检索词,在对应的"Field 2"中选择字段,同时选择适当的运算符。然后单击"Search"按钮进行检索。注意 1790—1975 年的专利只能以专利号和当前的美国专利分类号进行检索。

图 6-10 USPTO 专利检索界面

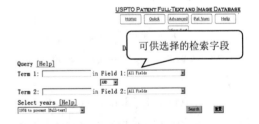
图 6-11 USPTO 快速检索界面

② 高级检索(advanced search)

USPTO 高级检索界面如图 6-12 所示,提供检索提问输入框"Query"、检索年代范围"Select Years"下拉菜单和 USPTO 数据字段代码(Field Name)对应表。检索时,用户可使用命令行检索语法构建一个复杂的检索提问式。命令语法包括布尔逻辑关系式、词组检索、字段限定检索、截词检索等。然后选择年代检索范围,最后单击"Search"按钮即可。

③ 专利号检索

USPTO 专利号检索界面如图 6-13 所示。检索时在"Query"输入框中输入一个或多个专利号,单击"Search"按钮即可。输入多个专利号时可用空格或逻辑运算符"OR"隔开。号码中有无逗号和字母是否大小写都不影响检索结果。

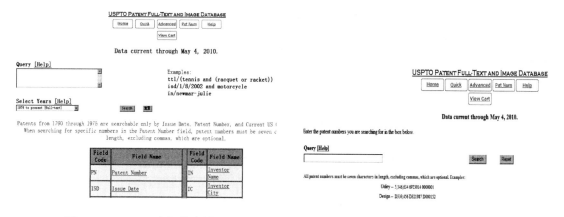

图 6-12 USPTO 高级检索界面　　　　　图 6-13 USPTO 专利号检索界面

(3) 检索结果

执行检索命令后,在检索结果窗口列出专利数量、专利号和名称,每页显示 50 条记录,并按照从新到旧的顺序(序号)显示出来,用户通过浏览标题确定专利是否切题。如果检索结果数量过多,可利用界面上的"Refine Search"(精确检索)对话框,再次输入检索式,进行二次检索,以缩小检索范围。

单击专利号或篇名可以得到文本格式的全记录。单击全文浏览屏上的"Image"按钮,可以显示 TIFF 图像格式的专利全文。这种格式的全文浏览需安装"alterna-tiff"插件,并可以利用插件的保存功能进行专利全文的保存。

数据库提供"参考专利文献"和"引文检索"的链接,可链接到原文。专利全文页面通过"References Cited"给出命中专利所引用过的专利文献,其中对美国专利提供了链接。单击美国专利的专利号,就可以进入该参考专利文献的全文页面。

(4) 检索实例

检索课题:神经网络模式识别研究。

① 制定检索策略

a. 分析课题,提取检索词(模式识别——pattern recognition;神经网络——neural networks)。

b. 利用相关检索技术编制科学检索式(TTL/"pattern p recognition" AND TTL/"neural networks")。

② 实施检索策略

a. 登录网址 https://www.uspto.gov/patents/search,访问专利数据库选择界面,打开授权专利数据库的高级检索界面。

b. 输入检索式,设定检索要求,如图 6-14 所示。

c. 单击 Search 按钮,得到 5 条检索结果,如图 6-15 所示,单击专利号或标题图标,即可浏览专利说明书全文。

图 6-14　高级检索界面

图 6-15　检索结果界面

2）欧洲专利文献的检索

欧洲专利公约是一个地区性国家间专利组织,仅是一个负责审查和授予欧洲专利的公约。欧洲专利公约为各成员国提供了一个共同的法律制度和统一授予专利的程序,只对欧洲国家开放。审查程序采取早期公开、延迟审查及授权后的异议制度。提出欧洲专利申请,可以指定一个、几个或全部成员国。一旦依照公约授予专利权,即可在所有指定的成员国生效,与指定的各成员国依国家法授予的专利具有同等效力,欧洲专利权有效期是自申请日起 20 年。对于欧洲专利的维持、行使、保护,以及他人请求宣告欧洲专利无效,均由各指定的成员国依照国家法进行。欧洲专利目前包括 38 个成员国在内约 90 多个国家的专利,专利说明书全文以.pdf 格式存储,说明书使用本国文字,申请途径和申请、授权程序如下。

① 申请途径。通过《保护工业产权巴黎公约》向欧洲专利局申请或通过《专利合作条约》(PCT)向欧洲专利局申请。

② 申请、授权程序。申请人可以英语、法语或德语向欧洲专利局提交申请文件;欧洲专利局对与申请专利有关的现有技术文件进行检索,并公布检索报告,申请人可根据检索报告来判断其

发明获得授权的可能性;欧洲专利局将于自优先权日(申请日)起 18 个月内公布专利申请;提出实质审查请求和实质审查;授权。

2010 年 10 月 1 日起,欧洲专利局的授权专利在 40 个欧洲国家(包括 38 个成员国及 2 个延伸国)生效,具体的起始时间根据不同国家(或组织)而异。

下面介绍欧洲专利局专利数据库。

(1) 数据库简介

欧洲专利局网络检索系统(Espacenet,http://worldwide.espacenet.com)是检索欧洲及世界各地专利的系统,不但包括欧洲专利组织的专利,也包括 PCT 专利和世界上其他一些国家及地区性专利组织的专利;它提供的数据完整度详略不同,有的只有书目数据,有的有文摘和以图形文件方式存储在专利首页,有的提供了专利说明书的全文、附图以及权项声明的全文文本等;可支持英语、法语和德语 3 种语种检索。在该网址的主页里有 3 个不同的数据库,见图 6-16。

图 6-16　Espacenet 专利检索界面

EP-espacenet-complete Collection Including Full Text of European Published Applications 能检索到欧洲专利局(EPO)最近 24 个月公布的专利,并可以.pdf 格式显示专利全文;对 WIPO(世界知识产权组织)专利申请中那些以英、德、法 3 种语言书写的,而且进入 EPO 区域的申请,也以.pdf 格式显示全文。EPO 新专利从原件公布起一个星期即可收入该数据库。

WIPO-espacenet-Complete Collection Including Full Text of PCT Published Applications 可检索到 WIPO 最近 24 个月公布的以.pdf 格式全文显示的 PCT 专利。WIPO 新专利在原件公布后一个星期即可收入该数据库。

Worldwide Collection of Published Applications from 90+ Countries 可检索世界各国的专利,其中包括 58 个国家的专利以及非洲地区知识产权组织(African Regional Intellectual Property Organization)、欧亚专利组织(Eurasian Patent Office)、欧洲专利局(European Patent Office)、非洲知识产权组织(African Intellectual Property Organization)、WIPO 等 5 个国际组织的专利。该数据库对专利文献的著录遵守最少数 PCT 成员文献原则,即对 EP、WO、FR、GB、DE、CH、US 等代码代表的国家和组织的专利文献全文著录,对日本、俄罗斯(JP、RU/SU)的专利,除了书目数据外,还著录文摘,其余国家只著录书目信息。

(2) 检索方法

该系统提供了基本检索、高级检索和分类检索 3 种检索方法。

在高级检索界面，为用户提供了发明名称、发明名称或摘要、公开号、申请号、优先权号、公开日、申请人、发明人、欧洲专利分类号（ECLA）、国际专利分类号（IPC）共 10 个检索入口，如图 6-17 所示。在高级检索中可使用布尔逻辑运算组配与截词符。在一个字段里如果同时输入多个检索词进行检索，可以不用选运算符，而只用空格代替：空格默认操作符为 OR 的字段有 publication number、application number、priority number；空格默认操作符为 AND 的字段有 title、title or abstract、applicant、inventor、IPC。

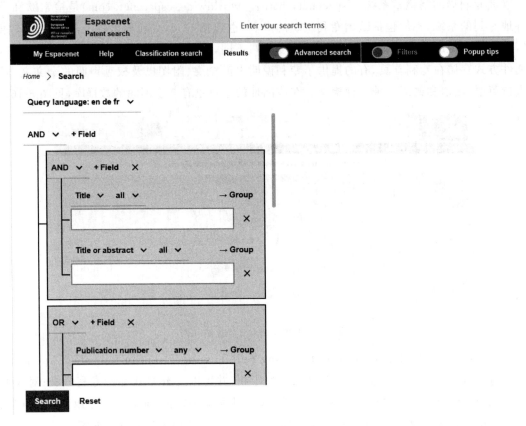

图 6-17　Espacenet 高级检索界面

（3）检索实例

检索课题：智能传感器系统。

① 制定检索策略

a. 分析课题，提取检索词（智能传感器——intelligent sensor；系统——system）。

b. 利用相关检索技术编制科学检索式（intelligent sensor and system/ti）。

② 实施检索策略

a. 登录网址 https:// http://worldwide.espacenet.com，访问欧洲专利局专利数据库主页。

b. 单击 Advanced search 按钮，进入高级检索界面。

c. 输入检索式，设定检索要求，如图 6-18 所示。

d. 单击 Search 按钮，得到 765 条检索结果，结果按时间顺序排序，如图 6-19 所示。

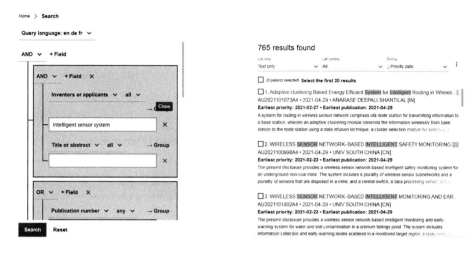

图 6-18　检索实例的 Espacenet 高级检索界面　　图 6-19　检索结果界面

③ 检索结果处理

a. 单击题名可查看摘要。单击 Bibliographic data 菜单中的 Original document，可打开在线阅读、下载页面，分别如图 6-20 和图 6-21 所示。

图 6-20　摘要页面

b. 下载全文。单击图 6-21 右上角的 ⋮ 图标，可下载专利说明书的全文。

3）Delphion 公司专利文献的检索

Delphion 是由 IBM 公司的 IPN 与 Derwent、ISI、IP 等公司联合重组形成的。通过该网站可检索到世界范围内的专利信息情报，包括美国申请专利（2001 年 3 月至今）、美国授权专利（1790 年至今的专利文摘和全文）、欧洲授权专利和申请专利（由欧洲专利局提供 1979 年至今的欧洲申请专利和 1980 年至今的欧洲授权专利原文题录和典型图像）、世界知识产权组织 PCT 出版物（由世界知识产权组织提供 1978 年至今的 100 多个成员国的专利文摘和全文图像）和 INPADOC 专利家族与法律状态（1968 年至今）等内容。

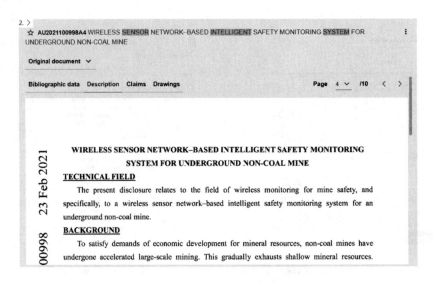

图 6-21　在线阅读、下载页面

该公司提供简易检索、逻辑检索和高级检索 3 种检索方式。其中简易检索是免费的,包括快速检索和专利号检索两种检索方式,但它的检索范围有限,仅能获得专利文摘;如果是注册用户,系统提供布尔逻辑检索和高级检索界面及专利全文的浏览、下载,并且可使用 Delphion 提供的专利分析功能。

4) 德温特(Derwent)专利数据库

将德温特世界专利索引(Derwent world patent index)和德温特专利引文索引(Derwent patent citation index)的内容整合在一起,用户可以检索到全球 40 多个专利机构授权的发明记录及其引用信息。目前德温特的一系列出版物已成为查找世界主要国家专利文献的最权威和最系统的检索工具。该数据库为商业数据库。

5) 世界知识产权组织网上专利数据库

世界知识产权组织网上专利数据库的网址为 http://www.wipo.int。该数据库收录了 1997 年以来的 PCT 国际专利,包括专利说明书扉页的所有内容。1997 年之前的 PCT 专利只能从欧洲专利局专利检索系统的"worldwide"数据库中进行检索。

检索系统提供简单检索、高级检索和结构化检索等检索界面,数据每周更新。

6) 加拿大知识产权局专利数据库

加拿大知识产权局专利数据库的网址为 http://www.ic.gc.ca/opic-cipo/cpd/eng/introduction.html。该数据库的专利由加拿大知识产权局提供,有英语和法语两种检索界面,提供基本检索、专利号检索、布尔检索和高级检索 4 种检索方式。该数据库输出结果采用网页的形式,主页面内容为专利名称、摘要、发明者、申请和授权时间、优先权等基本信息,可以通过链接选择显示或下载专利申请书的各项内容,另外,该数据库还可以查询到专利授权的当前状态。

7) 日本工业产权数字图书馆专利数据库

该数据库的日语网址为 http://www.ipdl.inpit.go.jp/homepg.e.ipdl。它提供 1922 年至今日本专利和实用新型说明书,有日语和英语两种界面。

该数据库有多种查询方式,其中日本专利文摘查询方式比较方便。日本专利英文文摘检索系统(PAJ)的检索界面设有 3 组检索框。第一组是申请人(applicant)、发明名称(title of invention)、文摘(abstract),第二组是申请公布日期(date of publication of application),第三组是国际专利分类(IPC)。

8) 世界知识产权检索

世界知识产权检索的网址为 http://www.wiosglobal.com。世界知识产权检索(Worldwide Intellectual Property Search, WIPS)又称为 WIPS 专利检索与分析数据库,是韩国世界知识产权检索有限公司开发的专利检索系统,包含 1 亿多项专利,包括日本专利(JP Publ. 和 PAJ)、美国专利(Us Publ. 和 US Grant)、欧洲专利(早期公开申请的 EP-A 和已授权专利 EP-B)、世界知识产权组织出版的专利 PCT、国际专利文献中心出版的专利(INPADOC)、韩国专利(KR Publ 和 KPA)、中国专利(CN PAT)和包含英国、德国、法国及瑞士专利的数据库(G-PAT)。除检索功能外,WIPS 还提供了多种专利分析功能,例如聚类分析、引证分析和关联专利申请分析。

9) DPMApublikationen 数据库

DPMApublikationen 数据库的网址为 http://www.dpma.de/,是德国专利商标局(DPMA)的官方公布平台,提供英文和德文两种检索界面,可以检索 1877 年至今德国的专利信息,包括专利、实用新型、商标、工业设计信息,还提供专利公报、商标公报、外观设计公报的电子在线版本。

10) 韩国专利局网站专利检索

韩国专利局网站专利检索的网址为 http://eng.kipris.or.kr,提供 1948 年至今审定/授权公告的及 1983 年至今公开的发明、实用新型专利申请的著录项目、摘要、附图、说明书全文、法律状态等专利信息检索,包括韩国专利、实用新型的英文专利文摘(KPA)、韩国外观设计和商标专利的英文检索。

11) IBM 专利数据库

IBM 专利数据库的网址为 http://www.ibm.com/ibm/licensing。IBM 专利数据库是 IBM 公司提供的免费专利信息检索数据库,包括美国专利、世界知识产权组织(WIPO)的 PCT 数据、欧洲专利局(EPO)的 EP-A 和 EP-B 专利。

12) Global dossier 五局专利案卷系统

Global dossier 五局专利案卷系统的网址为 http://globaldossier.uspto.gov。2015 年 11 月 20 日美国专利商标局上线的 Global dossier 五局专利案卷系统提供包括审查意见通知书、专利申请人答辩意见书在内的欧洲专利局(1978 年 6 月以来提交的欧洲专利申请)、日本专利局(2003 年后提交的专利申请和实用新型申请与 2005 年后进入日本的 PCT 国际申请)、韩国知识产权局(1999 年 1 月以来提交的专利申请和实用新型申请)、中国知识产权局(2010 年 2 月 10 日以来提交的专利申请)和美国专利商标局(2003 年 1 月以来提交的专利申请)五局的专利案卷历史文件,并且提供同族专利链接,提供对非英语审查意见通知书的英文机器翻译。

6.2 学位论文

6.2.1 学位论文概述

学位论文是高等院校及科研机构的学生为获得学位资格而提交并通过答辩委员会认可的学术性研究论文。它是随着学位制度的实施而产生的。根据学位制度,学位论文包括学士学位论文、硕士学位论文和博士学位论文。通常硕士学位论文和博士学位论文的研究水平较高,受到教学、研究等众多领域研究人员的极大关注,其参考利用价值较高。

学位论文是在专业导师的指导下撰写的本学科前沿性的理论或应用方面的课题文章,论文对问题的阐述比较详细和系统,实验数据详细可靠,内容新颖,独创,专业性强。论文对其研究的学科专业背景有所介绍,文后附有详细的参考文献,可以对相关文献进行追踪检索。因此学位论文作为一种重要的信息资源,越来越受到科技工作者的重视。学位论文多数不公开出版发行,只在授予学位的院校或研究机构的图书馆和按国家规定接受呈缴本的图书馆保存有副本。随着网络的发展,许多授予学位的院校和研究机构都把学位论文放在了网站上,因此,因特网就成为查询和获取学位论文的最方便也是最重要的途径。

6.2.2 国内学位论文检索

1. 国内学位论文手工检索

(1)《中国学位论文通报》

它是中国自然科学类学位论文的权威性检索工具。1985年创刊,由中国科学技术情报研究所编辑,由科学技术文献出版社发行。题录和文摘按《中国图书资料分类法》的分类顺序编排。文摘的著录内容有分类号、顺序号、论文题目、学位名称、文种、著者姓名、学位授予单位、总页数、发表年月、文摘、图表及中国科学技术情报研究所馆藏索取号等。主要检索途径为分类途径,可根据馆藏号向中国科学技术情报研究所索取原文。

(2)《中国博士科研成果通报》

国务院学位委员会办公室编辑,北京理工大学出版社1991年4月出版。该书以介绍科研成果的形式报道博士论文,收入1981—1987年我国130个博士生培养单位的1 055位博士的1 056个(其中一位为双科博士)科研成果。

《中国科学院博士学位论文文摘》、《中国(1981—1990)博士学位论文提要:1981—1990》(社会科学部分)、上海医科大学研究生院1985年编的《上海医科大学1981级研究生毕业论文摘要汇编》、中国医科大学编的《中国医科大学硕士研究生学位论文摘要汇编(1982—1984届)》、《清华大学博士学位论文摘要汇编(1983—1988)》等主要收录了我国20世纪80—90年代的学位论文,如果要查找这段时间的学位论文,可以检索这些数据库,因为目前电子版的学位论文数据库的收录范围大部分是从2000年开始的。

我国目前对(博士、硕士)研究生学位论文实行呈缴本制度,研究生毕业时要向本校图书馆提交纸本和电子版的学位论文。我国现只有极少数学校收集学士学位论文,例如清华大学。

2. 国内学位论文网络检索

(1) 中国学位论文全文数据库

该库为万方数据知识服务平台的重要组成部分,精选全国重点学位授予单位的硕士、博士学位论文以及博士后报告,内容涵盖理学、工业技术、人文科学、社会科学、医药卫生、农业科学、交通运输、航空航天和环境科学等各学科领域,它是我国收录数量较多的学位论文全文数据库,目前重点收录1980年以来的学位论文,并将逐年回溯并月度追加,每年约增加30篇。除此之外,该数据库还收录部分外文学位论文,外文学位论文的收录始于1983年,累计收减11.4万余册,年增量1万余册。该数据库可提供1977年以来的学位论文全文传递服务。

该数据库可从主题、题名或关键词、作者、导师、授予学位单位、专业等字段检索。该数据库提供高级检索、专业检索及作者发文检索,用户可以自己建立表达式,通过检索表达式实现各种限制检索。除此之外该数据库还提供分类检索,它把学科门类划分为十二大类,涵盖了人文、理学、医药卫生、农业科学与工业技术等领域,每个大类下又分若干小类,直接单击小类就可以浏览该学科下的所有学位论文。其高级检索界面及学科分类界面分别如图6-22和图6-23所示。

图 6-22 高级检索界面

图 6-23 学科分类界面

(2) 中国优秀博硕士论文全文数据库

该数据库包括中国博士学位论文全文数据库和中国优秀硕士学位论文全文数据库,是CNKI数字出版平台的子库,是目前国内资源完备、质量上乘、连续动态更新的中国博硕士学位论文全文数据库。该数据库出版了500余家博士培养单位的博士学位论文40余万篇,780余家硕士培养单位的硕士学位论文450余万篇,最早回溯至1984年,覆盖基础科学、工程技术、农业、医学、哲学、人文、社会科学等各个领域。该数据库的检索方法大家可参考第4章4.2节的内容。

该数据库与之前介绍的中国学位论文全文数据库都属于学位论文检索系统,但由于编制单位不同,所以它们的不同在于其中所收录的文献并不都来自相同的学校、领域,而是各有所选择,有其特色。因此,在进行国内学位论文数据库检索时,最好分别从这些数据库中检索同一主题的内容,这样可得到较多的不同检索结果。

(3) 中国高等教育文献保障系统(CALIS)高校学位论文数据库

CALIS学位论文中心服务系统面向全国高校师生提供中外文学位论文检索和获取服务。

博士学位论文数据逾 384 万条,其中中文数据约 172 万条,外文数据约 212 万条,数据持续增长中。该系统采用 e 读搜索引擎,检索功能便捷灵活,提供简单检索和高级检索功能,可进行多字段组配检索,也可从资源类型、检索范围、时间、语种、论文来源等多角度进行检索。系统能够根据用户登录身份显示适合用户的检索结果,检索结果通过多种途径的分面和排序方式进行过滤、聚合与导引,并与其他类型资源关联,方便读者快速定位所需信息。该数据库提供简单检索、复杂检索、学科浏览和参加馆浏览 4 种检索功能,检索方法与 CALIS 其他中文数据库相同。

(4) 中国国家图书馆博士学位论文数据库

中国国家图书馆学位论文收藏中心是国务院学位委员会指定的全国唯一负责全面收藏和整理我国学位论文的专门机构,也是人事部专家司确定的唯一负责全面入藏博士后研究报告的专门机构。20 多年来,中国国家图书馆收藏博士论文 30 多万种,此外,该中心还收藏了部分院校的硕士学位论文、我国台湾地区的博士学位论文和部分海外华人华侨的学位论文。为了便于永久保存,中国国家图书馆着手建设了学位论文全文影像资源库。博士论文全文影像资源库以书目数据、篇名数据、数字对象为内容,提供简单检索、高级检索、关联检索和条件限定检索,不仅提供 25 万余种博士论文的前 24 页展示浏览,还可以免费查看博士论文的目录。除此以外,还可以查看各高校与研究机构给国家图书馆提交的论文数量等。

(5) 中国科学技术信息研究所的学位论文数据库

中国科学技术信息研究所的学位论文数据库的网址为 http://www.istic.ac.cn。中国科学技术信息研究所也是国家法定的学位论文收藏机构。各高等院校研究生院及研究所均向该机构送交自然科学领域的硕士、博士和博士后的论文。这些数据建成了可供检索的文摘数据库。该数据库可以通过国家科技图书文献中心的原文检索与订购系统查到,包含 37 万余条记录数据。用户可按标题、作者、文摘、主题词、分类号、全文检索、年代范围等各种途径查找所需论文资料。该网站文献均提供免费检索服务,获取原文需付费。

(6) 香港大学学位论文数据库

香港大学学位论文数据库的网址为 http://hub.hku.hk/handle/10722/1057/。香港大学学位论文数据库(Hong Kong University Theses Online)提供香港大学 1941 年至今的博硕士学位论文,涵盖艺术、人文、教育、社会科学、医学、自然科学等领域。其收录的学位论文主要用英文写作,部分为中英双语,一部分用中文写作。数据库为全英语检索界面,提供部分论文的全文。

(7) 国家科技图书文献中心的学位论文数据库

国家科技图书文献中心的学位论文数据库的网址为 http://www.nstl.gov.cn/。国家科技图书文献中心(NSTL)的学位论文数据库包括"中文学位论文"和"外文学位论文"。中文学位论文收录 1984 年以来中国高等院校、研究生院及研究院所发布的硕士、博士和博士后的论文,学科范围涉及自然科学各专业领域,并兼顾社会科学和人文科学,数据每季更新。外文学位论文收录美国 ProQuest 公司博硕士论文资料库中 2001 年以来的优秀博士论文,学科范围涉及自然科学各专业领域,并兼顾社会科学和人文科学,数据每年年底更新。

(8) 中国台湾华艺的中文电子学位论文库

中国台湾华艺的中文电子学位论文库的网址为 http://www.cetd.corn.tw。中文电子学位论文库(Chinese Electronic Theses and Dissertations Service, CETD)是中国台湾华艺数位股份有限公司于 2005 年推出的整合中国内地及香港、澳门和台湾地区大专院校博硕士论文于统一平台的学术性数据库,提供全文下载。该系统的检索功能有快速检索、进阶检索(高级检索)和院校浏览,中文字不区分简体和繁体,提供论文名称、作者等检索字段。在检索结果列表中,提供论文摘要、目次、参考文献浏览。在文摘信息页面,除有博士论文摘要的基本信息外,还增加了论文目次和参考文献内容。

3. 检索实例

检索课题:互联网金融环境下商业银行应对策略研究。

(1) 制定检索策略

① 分析课题,提取检索词(互联网金融、商业银行、应对策略)。

② 利用相关检索技术编制科学检索式(互联网金融 并且 商业银行 并且 应对策略/题名)。

③ 检索要求:学科不限,时间不限,按被引次数排序。

(2) 实施检索策略

① 访问 www.cnki.net 网址,打开博硕论文库,选择"高级检索"方式。

② 输入检索式,设定检索要求,如图 6-24 所示。

③ 单击 检索 按钮,得到 22 条检索结果,如图 6-24 所示。

图 6-24　高级检索及检索结果界面

(3) 检索结果处理

① 查看论文被引信息。单击被引栏的数字,查看该学位论文的被引信息。

② 预览全文。单击篇名后的 图标,预览全文。

③ 导出保存文摘。在检索结果页面勾选序号前的小框或单击"全选"小框,如图 6-25 所示;单击 导出与分析/导出文献/可视化分析 按钮,选择"导出文献",可输出各种格式(选择"GB/T 7714—2015 格式引文"),如图 6-26 所示;单击 查新(引文格式) 链接,得到文摘,将文摘保存为文本。

④ 获取全文。先下载 CAJ 浏览器,在检索结果页面单击篇名后的 图标,下载 CAJ 格式全文。

⑤ 查看知识节点与知识网络信息,下载全文。在检索结果页面单击篇名,可查看知识节点与知识网络信息,如图 6-27 所示。

图 6-25 选择检索结果页面

图 6-26 输出格式页面

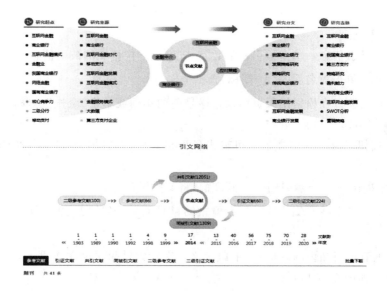

图 6-27 知识节点与知识网络信息页面

6.2.3 国外学位论文检索

1. 国外学位论文手工检索

(1)《国际学位论文文摘》(*Dissertation Abstracts International*, DAI)

DAI 由美国国际大学缩微品公司(UMI)出版发行。DAI 的历史可以追溯至 1938 年,收录了 550 所北美和世界各国大学提交的博士论文文摘,文摘由作者撰写。每年收到大约 4 500 种博士论文,大多数都编在 DAI 中。读者可以购买相应的论文缩微品或印刷本。DAI 目前共有 3 个分册。

① A 辑:人文和社会科学,月刊。主要报道美国和加拿大的 500 多所大学的人文和社会科学方面的博士论文。

② B 辑:自然科学和工程技术,月刊。主要报道美国和加拿大的 500 多所大学的自然科学和工程技术方面的博士论文。

③ C 辑:世界范围,季刊。原为欧洲文摘,现收入世界范围各学科领域的博士及博士后学位论文,但仍以报道奥地利、比利时、德国、瑞士、西班牙、法国、匈牙利、荷兰、瑞典、英国等西欧国家的学位论文为主,内容既包括人文和社会科学领域,也包括自然科学和工程技术领域。

DAI 主要报道美国、加拿大 500 多所大学的博士学位论文,100 多所欧洲大学及少量其他国家的相关论文。DAI 的出版形式有印刷型、缩微胶片、磁带光盘、和网络数据库(PQDD)。

DAI 有 3 种检索途径。

① 分类途径。利用每期的目次表,查得所需类别后,根据类别所在页码查找。

② 主题途径。使用关键词索引,根据关键词和篇名选择所需文献。

③ 著者途径。根据著者姓名,利用著者索引检索。

(2)《学位论文综合索引》(*Comprehensive Dissertation Index*, CDI)

CDI 包含累积本和年度补编,由 UMI 出版。累积本出版于 1973 年,收录了美国 340 所大学和加拿大 22 所大学在 1986—1972 年间授予的所有博士学位的论文 417 000 件以上。第 1~32 卷是按 26 个大类的分类索引,第 33~37 卷是著者索引。1973 年起,年度补编每年出版一册,而后累积本以保持报道的连续性。CDI 是回溯检索美国学位论文的好工具。

(3) 美国 DAO(Dissertation Abstracts Ondisc)数据库

DAO 是美国著名国际联机检索 DIALOCH 系统第 35 号文的光盘数据库版本。该数据库收录的学位论文来源于美国、加拿大和欧洲等国家的共 500 余所大学,内容包括 UMI 出版社的 4 种学位论文印刷版本,DAO 数据库是检索美国自 1861 年首次设立博士学位以来的所有博士学位论文的权威性指南。该数据库收录了 180 多篇的博士学位论文和硕士学位论文的书目索引和摘要,且以每年 4 万多篇论文的速度增长。另外,数据库中还包括数千篇加拿大的博士论文和其他国家学位论文的索引,数据库的学科范围包括数学和统计学、图书馆和情报学、地理和区域规划、农业、天文学、生物和环境科学、化学、保健科学、工程、地质学和物理等,每季度更新。目前同济大学图书馆的光盘检索系统提供对此数据库的查询。

(4)《国际硕士学位论文文摘》(*Masters Abstracts International*)

《国际硕士学位论文文摘》由 UMI 出版,1962 年创刊,双月刊,主要报道美国和加拿大数百所大学的硕士论文,报道范围包括自然科学、社会科学和应用科学等各个方面。每年的第 4 期附有年度累积主题索引和著者索引,第 1~3 期只附有期著者索引。每隔 5 年单独出版一次累积版。

(5)《美国博士学位论文》(American Doctoral Dissertation)

由 UMI 为研究图书馆协会每学年出版一次,年刊,包括美国和加拿大各大学接收的全部博士学位论文,其中收录有许多 DAI 上未摘录的学位论文,自 1957 年起作为《国际学位论文文摘》的副刊出版。正文按照分类编排,附有著者索引。

(6)《美国博士学位论文目录》(List of American Doctoral Dissertation)

它是一种回溯性检索工具,专门报道美国国会图书馆所收藏的 1912—1938 年间的博士论文题目。

(7)《物理学学位论文》(Dissertation in Physics)

《物理学学位论文》由美国斯坦福大学编辑出版,报道 1861 年(美国首次颁发博士学位)到 1959 年间美国颁发的全部物理学博士论文的题名,为回溯性检索工具。

(8)《毕业生研究指南》(Directory of Graduate Research)

《毕业生研究指南》由美国化学会(ACS)主办,1953 年创刊,半年刊。该刊报道美国和加拿大两国大学颁发的化学、生物化学和化工等系列毕业论文的题名。其按大学名称字顺排列。

(9)《亚洲问题研究博士论文题录》(Doctoral Dissertations on Asia)

《亚洲问题研究博士论文题录》由美国密歇根大学亚洲研究所编辑出版,1969 年创刊,现为半年刊,报道美国和加拿大大学有关研究亚洲国家和地区问题的博士学位论文。

2. 国外学位论文网络检索

(1) PQDT 学位论文文摘数据库(ProQuest Dissertations and Theses Full-text Search Platform)

ProQuest 博硕士论文数据库由美国 UMI 公司开发研制,收录了 1 700 多所大学的 270 万篇博硕士学位论文的题录和文摘,以欧美大学为主,最近增加了我国三四十所重点高校近 20 年的部分学位论文。该库为美国国会图书馆认定的博硕士论文官方存储,也是加拿大国家图书馆的合作出版商。多数论文可看前 24 页扫描图像,如需完整论文,可先查询 ProQuest 学位论文全文数据库,若没有可向图书馆申请免费荐购 ProQuest 学位论文。

2002 年年底,中国高等教育文献保障系统(CALIS)与 ProQuest 公司合作,正式引进 ProQuest 博硕士学位论文文摘数据库,我国大部分高校和科研院所图书馆都购买了该数据库。该数据库提供两种检索方式:基本检索(图 6-28)和高级检索(图 6-29)。

图 6-28　学位论文文摘数据库基本检索界面

图 6-29　学位论文文摘数据库高级检索界面

（2）PQDT 学位论文全文数据库

ProQuest 学位论文全文检索平台是目前国内唯一提供国外高质量学位论文全文的数据库，主要收录了来自欧美 2 000 余所知名大学的优秀博硕士论文，涉及文、理、工、农、医等多个领域。该平台在国内有 CALIS、上海交通大学和中国科学技术信息研究所 3 个服务站点。该数据库提供基本检索、高级检索和分类导航检索 3 种检索方式。其检索界面如图 6-30 所示。基本检索是默认的检索方式，可在检索框中输入单词、词组或检索式进行检索；在高级检索方式的检索框中可用布尔逻辑组配，可对字段、年代等进行选择，检索方法参见检索实例。分类导航有主题分类和学校分类两种方式，主题分类导航是默认的方式，可在所有主题分类中依次选择学科主题，也可按字顺选择学科主题，如图 6-31 所示。

图 6-30　PQDT 平台主页

（3）国际博硕士论文数字图书馆（Networked Digital Library of Theses and Dissertations，NDLTD）

国际博硕士论文数字图书馆是由美国国家自然科学基金支持的一个网上学位论文共建共享项目，利用了 OAI（Open Archieves Initiative）的学位论文联合目录。目前，全球有 200 多家图书馆、7个图书馆联盟、29个专业研究所加入了NDLTD,包括我国的上海交通大学和厦门大学的图书馆,其中20多个成员已提供学位论文文摘数据库7万条,可以链接到的论文全文大约有3万篇。用户可以免费浏览学位论文的文摘,还有部分可获取全文(根据作者的要求,NDLTD链接到的部分全文分为无限制下载、有限制下载、不能下载3种)。

图6-31 分类导航中的选择学科主题页面

和ProQuest学位论文数据库相比,NDLTD学位论文数据库的主要特点是学校共建共享,可以免费获取。另外NDLTD的成员馆来自全球各地,可以覆盖的范围比较广,有德国、丹麦等欧洲国家和中国香港、台湾等地区的学位论文。但是由于文摘和可获取全文都比较少,所以NDLTD适合作为国外学位论文的补充资源利用。

(4) 美国博士论文数据库

2016年11月17日,EBSCO、俄亥俄图书馆与信息网络(OhioLINK)、威尔森基金会、波士顿公共图书档案馆联合发布通告,为了更好地提供覆盖20世纪的全部研究及其研究内容的全文链接,美国博士论文数据库将实现开放获取。该数据库收录的博士论文数量总计超过172万。其中,包括1902年至今的8万篇引文文献,并提供全文链接,如需浏览全文,可通过链接跳转到相应机构库进行访问。该数据库是唯一收录被美国大学承认的博士论文最完整的档案数据库,免费使用。可以通过作者、主题、大学和出版年进行检索并可组配完成检索。

(5) Australian Digital Theses Program

Australian Digital Theses Program的网址为http://adt.caul.edu.cn。Australian Digital Theses Program由澳大利亚大学图书馆协会发起,包含澳大利亚40余所大学的硕博士论文,涵盖各个学科。

(6) The Theses Canada

The Theses Canada的网址为https://www.bac-lac.gc.ca/eng/services/theses/Pages/theses-canada.aspx。The Theses Canada提供了加拿大学位论文信息查询的集中入口,可免费检索AMICUS的学位论文及相关信息。AMICUS为全加拿大公共书目信息检索系统,其学位论文库建立于1965年,收录了加拿大1 300多个图书馆的学位论文信息,另外还可免费检索和获得加拿大1998—2002年出版的部分论文信息。

（7）香港大学学位论文

香港大学学位论文的查询网站为 http://hub.hku.hk/handle/10722/1057/。该网站收录了香港大学 1941 年以来的博士和硕士论文，涉及人文、教育、社会、医学和自然科学等多学科，部分论文可以查到原文。

除了以上介绍的数据库以外，其他网络版学位论文数据库还有 Dissertation.com（提供关键词、主题、题目、作者等途径的检索，前 25 页可免费浏览，可以通过 Amazon 网上书店订购全文）、The British Library Document Supply Centre〔BLDSC，大英图书馆文献供应中心，提供美国、加拿大、英国（1970 年起）的博士论文，先通过大英图书馆系统查询，再申请全文复印服务〕、Electronic Thesis/Dissertation OAI Union Catalog（利用了 Open Archives Initiative-OA 的学位论文联合目录。目前包含全球十几家成员，多数论文提供 PDF 格式全文）、MIT 学位论文（在线提供美国麻省理工学院部分博硕士学位论文，可在线逐页或定位浏览全文）、Virginia Polytechnic Institute and State University 学位论文库（提供的学位论文大部分有全文，但论文列表前有"t"标记的，不能访问全文）、Dspace 学位论文（是一种开放式学位论文系统，由美国麻省理工学院开发，收集了包括美国麻省理工学院在内的 200 多家科研单位的学位论文）等。

3. 检索实例

检索课题：移动机器人导航研究。

（1）制定检索策略

① 分析课题，提取检索词（mobile robot、navigation）。

② 利用相关检索技术编制科学检索式（mobile robot and navigation /ti）。

③ 检索要求：学位类型不限，语种不限，时间为 2010—2019 年，按相关度排序。

（2）实施检索策略

① 访问 http://www.pqdtcn.com。

② 单击 高级检索 按钮，打开高级检索页面，设定检索要求，如图 6-32 所示。

图 6-32 高级检索页面

③ 单击 [检索] 按钮,得到 11 篇检索结果,如图 6-33 所示。

图 6-33 输出格式页面

(3) 检索结果处理

① 单击"查看详情",可得摘要、索引(学校、学位类型、导师、学科等信息)。

② 单击 [查看PDF] 按钮,可阅读或下载全文。

6.3 会议文献

6.3.1 会议文献概述

1. 会议文献的类型

会议文献是指在各种学术会议上宣读的论文、会议记录等形式的文献,主要包括会议前参会者预先提交的论文文摘、会议上宣读的论文、会议讨论的问题和交流的经验等经整理而形成的正式出版物。

会议文献按其召开地域范围、组织形式和规模,可分为国际性会议文献、地区性会议文献、国家级会议文献、区域性会议文献和基层性会议文献。按照出版时间的先后,会议文献分为 3 种类型。

(1) 会前文献

会前文献一般是指在会议进行之前预先发给与会者的论文或论文摘要,包括征文启事、会议通知书、会议日程表、预印本和会前论文摘要等,大多数不对外发行,没有正式出版物。其中预印本是在会前几个月内发至与会者或公开出售的会议资料,比会后正式出版的会议录要早 1~2 年,但内容完备性和准确性不及会议录。有些会议因不再出版会议录,故预印本就显得更加重要。

(2) 会中文献

会中文献是指会议期间发给与会者的文献,包括开幕词、演讲词、讨论记录、会议决议等行政事务性资料以及在会议期间发给与会者的论文文摘和预印本。

(3) 会后文献

会后文献经过了会议的讨论和作者的修改和补充,内容比会前文献更准确、更成熟。会后文献包括会议录(proceedings)、会议论文集(symposiums)、学术讨论论文集(colloquium papers)、会议论文汇编(transactions)、会议记录(records)、会议报告(reports)、会议文集(papers)、会议出版物(publications)、会议辑要(digest)等,其中会议录是会后将论文、报告及讨论记录整理汇编而公开出版或发表的文献。会后文献的出版周期比会中文献要长些,但它排版规整,又往往附有著者及主题索引,所以便于读者查找使用。一般所说的会议文献主要是指这类文献。

2. 会议文献的出版形式

会议文献的出版形式主要有以下几种。

(1) 图书

以图书形式出版的会议文献,通常为会议录,多数以会议名称作为书名,也有另加书名,将会议名称作为副书名的。

(2) 期刊

除以图书形式出版的会议录以外,相当部分的会后文献在有关学术期刊上发表,特别是有关学会、协会主办的学术刊物,如美国机械工程师协会、电气与电子工程师协会等均出版固定的期刊,专门刊登单篇的科技会议论文。这些期刊往往以"transaction"(汇刊)的形式命名。

(3) 科技报告

部分会后文献被编入科技报告,如美国政府四大科技报告。

(4) 视听资料

国外有些学术会议直接将开会期间的录音、录像等视听资料在会后发售,以达到及时传递信息的目的。

(5) 在线会议

当前许多学术会议都在互联网上开设了自己的网站,有的学术会议直接通过互联网召开。

3. 会议文献的特点

会议文献内容新颖,针对性强,学术价值较高,能及时传递科技信息,反映某一学科领域的新进展和新成果,是重要的学术信息源。它与期刊文献、专利文献等相比,其特点有:

① 内容新颖、专深,专业性强,很多新发现、新进展和研究成果都以会议文献形式公布,其内容专深,针对性强,往往反映某一学科或专业的发展水平和最新趋势。

② 因会议文献大多数由会议主办机构根据会议日期来确定出版时间,随意性大,故会议文献与图书文献和期刊文献相比,无确定的出版日期或按照一定出版周期出版,收集较困难。

6.3.2 国内会议文献检索

我国的会议文献主要有3种形式:印刷型会议论文文献、文摘型会议论文文献以及全文型会议论文文献。

1. 国内会议文献手工检索

(1)《中国学术会议文献通报》

《中国学术会议文献通报》创刊于1982年,原名为《国内学术会议文献通报》,1987年改为现名,由中国科学技术情报研究所主办,为月刊。

《中国学术会议文献通报》由目次、文摘和年度主题索引组成。目次以《中国图书馆分类法》

大类为序给出本期报道的会议名称和所在的页次,正文文摘在会议名称下按《中国图书馆分类法》分类号顺序排列文献篇名和文摘。

《中国学术会议文献通报》在每年末附年度主题索引,主题词按拼音字顺排列,其后给出文摘号,使用时可根据主题词下的文摘号,逐一回查正文中的文摘,以确定是否正确。会议文献来自全国重点学会举办的各种专业会议。目前,《中国学术会议文献通报》已经建成网络数据库。

(2)《国际科学技术会议和国际展览会预报》

由中国科学技术信息研究所编辑,不定期出版。

收藏印刷型会议录典型的机构有清华大学图书馆、北方科技信息研究所、机械工业信息研究院、中国科学技术信息研究所、北京航空航天大学图书馆、国家科技图书文献中心、上海图书馆、上海科学技术情报研究所等。

2. 国内会议文献网络检索

(1) 中国学术会议文献数据库

中国学术会议文献数据库(China Conference Paper Database,CCPD)是万方数据知识服务平台的一个子库,会议资源包括中文会议和外文会议。中文会议收录始于1982年,年收集约3 000个重要学术会议,年增20万篇论文,每月更新;外文会议主要来源于国家科技图书文献中心(NSTL)外文文献数据库,收录了1985年以来世界各主要学(协)会、出版机构出版的学术会议论文,共计766万篇全文(部分文献有少量回溯),每年增加论文约20余万篇,每月更新。

该数据库提供全部字段以及会议名称、会议主办单位等字段的检索(如图6-34所示)。另外该数据库还提供会议速递及按学科、单位、主办地分类的会议检索界面(如图6-35所示)。

图 6-34 检索界面

(2) 中国重要会议论文全文数据库

中国重要会议论文全文数据库(CPCD)是中国知网的一个子库,收录了我国自1999年以来中国科协系统及国家二级以上学会、协会、高等院校、科研院所、政府机关举办的重要会议以及国内召开的国际会议发表的文献,部分重点会议文献回溯至1953年,目前,已收录了国内会议、国际会议论文集3万本,累计文献总量340余万篇。

该数据库提供一框式检索、专业检索、作者发文检索、句子检索等检索方式。检索字段有主题、篇名、论文集名称、基金等,如图6-36所示。另外该数据库也能提供各种会议信息导航和多检索字段的会议信息检索,如图6-37所示。

第 6 章 特种文献及其检索

图 6-35 会议速递界面及会议信息导航界面

图 6-36 数据库检索界面

图 6-37 会议导航界面

(3) 国家科技图书文献中心中外文会议论文数据库

该数据库是国家科技图书文献中心的一个子库,主要提供中国科学院文献情报中心、中国科学技术信息研究所、机械工业信息研究院、中国化工信息中心、冶金工业信息标准研究院信息研究所、中国医学科学院医学信息研究所、中国农业科学院图书馆和中国标准化研究院收藏的中外文会议录的题录信息。中文会议论文主要收录了1985年以来我国国家级学会、协会、研究会以及各省、部委等组织召开的全国性学术会议论文,收藏重点为自然科学各专业领域,每年涉及600余个重要的学术会议,年增加论文4万余篇,每季或月更新。该数据库的收藏重点为工程技术和自然科学各专业领域。外文会议论文主要收录了1985年以来世界各主要学会、协会、出版机构的学术会议论文,部分文献有少量回溯,收藏重点为工程技术和自然科学各专业领域。每年增加论文约20万余篇,每周更新。该数据库提供的检索途径有高级检索和专业检索两种检索方式,可对题名、出处、会议名称、机构、ISSN、EISSN等字段进行检索。

(4) 中国学术会议在线

中国学术会议在线的网址为http://www.meeting.edu.cn。中国学术会议在线是经教育部批准,由教育部科技发展中心主办,面向广大科技人员的科学研究与学术交流信息服务平台,分阶段实施学术会议网上预报及在线服务、学术会议交互式直播、多路广播和会议资料点播三大功能,为用户提供学术会议信息预报、会议分类搜索、会议在线报名、会议论文征集、会议资料发布、会议视频点播、会议同步直播等服务。

(5) 上海图书馆、上海科学技术情报研究所会议资料数据库

该数据库的网址为http://www.library.sh.cn/skjs/hyzl。该数据库提供与上海图书馆合并的上海科学技术情报所1986年至今的约40万件资料网上篇名检索服务,包括国内各科学技术机构、团体和主管机关举办的专业性学术会议及一些地方小型会议,每年新增数据3万条,可按篇名、作者、会议名、会议地名、会议时间等进行检索,并且提供全文复印服务。

3. 检索实例

检索课题:混凝土结构与抗震性能研究。

(1) 制定检索策略

① 分析课题,提取检索词(混凝土结构、抗震性能)。

② 利用相关检索技术编制科学检索式(混凝土结构/题名与抗震性能/题名)。

③ 检索要求:时间限制为2015年至今,按时间排序。

(2) 实施检索策略

① 登录网址为https://www.wanfangdata.com.cn,访问万方数据知识服务平台,选择文献类型为会议,打开高级检索界面。

② 输入检索式,设定检索要求,如图6-38所示。

③ 单击 检索 按钮,得到19条检索结果,如图6-39所示。

(3) 检索结果处理

① 批量导出参考文献与摘要。勾选题名前的小框或批量选择,单击 导出 ,导出参考文献(如图6-40所示);单击 查新格式 ,导出摘要(如图6-41所示)。

② 在线阅读、下载全文。订购用户可在线阅读和下载全文,非订购用户可采用其他付费方式获取。

第 6 章 特种文献及其检索

图 6-38 高级检索界面

图 6-39 检索结果界面

图 6-40 参考文献格式页面

图 6-41　查新格式页面(导出摘要)

6.3.3　国外会议文献检索

1. 国外会议文献手工检索

(1) ISI Proceedings

ISI Proceedings 主要包括《科学技术会议录索引》(*Index to Scientific & Technical Proceedings*,ISTP)和《社会科学与人文科学会议录索引》(*Index to Social Science & Humanities Proceedings*,ISSHP)两部分。《科学技术会议录索引》由美国科学情报研究所(ISI)编辑出版,创刊于1978年,发行月刊,也出版年度索引。它是当前报道国际重要会议论文的权威性刊物,不仅是一种检索工具,也是当前世界上衡量、鉴定科学技术人员学术成果的重要评价工具,收录报道的世界各种重要的自然科学及技术方面的会议多达4 000个。

《社会科学与人文科学会议录索引》收录社会科学和人文科学领域的会议文献。

(2)《会议论文索引》

《会议论文索引》(*Conference Papers Index*,CPI)原名为《近期会议预报》。CPI创刊于1970年,由美国坎布里奇科学文摘社编辑出版,为月刊,1978年改为现名。CPI专门报道世界上已经召开或即将召开的各种学术会议上宣读或递交的学术论文,其报道范围涉及自然科学、工程技术和医学等诸多领域,年报道量约10万篇,是目前检索会议文献的最重要专用检索工具之一。CPI虽名为"文摘",但其实是一种题录式检索工具。

除印刷版外,CPI还同时发行机读数据库,可通过联机检索系统或因特网进行检索。

CPI由正文和索引两大部分组成。

(3)《世界会议》

《世界会议》(*World Meeting*)是一种专门预报学术会议的工具,还不能算是会议论文的专用检索工具。但是,知道了要召开哪些学术会议,检索会议文献就有了重要线索,因此,在检索会议论文时,《世界会议》仍不失为一种有用的工具。

《世界会议》创刊于1963年,现为季刊,由美国世界会议情报中心股份公司(World Meeting Information Center, Inc.)编辑,由麦克米伦出版公司(Macmillan Publishing Co., Inc.)出版。

目前,《世界会议》以 4 个分册出版。

《世界会议》4 个分册的编排结构相同,每期都由主要条目索引和辅助索引组成。正文部分按会议登记号顺序编排,其后著录会议名称、地址、时间、主办单位、内容摘要、联系人、参加人数、截止日期、论文出版情况等会议的基本情况。

2. 国外会议文献网络检索

(1) CPCI 会议文献引文索引数据库

ISI Proceedings 自 2008 年 10 月 20 日起更名为 *Conference Proceedings Citation Index*(CPCI),成为 Web of Science 的一个子库,检索界面如图 6-42 所示。它将《科学技术会议录索引》和《社会科学与人文科学会议录索引》两大会议录索引集成为 CPCI 数据库。CPCI 汇集了全世界 1990 年以来 60 000 个会议的会议录资料,包括专著、丛书、预印本及来源于期刊的会议论文,提供了综合全面、多学科的会议论文资料及其引用情况。其分为以下两个子库。

图 6-42　数据库检索界面

① CPCI-S(Conference Proceedings Citation Index-Science):《科学技术会议录索引》的新版涉及农业与环境科学、生物化学与分子、分子生物学、生物技术、医学、工程、计算机科学、化学、物理等自然科学和工程技术的所有领域。

② CPCI-SSH(Conference Proceedings Citation Index-Social Sciences & Humanities):《社会科学与人文科学会议录索引》的新版涉及心理学、社会学、公共卫生、管理学、经济学、艺术、历史、文学、哲学等社会科学、艺术及人文科学的所有领域。

(2) OCLC 的会议论文和会议录索引(OCLC PapersFirst 数据库)

OCLC PapersFirst 数据库由 OCLC(Online Computer Library Center)创建,覆盖从 1993 年至今的会议文献,涵盖大英图书馆文献提供中心(The British Library Document Supply Center,BLDSC)收集的已出版的会议论文,包括世界范围的会议、座谈会、博览会、研讨会、专业会以及学术报告会上发表的论文索引等。

OCLC FirstSearch 检索系统中有两个数据库:一是 PapersFirst(国际学术会议论文索引);二是 Proceedings(国际学术会议录索引)。PapersFirst 中的每条记录都对应着 Proceedings 数据库的某个会议记录,Proceedings 是 PapersFirst 的相关库,收录世界范围内举办的各类学术会议上发表论文的目次,利用该数据库可以检索大英图书馆资料提供中心的会议记录。数据每两周更新一次。

(3) IEEE/IET Electronic Library

该数据库提供美国电气与电子工程师协会(IEEE)和英国工程技术学会(IET)出版的 303 种期刊、10 752 种会议录、2 894 种标准的全文信息,并可看到出版物信息,数据最早回溯到 1913 年,一般提供 1988 年以后的全文,部分期刊还可以看到预印本全文。

(4) ASCE Proceedings

ASCE(The American Society of Civil Engineers,美国土木工程师学会)成立于 1852 年,至今已有大约 170 年的悠久历史。目前,ASCE 已和其他国家的 65 个土木工程学会有合作协议,服务会员来自 159 个国家,有超过 13 万名专业人员。ASCE 也是全球最大的土木工程出版机构,每年有 5 万多页的出版物面世,目前有 30 种技术和专业期刊,以及各种图书、会议录、委员会报告、实践手册、标准和专论等,目前可访问全文电子期刊和会议录。

(5) AIP Conference Proceedings

AIP(美国物理联合会)同其成员学会合作共同出版全世界享有崇高声望的专业会议上发表的最新研究成果,其全文会议录资料回溯至 2000 年,每年约出版 50 个专业会议的会议录,会议录不仅提供全面的会议文献信息,同时还提供由该领域的特邀专家对领域内最新发展广泛的一般性评论。

(6) SAE Digital Library

美国汽车工程师协会(Society of Automotive Engineers,SAE)成立于 1902 年,是国际最大的汽车工程学术组织,研究对象是轿车、载重车及工程车、飞机、发动机、材料及制样,该数据库提供美国汽车工程师协会的部分会议录全文。此外,该数据库还可查到 SAE 的技术报告。

(7) SPIE Digital Library

SPIE(国际光学工程学会)成立于 1955 年,是致力于光学、光子学和电子学领域的研究工程和应用的著名专业学会。目前 SPIE 数字图书馆包含从 1998 年到现在的会议录全文和期刊全文,同时也收录了 1992 年起的大多数会议论文的引文和摘要。

(8) AIAA Electronic Library

该数据库提供美国航空航天学会(American Institute of Aeronautics and Astronautics AIAA)每年出版的 20~30 个会议的会议论文全文。数据回溯到 1963 年,可以通过检索方式来查询。

(9) ACM Digital Library

该数据库收录了美国计算机协会(Association for Computing Machinery,ACM)的会议录全文及各种电子期刊和快报等文献。

(10) ISO 的标准化会议预告

ISO 的标准化会议预告的网址为 http://www.iso.ch/cale/calendar.html。该网页提供了 ISO(国际标准化组织)下属的各级组织即将召开的国际标准化会议的具体时间、地点、内容等信息。

(11) 全球学术会议发布网

全球学术会议发布网的网址为 http://www.allconferences.com。在全球学术会议发布网上可以按学科检索或者浏览会议信息,可链接至会议网站,还可以免费上传会议信息。

(12) 技术会议信息中心

技术会议信息中心的网址为 http://www.techexpo.com/events。技术会议信息中心提供会议的名称、主题、主办单位、国家、城市或州等检索途径，以便于查找会议信息。

(13) Conference Alerts

Conference Alerts 的网址为 http://www.conferencealerts.com。Conference Alerts 提供世界上即将召开的学术会议日程信息，可以按学科主题或国家进行浏览，也可以进行检索，还可以免费订制最新的相关学科会议日程信息。

除了以上介绍的数据库以外，网络上还提供免费的会议文献，比如 World Nuclear Association（收录了世界核协会 1997 年以来的会议论文）、Institute of Pure and Applied Physics of Japan（收录了日本纯物理和应用物理学会 2000 年以来的会议论文）、Engineering Conferences International Symposium Series（收录了国际工程会议 2002 年以来专题会议论文的全文）、Electronic Conferences on Trends in Organic Chemistry（收录了 1995—1998 年有机化学电子会议论文全文）和 Electronic Publishing（收录了电子出版会议 1997 年以来的会议论文全文）等。

3. 检索实例

检索课题：城市污水生化处理技术。

(1) 制定检索策略

① 分析课题，提取检索词（city、"waste water"、wastewater、treatment）。

② 利用相关检索技术编制科学检索式（city /标题 AND（"waste water"OR wastewater）/标题 AND treat * /标题）。

③ 检索要求：选定 CPCI-S 库，时间不限制，按时间排序。

(2) 实施检索策略

① 访问 Web of Science 核心合集基本检索界面，选定 CPCI-S 库。

② 输入检索式，设定检索要求，如图 6-43 所示。

图 6-43 基本检索界面

③ 单击 检索 按钮,得到 15 条检索结果,如图 6-44 所示。

图 6-44　检索结果界面

(3) 检索结果处理

① 单击 查看摘要 按钮,可看到文章摘要。

② 勾选题名前的小框或选择页面,单击 导出 ,可输出各种格式(如图 6-45 所示);单击右上方的 分析检索结果 ,可对检索结果进行作者、来源出版物等多种分析(如图 6-46 所示)。

图 6-45　输出结果界面

③ 获取全文。Web of Science 是文摘数据库,不提供全文,在检索结果的题录页面,如有 出版商处的免费全文 ,可单击下载全文;如有 出版商处的全文 ,可向出版商索要全文,或根据来源出版物查找馆藏单位。

图 6-46 分析检索结果界面

6.4 标 准 文 献

6.4.1 标准文献概述

1. 标准文献的概念

1983 年,我国在 GB 3935.1—1983《标准化基本术语第一部分》中将标准定义为:标准是对重复性事物和概念所做的统一规定。它以科学、技术和实践经验的综合成果为基础,经有关方面协商一致,由主管机构批准,以特定形式发布,作为共同遵守的准则和依据。简单地说标准是对工农业产品和工程建设的质量、规格、检验方法、包装方法及贮运方法等方面所制定的技术规格。

标准文献是指由国际或国家专门的标准化组织所公布实施的正式规范文件,它对工农业产品和工程建设的质量、规格及其检验方法等方面作出严格的技术规定。具体地,标准文献是指按照规定程序制定并经权威机构批准的,在特定范围内执行的规格、规程、规则、要求等技术性文件。标准文献有狭义和广义之分,狭义的标准文献是指带有标准号的标准、规范和规程等技术文件;广义的标准文献除包括标准、规范和规程外,还包括标准检索工具、标准宣传手册、各种档案资料等。

2. 标准文献的类型

(1) 按照标准的内容分

① 基础标准。指那些具有广泛指导意义或作为统一依据的最基本的标准。
② 产品标准。指对产品的质量和规格所作的统一规定,是衡量产品质量的依据。
③ 方法标准。是指为一些通用的试验、分析、检验、抽样等制定的标准。
④ 经济管理标准。如工资标准、价格标准、利率标准等。
⑤ 组织管理标准。如生产能力标准、资源消费标准、组织方式标准。

(2) 按照标准的使用范围分

① 国际标准。指由国际标准化或标准组织制定并公开发布的标准。国际标准在世界范围内具有适用性。对所有的国家来说,最终的统一状态是采用相同的标准。对促进国际贸易及便利技术人员交换技术资料来说,国际标准有极大的价值。国际标准有国际标准化组织(ISO)标准、国际电信联盟(ITU)标准、国际电工委员会(IEC)标准、国际乳品联合会(IDF)标准、联合国教科文组织(UNESCO)标准、世界知识产权组织(WIPO)标准等。

② 区域标准。指由某一区域标准或标准组织制定并公开发布的标准。例如欧洲标准化委员会(CEN)制定的欧洲标准(EN)、欧洲电工标准化委员会(CENELEC)制定的标准、欧洲广播联盟(EBU)制定的标准等。

③ 国家标准。指由国家标准团体制定并公开发布的标准。它是一个国家统一采用的标准。国家标准在全国范围内适用,其他各级标准不得与之相抵触。

④ 行业标准。指由行业标准化团体发布在某行业范围内统一实施的标准,又称为团体标准。如美国石油学会(API)标准、美国机械工程师协会(ASME)标准、美国材料与试验协会(ASTM)标准、英国劳氏船级社(LR)标准等都是国际上有权威性的团体标准,在各自的行业内享有很高的信誉。

⑤ 地方标准。是指对没有国家标准和行业标准而又需要在省、自治区、直辖市范围内统一的产品安全、卫生要求、环境保护、食品卫生、节能等有关要求所制定的标准,它由省级标准化行政主管部门统一组织制订、审批、编号和发布。国家标准、行业标准公布实施后,相应的地方标准即行废止。

⑥ 企业标准。有些国家又称其为公司标准,是指由企事业单位自行制定、发布的标准,也是对企业范围内需要协调、统一的技术要求、管理要求和工作要求所制定的标准。

(3) 按标准的成熟程度分

① 法定标准。指完成标准全部审批过程、公开颁布执行的标准。这种标准具有法规性,有关部门必须执行。

② 推荐标准。指正式审定、公开颁布执行的标准,但它不是强制性的标准,只建议参照执行。

③ 试行标准。指内容不够成熟,有待在实践中进一步修订、充善的标准,修订后可成为推荐标准或法定标准。

④ 草案标准。指审批前由草案提出机构或草拟者拟订的供讨论并征求有关方面修改意见的标准。

(4) 按标准的法规性分

① 强制性标准。指依靠国家法律、法规和行政手段保证执行的标准。

② 非强制性标准。除强制性标准外,其他标准均属于非强制性标准。

3. 标准文献的表现形式

标准文献除了以标准命名外,还常以规范、规程、建议等命名,国外标准文献常以 standard(标准)、specification(规格、规范)、rule、instruction(规则)、practice(工艺)、bulletin(公报)等命名。

6.4.2 国内标准文献检索

我国于1978年8月成立国家标准总局。1979年7月国务院颁布了《中华人民共和国标准化管理条例》,将我国的国家标准分为4个等级:国家标准、行业标准、地方标准和企业标准。国家标准和行业标准又分为强制性和推荐性两种。我国标准的编号由标准代号+顺序号+批准年代组成。强制性国家标准代号为"GB",推荐性国家标准代号为"GB/T"。"GB/*"表示降为行业标准并尚未转化的原国家标准。行业标准用该行业主管部门名称的汉语拼音首字母表示,如机械行业标准用JB表示,通信行业标准用YD表示。行业标准代号前加"/T"表示推荐性行业标准。企业标准代号规定以Q为分子,以企业名称的代码为分母表示,在Q前是省、自治区、市的简称汉字,如苏Q/JB1—99。国家标准的年限一般为5年,过了年限后国家标准就要被修订和重新制定,此外,随着社会的发展,国家需要制定新的标准满足人们生产、生活的需要。因此,标准是一种动态信息。

我国标准的分类采用中国标准文献分类法(简称"中标法",Chinese Classification for Standards,CCS)。中国标准文献分类法的类目设置以专业划分为主,适当结合科学分类。序列采取从总到分、从一般到具体的逻辑系统。中标法采用二级分类,一级主类的设置主要以专业划分为主,二级类目设置采取非严格等级制的列类方法;一级分类由二十四个大类组成(如表6-1所示),每个大类都有100个二级类目:一级分类由单个拉丁字母组成,二类分类由双数字组成。

表6-1 中国标准文献分类法二十四大类

符号	类名	符号	类名	符号	类名
A	综合	J	机械	S	铁路
B	农业、林业	K	电工	T	车辆
C	医药、卫生、劳动保护	L	电子元器件与信息技术	U	船舶
D	矿业	M	通信、广播	V	航天、航空
E	石油	N	仪器、仪表	W	纺织
F	能源、核技术	P	工程建设	X	食品
G	化工	Q	建材	Y	轻工、文化与生活用品
H	冶金	R	路、水路运输	Z	环境保护

1. 中国标准文献手工检索

(1)标准目录

①《中华人民共和国国家标准和行业标准目录》。国家技术监督局标准化司编,中国标准出版社出版,该目录是查找我国国家标准和行业标准的重要工具书。

②《中华人民共和国国家标准目录》。国家标准化管理委员会编,中国标准出版社出版,不定期再版。

③《中华人民共和国国家标准和部标准目录(1977)》。技术标准出版社编辑出版。

④《中华人民共和国工农业产品国家标准和部标准目录》。技术标准出版社出版,不定期再版,有1975年、1980年、1982年等版本。

(2)标准汇编

①《中国国家标准汇编》。中国标准出版社1983年起编辑、出版。《中国国家标准汇编》以国家标准顺序号为序编排,以每分册约150万字的篇幅和精平装两种形式,分册陆续出版发行,包括国家所颁布的全部标准。

②《中国国家标准分类汇编》。1993年开始出版。该汇编根据国家标准清理整顿工作结果,按专业分类进行出版。

③《公共标志图形符号国家标准汇编》。全国图形符号标准化技术委员会秘书处编,中国标

准出版社出版。该汇编收集了公共信息图形符号、安全、交通、包装等标准,可满足各部门对基础性、公共性及标志图形符号标准的需求。

(3) 标准年鉴及其他刊物

①《中国标准化年鉴》。中国标准出版社出版,现由国家标准化管理委员会编。1985年创刊,该年鉴逐年介绍我国标准化工作基本情况及主要成就。其中,国家标准目录收录上一年度新批准发布的所有国家标准,按顺序号和分类两种方式编排,相当于一本完整的国家标准目录,可作为查找国家标准的专门工具。

②《中国质量标准与导报》。中国标准出版社出版,1992年6月创刊,双月刊,是检索我国标准信息的重要工具之一。

2. 中国标准文献网络检索

(1) 中国标准服务网

中国标准服务网的网址为 http://www.cssn.net.cn/。中国标准服务网是国家级标准信息服务门户,于1998年6月25日开通,是世界标准服务网的中国站点,中国国家标准数据直接从国家质量技术监督局标准化司获取,国外标准数据从国外标准组织获取,以确保信息的完整性和权威性。中国标准服务网可提供国际标准化组织标准、欧洲标准、欧盟法规(EC)、美国国家标准学会(ANSI)标准、中华人民共和国国家标准(GB)、英国标准协会(BS)标准等60多个标准数据库的检索,目前,标准文献题录数据量已达130万余条。

该数据库提供标准模糊检索、标准高级检索、电子资源检索、地方标准库检案、标准分类检索〔分为中国标准文献分类法和国际标准分类法(ICS)〕、期刊检索、图书检索等检索功能。标准模糊检索可按标准号和关键词两个字段来进行检索。该数据库最大的特点是可以查看国内外最新作废标准。

(2) CNKI中外标准数据库

CNKI中外标准数据库的网址为 https://kns.cnki.net/。CNKI中外标准数据库的数据来源于中国标准化研究院国家标准馆,提供标准号、中文题名、英文题名、中文关键词、英文关键词、发布单位、摘要、被代替标准、采用关系等字段的检索。采用国际标准分类法和中国标准文献分类法,可根据各级分类导航进行分层浏览。数据每月更新。

CNKI中外标准数据库的特点为可检索与标准相关的文献、成果等信息,即每条标准都集成了与该标准相关的最新文献、科技成果、专利等信息,可完整地展现该标准产生的背景、最新发展动态、相关领域的发展趋势,可浏览发布单位更多的论述及在各种出版物上发表的信息等。

CNKI的系列标准库主要有中国标准数据库、国家标准全文数据库、国内外标准数据库等。

(3) 万方中外标准数据库

万方中外标准数据库的网址为 https://c.wanfangdata.com.cn/standard。该数据库收录了所有的中华人民共和国国家标准、中国行业标准以及中外标准题录摘要数据,共计200余万条。其中中华人民共和国国家标准全文数据内容来源于中国质检出版社,收录了机械、建材、地震、通信标准以及由中国质检出版社授权的部分行业标准;中外标准题录摘要数据内容来源于浙江省标准化研究院。

该数据库可以对记录标识符、标准编号、标准名称、发布单位、批准单位、起草单位、发布日期、实施日期、中国标准文献分类号、国际标准分类号、关键词等字段进行检索。

(4) 标准网

标准网的网址为http://www.standardcn.com。标准网是由中华人民共和国国家发展和改革委员会产业协调司主管,机械科学研究总院中机生产力促进中心维护的我国工业行业的标准化门户网站。在该网站中可以查询中华人民共和国国家标准、中国19个行业的行业标准、国际标准化组织标准、国际电工委员会标准、欧洲标准、德国标准化协会(DIN)标准、英国标准(BS)、法国标准(NF)、日本工业标准(JIS)、美国国家标准学会标准、美国保险商实验室标准(UL)、美国机械工程师协会标准、美国材料与试验协会标准、美国电气与电子工程师协会标准等的题录信息。

(5) 中国标准在线服务网

中国标准在线服务网的网址为https://www.spc.org.cn/。中国标准在线服务网隶属于中国质检出版社(中国标准出版社)。栏目主要有标准分类、产品服务、标准公告、标准知识库、标准信息检索等。该数据库提供简单检索和高级检索两种查询方式,主要提供标准状态、标准分类、标准名称和标准号等的字段检索。

(6) 国家标准化管理委员会

国家标准化管理委员会的网址为http://www.sac.gov.cn/。中国国家标准化管理委员会(中华人民共和国国家标准化管理局)是国务院授权的履行行政管理职能,统一管理全国标准化工作的主管机构。该网站提供国家标准目录、国家标准计划、废止国家标准目录、行业标准代号及主管部门的信息查询。在其中可以免费下载中国国家强制性标准全文。

(7) 中国国家标准咨询服务网

中国国家标准咨询服务网的网址为http://www.chinagb.org。中国国家标准咨询服务网提供中华人民共和国国家标准、行业标准、地方标准及国际标准、外国标准的咨询服务,包括标准信息的免费在线查询、标准有效性的确认、标准文献翻译、标准培训等各种相关服务。

(8) 全国标准信息公共服务平台

全国标准信息公共服务平台的网址为http://std.samr.gov.cn/。全国标准信息公共服务平台的服务栏目主要有国家标准、行业标准、地方标准、团体标准、企业标准、国际标准、国外标准、示范试点、重点工程等,可以提供普通检索和高级检索两种检索方式。高级检索的检索字段主要有标准属性、国家标准编号、计划编号、标准状态、被代替国家标准编号、主管部门、归口单位、中文标准名称、英文标准名称、发布日期、实施日期、国际标准分类号、中国标准文献分类号、起草单位、采用国际标准等。

(9) 中国标准化研究院

中国标准化研究院的网址为https://www.cnis.ac.cn/。中国标准化研究院始建于1963年,是从事标准化研究的国家级社会公益类科研机构,主要针对我国国民经济和社会发展中全局性、战略性和综合性的标准化问题进行研究。其工作职能为主要开展标准化发展战略、基础理论、原理方法和标准体系研究,承担节能减排、质量管理、国际贸易便利化、视觉健康与安全防护、现代服务、公共安全、公共管理与政务信息化、信息分类编码、人类工效、食品感官分析等领域标准化研究及相关标准的制修订工作等,同时,还直接支撑着中华人民共和国国家质量监督检验检疫总局以及中国国家标准化管理委员会的相关管理职能,包括我国缺陷产品召回管理、国家标准技术审查、全国工业产品、食品生产许可证审查等。

（10）国家标准频道

国家标准频道的网址为 http://www.chinagb.org/。国家标准频道主要报道国际、国内技术标准方面重大事态和标准制订、修订动态。主要栏目包括标准查询、标准动态、标准法规、标准书目、立标动态、标准研究、标准论坛等。可注册免费会员，提供标准全文订购服务。

（11）中华人民共和国国家卫生健康委员会网站

中华人民共和国国家卫生健康委员会的网址为 http://www.nhc.gov.cn/。该网站有 1 500 余条卫生方面的国家标准（全文）和卫生行业标准（全文）及其更新信息，涵盖了环境卫生、食品卫生、职业卫生等领域。用户可以按发布时间、标准分类、标准号、标准名称等排序浏览，提供智能速查和高级查询。标准全文有些是图片格式，有些是 PDF 格式。

（12）国家军用标准化信息网

国家军用标准化信息网的网址为 http://www.gjb.com.cn/。国家军用标准化信息网提供免费查询中国军用标准、美国军用标准、法国宇航标准、北约标准目录及北约出版物等的题录信息。

除此之外，我国部分行业标准的网站有全国汽车标准化技术委员会、中国建材标准服务咨询网、中国建筑标准设计网、中国仪器仪表信息网、中国电子标准化与质量信息网、通信标准与质量信息网、中国工程技术标准信息网、中国环保法规与标准、建筑法规与标准、机械标准化与 CAD、机械工业标准服务网等。

3．检索实例

检索课题：食品保鲜膜的标准。

（1）制定检索策略

① 分析课题，提取检索词（食品、保鲜膜）。

② 利用相关检索技术编制科学检索式（食品/题名与保鲜膜题名）。

③ 检索要求：时间限制为 1980 年至今，按时间排序。

（2）实施检索策略

① 登录网址 https://www.wanfangdata.com.cn，访问万方数据知识服务平台，选择文献类型为"中外标准"，打开高级检索界面。

② 输入检索式，设定检索要求，如图 6-47 所示。

图 6-47　高级检索界面

③ 单击 检索 按钮，得到 3 条检索结果，如图 6-48 所示。

图 6-48　检索结果界面

（3）检索结果处理

① 单击题名可查看标准摘要。单击 导出，可导出参考文献（如图 6-49 所示）。

图 6-49　参考文献页面

② 在线阅读、下载全文。订购用户可在线阅读和下载全文，非订购用户可采用其他付费方式获取。

6.4.3　国外标准文献检索

国际标准是指由国际性组织所制定的各种标准，其中主要是由国际标准化组织制定的 ISO 标准和由国际电工委员会制定的 IEC 标准，以及国际标准化组织已列入《国际标准题内关键词索引》中的由 27 个国际组织制定的标准。

国际标准的分类采用国际标准分类法（International Classification for Standards，ICS）。ICS 采用的是数字分类法及层累制分类法，由三级类目构成。第一级有 41 个大类，如道路车辆工程、农业、冶金。每个大类都以两位数字表示,如"43 道路车辆工程"。全部一级类目再分为 387 个二级类目。二级类目的类号由一级类目的类号和被一个圆点隔开的 3 位数组成,如"43.040 道路车辆装置"。二级类目下又有三级类目,共有 789 个,三级类目的类号由一、二级类目的类号和被一个圆点隔开的两位数组成,如"43.040.50 传动装置、悬挂装置"。国际标准分类法的类目设置以所属学科、专业归类。

1. 国外标准文献手工检索

(1) ISO 标准及其标准文献检索

ISO 成立于 1947 年 2 月 23 日,我国于 1978 年 9 月加入该组织。ISO 的主要任务是制定国际标准,促进各国标准化工作的开展,协调涉及范围内的标准化工作。ISO 每年制定 500~700 个标准。1971 年前,ISO 标准以推荐标准(IHI/R)的形式公布,1972 年之后直接以"ISO+顺序号+年代号"的形式公布出版,ISO 标准每五年复审一次,因此,使用时应注意利用最新版本。

ISO 标准的主要检索工具是 *ISO Catalogue*(《国际标准化组织目录》)。它是英、法文对照版,每年出版一次,每季度出版一次补充目录。

该目录的正文部分是分类目录,1988 年以前,其分类号以"TC"(国际标准专业技术委员会)表示。1988 年后,开始采用全新的分类体系,类目基本上按十进分类号的顺序排列,共 39 个大类(一级类目),每一大类设若干小类(二级类目)。一、二级类目分别用 3 位和 4 位数字标记。39 个大类均同时加注对应的国际十进分类号(UDC 分类号)和 ISO 标准分类号。

检索途径有 3 种:主题途径检索、TC 分类号检索和国际十进分类号检索。

(2) IEC 标准及其标准文献检索

IEC 正式成立于 1906 年,主要负责制定和批准电工、电子技术领域的各种国际标准。IEC 现设有 84 个技术委员会(TC)和 128 个技术委员会分会(SC)。

IEC 标准的主要检索工具为《IEC 国际电工标准目录》(*Catalogue of IEC Publication*),该目录创刊于 1906 年,专门收录国际电工方面的标准,每年出版一期,有英文、法文两种文本。该目录正文之前有目录表,按顺序编排,TC 号后列出标准名称和页码,按页码指引即可在正文中找到相应的标准。正文部分是"IEC 出版物序号表",按 IEC 出版物序号编排。每条标准均列出 IEC 标准序号、标准名称、所属技术委员会的 TC 号、内容简介。正文后有"主题索引",著录有标准号和说明语。读者可按主题途径,利用"主题索引"查出标准号,再利用"IEC 出版物序号表"查出标准的名称和内容。

ISO 标准和 IEC 标准都有中文版目录。

2. 国外标准文献网络检索

(1) ISO 在线

ISO 在线的网址为 http://www.iso.org/iso/home/store/catalogue-cs.htm。国际标准化组织是全球性的非政府组织,也是国际标准化领域中十分重要的组织。ISO 的任务是促进全球范围内的标准化及其有关活动,以利于国际产品与服务的交流,以及在知识、科学、技术和经济活动中发展国际的相互合作。ISO 所有标准每隔 5 年将重新审定一次,所以使用时应注意利用最新版本标准。ISO 标准号的结构形式为标准代号+顺序号+年代号。

ISO 在线网设有 ISO 介绍、产品和服务、ISO 会员专用、信息中心等栏目。它具有国际标准数据库的全文检索和标准号功能检索功能,同时提供国际标准的分类目录浏览,并介绍各成员国、产品与服务等信息。ISO 提供快速检索和高级检索两种检索方式。

(2) IEC 网站

IEC 网站的网址为 http://www.iec.ch。国际电工委员会起源于 1904 年在美国圣路易斯召开的一次电气大会上通过的一项决议。根据这项决议，1906 年成立了 IEC。它是世界上最早成立的标准化国际机构之一，其任务是负责有关电气工程和电子工程领域中的国际标准化工作。目前 IEC 涉及的领域由单纯研究电气设备、电机的名词术语和功率等问题扩展到电子、电力、微电子及其应用、通信、视听、机器人、信息技术、新型医疗器械和核仪表等电工技术的各个方面。IEC 每年在世界各地召开一百多次国际标准会议，世界各国近 10 万名专家参与 IEC 的标准制定、修订工作。

IEC 与 ISO 有许多共同之处。它们都是制定国际标准的机构，使用共同的技术工作导则，遵循共同的工作程序。在信息技术方面，ISO 与 IEC 成立了联合技术委员会，负责制定信息技术领域中的国际标准，秘书处工作由美国国家标准学会担任。该联合技术委员会是 ISO 和 IEC 中最大的技术委员会，发布的国际标准占 ISO 和 IEC 的三分之一，且更新更快。

该网站设有 IEC 介绍、公众信息、技术委员会信息中心、数据库搜索等栏目。在该网站主页上单击"Webstore"，可以使用快速检索、高级检索两种检索方式。

通过检索可以获得 IEC 标准号、语种、题名、出版日期、委员会编号、文摘等信息，我们可以通过 IEC 的国家委员会和在各国的销售代理获取标准全文，IEC 在中国的销售代理是中国标准信息服务网。

(3) IEEE Standards

IEEE Standards 的网址为 http://standards.ieee.org。它是 IEEE 标准主页，给出了美国电气与电子工程师协会发布的有关标准的信息，主要有如下链接：标准协会、标准产品等。用户可免费进入进行查询。

(4) ILI 标准数据库(ILI Standards Web)

该数据库是世界上唯一的全书目式标准数据库，包含大约 28 万种世界各国的工业和军用标准资料，也收录了主要的国际标准，可通过标准号、标题和摘要中的关键词、版本、出版者以及主题分类进行检索。

(5) PERINORM 标准数据库

PERINORM 标准数据库的网址为 http://www.cssinfo.com。该数据库包含世界上 45 万余条工业技术标准文献及规范，包括 ISO、IEEE 等组织制定的标准，其中约 5 000 条标准为 PDF 格式的标准全文，可直接下载。该数据库提供快捷检索和高级检索两种检索方法。

(6) 国际电信联盟

国际电信联盟的网址为 http://www.itu.int/ITU-T/index.html。国际电信联盟(International Telecommunication Union，ITU)有 191 个成员国和 700 多个部门成员及部门准成员，该网站为 ITU 的门户网站，可以检索 Radio communication (ITU-R)、Standardization (ITU-T)、Development(ITU-D)的标准信息。

(7) IEEE Xplore

IEEE Xplore 的网址为 https://ieeexplore.ieee.org/Xplore/home.jsp。IEEE Xplore 为美国电气与电子工程师协会和英国工程技术学会(The Institution of Engineering and Technology，IET)共同设计的标准全文信息系统，提供 IEEE 和 IET 1988 年至今出版的期刊、会议论文集及 IEEE 工业标准的电子全文，数据量超过 200 万篇，内容涉及电子工程、计算机工程、空间技术、生物工程等多个学科领域，平均每月增加 50 000 页新资料。

(8) 全球标准化资料库

全球标准化资料库的网址为 https://www.nssn.org。全球标准化资料库是美国国家标准化组织、美国各私营标准组织、政府机构及国际标准组织合作创建的一个标准搜索引擎,可以搜索全球超过 600 家标准组织与专业协会制定的将近 300 000 个现有的和被提案的标准。

(9) 美国国家标准学会(American National Standards Institute,ANSI)

美国国家标准学会的网址为 https://www.nist.gov/。该网站是非营利性质的民间标准化团体,但它实际上已成为美国国家标准化中心,美国各界标准化活动都围绕它进行。

(10) 澳大利亚标准(Australian Standards)

澳大利亚标准的网址为 https://www.standards.org.au/。该网站可以免费查找澳大利亚以及 ISO、IEC、BSI(英国标准协会)、DIN、ETSI(欧洲电信标准化协会)、JIS 等组织的标准,可看到标准的相关说明和文摘,需付费购买全文。

除了以上介绍的国外标准网站以外,其他的国外标准网站还有新西兰标准组织(Standards New Zealand)、美国国家标准协会、英国标准协会、德国标准化协会、美国机械工程师协会、美国材料与试验协会、美国全国防火协会、美国印刷电路学会和国际劳工组织(International Labour Organization,ILO)等。

6.5 科技报告

6.5.1 科技报告概述

1. 科技报告的定义

科技报告是科研活动的具体成果和实际进程的真实记录,是在科技活动中产生的第一手资料。一般定义为:描述一项科学技术研究的结果或进展,或一项技术研制试验和评价的结果,或是论述某项科学技术问题的现状和发展的文件。具体地说,科技报告是对某一科学技术问题进行研究后写的正式研究结果,或仅就某一课题研究进展向主管部门写出的书面汇报材料,或对某一地区某一科学技术问题、研究、实验进行考察后,向有关部门或单位写出的书面研究报告、实验报告或考察报告,一般有研究报告、进展报告和年度报告。科技报告一般由政府机构、军队系统所属的科研单位与高等院校的专门科研机构提供和出版发行。它不仅记录了科研活动的研究成果,而且将成功的经验和失败教训都记录在内,对科研工作起到直接的借鉴作用。

科技报告最早出现于 20 世纪初,出现之初仅是研究、设计单位或个人向提供经费和资助的部门汇报其研究或设计任务完成情况的总结报告。第二次世界大战期间,大量的研究成果以内部报告形式发表,科技报告逐渐成为一种技术交流的手段。战后,不少军事、科研机构利用政府研究报告对内、对外传递科技情报,至今科技报告已发展成为科技文献的一大门类。每份报告自成一册,通常载有主持单位、报告撰写者、密级、报告号、研究项目号和合同号等,大多与政府的研究活动、国防及尖端科技领域有关。科技报告发表及时,课题专深,内容新颖、成熟,数据完整,所报道的内容一般必须经过有关主管部门的审核与鉴定,是一种非常重要的信息资源。

2. 科技报告的特点及类型

科技报告是一种特殊类型的文献,不像图书、期刊,它反映了科学研究的过程、进展和结果。由于科技报告在内容上一般具有保密性,所以不宜在期刊上发表;但要使其在一定范围内迅速传播、交流,故常以内部资料的形式出现,或在一定时期后公开发表。其特点如下:一是全面、客观、准确;二是内容新颖,翔实专深,多涉及国家的尖端科研项目和前沿课题,有详尽的数据、图表;三是出版速度快;四是大部分需要保密,只有一小部分允许公开发表,绝大部分要在一段时期之后才被解密公开。

目前,世界上每年出版的科技报告约有 90 万件。国际上最著名的科技报告是美国政府四大科技报告,即 PB(美国商务部出版局)报告、AD(美国武装部队技术情报局)报告、NASA(美国国家航空航天局)报告和 DOE(美国能源部)报告。

科技报告分为以下几种类型。

(1) 按报告的发行密级,分为保密报告(classified)、非密限制发行报告(restricted or limited)、非密公开报告(unclassified)、解密报告(declassified)。机密报告在认为没有必要保密时可解密成公开的文献,但大多数科技报告不在期刊上发表。

(2) 按出版形式,又可分为以下几种。

① 技术报告(Technical Report,TR)是公开发行的出版物,内容完整详细,多是技术总结报告。

② 技术札记(Technical Note,TN)是研究过程中的记录和小结,内容不完整,属于一些原始素材。

③ 技术论文(Technical Paper,TP)是准备在学术会议或期刊上发表的报告,着重于理论而删除了关键的技术内容。

④ 技术备忘录(Technical Memorandum,TM)是内部使用限制发行的出版物,供同一领域内科技人员沟通用。

⑤ 技术译文(technical translation)是翻译的国外有参考价值的文献。

⑥ 技术通报(Technical Bulletin,TB)是对外公布的较成熟的摘要性文献。

(3) 按内容可分为基础理论研究和工程技术两大类。

(4) 按研究进展程度,可分为初期报告(primary report)、进展报告(progress report)、中间报告(interim report)、最终报告(final report)等 4 类。

① 初期报告:研究单位进行某研究项目的一个计划性报告。

② 进展报告:报道某项研究或某研究机构的工作进展情况。

③ 中间报告:报道某项研究课题某一阶段的工作小结及对下一阶段的建议等。

④ 最终报告:科研工作完成后所写的报告。

我国的科技报告按密级分为公开、国内、内部、秘密、机密和绝密 6 个等级。其中 0 为公开,1 为国内,2 为内部,3 为秘密,4 为机密,5 为绝密。

① 报告级别分国家级、省部级,分别用汉字的汉语拼音首字母 GJ、SB 表示。

② 保密报告按内容分成绝密、机密和秘密 3 个级别,只供少数有关人员参阅。

③ 非保密报告分为非密限制报告和非密公开报告。

④ 保密报告经一定期限,经审查解密后,成为对外公开发行的文献。

6.5.2 国内科技报告检索

1. 国内科技报告手工检索

(1) 《科学技术研究成果》与《科学技术研究成果公报》

由国家科学技术委员会编,由国务院有关部门推荐,经国家科委科学技术研究成果管理办公室正式登记,以摘要形式公布。

《科学技术研究成果》是代表我国科学技术研究水平的正式科技报告,内容涉及机械、电机、计算和技术、熔金、化学化工、医药卫生、农林等领域,分为"内部""秘密""绝密"3个保密级,由内部控制使用。

《科学技术研究成果公报》是专门报道和检索《科学技术研究成果》的工具。近几年也以数据库形式对外提供检索服务。

(2)《中国国防科技报告通报及索引》

原名为《国防科技资料目录》,报道内容包括国防科研、实验、生产和作战训练中产生并经过加工整理的科技报告和相关科技资料。

(3)《中国机械工业科技成果通报》

报道内容包括基础理论研究、科研成果、新产品研制成果、软科学成果、专利成果等,其按类编排。

(4)《中国核科技报告》

《中国核科技报告》创办于1986年,已经出版了报告1 500多篇,内容涵盖核能技术应用、核材料科学、核化学与放射化学、铀矿地质学与勘探、铀矿冶技术、核物理学、中子物与实验技术、核数据评价、辐射防护、核仪器仪表与测量方法、核废物管理与处置、核科学技术一般问题等。

除此之外,国内手工检索科技报告还有《中国可持续发展科技报告》《中国区域发展报告》《中宏决策》等系列研究报告。

2. 国内科技报告网络检索

(1)国家科技报告服务系统

国家科技报告服务系统的网址为http://www.nstrs.cn/。2013年4月,科技部在国家科技计划中启动了科技报告试点,开展"十一五"以来科技计划立项项目的科技报告回溯和呈交工作。国家科技投入形成的科技报告将通过国家科技报告服务系统对广大科研人员和社会公众实行开放共享。

该系统于2013年1月1日开通了标准意见版,展示了1 000份最终报告,向社会公众提供公开科技报告摘要浏览服务,为经实名注册的科研人员提供在线全文浏览服务;于2014年1月11日开通了第二阶段征求意见版,展示了3 000份科技报告,这些报告都是依据"十一五"期间已验收(项目)课题的验收报告加工而成的。该数据库开通了针对社会公众、专业人员和管理人员3类用户的服务,向社会公众无偿提供科技报告摘要浏览服务,社会公众不需要注册,即可通过检索科技报告摘要和基本信息,了解国家科技投入所产出科技报告的基本情况。报告导航向专业人员提供在线全文浏览服务,专业人员需要实名注册,通过身份认证即可检索并在线浏览科技报告全文,不能下载与保存全文。该系统向各级科研管理人员提供面向科研管理的统计分析服务,管理人员通过科研管理部门批准注册,免费享有批准范围内的检索、查询、浏览、全文推送以及相应统计分析等服务。

(2)万方数据知识服务平台的国家科技报告服务系统

万方数据知识服务平台的国家科技报告服务系统的网址为https://www.wanfangdata.com.cn/。万方数据知识服务平台的国家科技报告服务系统主要收录国内外科技报告。中文科技报告源于中华人民共和国科学技术部,收录始于1966年,共收录了中文科技报告20 000余份;外文科技报告源于美国政府四大科技报告(AD 报告、DOE 报告、NASA 报告、PB 报告),收录始于 1958 年,共收录了外文科技报告 1 100 000 余份。该数据库可进行简单检索、高级检索以及科技报告浏览等。检索字段主要有题名、作者单位、关键词、计划名称和项目名称等。

(3) 国务院发展研究中心信息网

国务院发展研究中心信息网的网址为 http://www.drcnet.com.cn/。北京国研网信息股份有限公司创建于 2001 年 4 月,国务院发展研究中心信息网(又称为国研网)是北京国研网信息股份有限公司以国务院发展研究中心的信息资源和专家阵容为依托,整合中国宏观经济、金融研究和行业经济领域的专家资源及其研究成果,并与海内外众多著名的经济研究机构和经济资讯提供商合作,为中国各级政府部门和企业投资者进行决策而建设的经济类专业网服务平台。

检索国研网系列研究报告时,先选择所需检索的数据库,将目录层层点开,单击文章标题,即可浏览全文,也可在检索框中输入检索词,从文章标题、作者、全文、关键词等途径进行检索。

(4) 中国科技成果数据库(CSTAD)

中国科技成果数据库的网址为 https://www.wanfangdata.com.cn/。中国科技成果数据库始建于 1986 年,收录了自 1964 年至今的历年各省市部委鉴定后上报国家科技部的科技成果及星火科技成果,共有 37 万余条科技成果记录,包括高新技术和实用技术成果、可转让的适用技术成果以及获得国家科技奖励的成果,内容涉及化工、生物、医药、机械等十几个专业领域。CSTAD 的可检索字段共有 16 项,包括成果名称、省市、联系人等,各个检索字段之间可以进行布尔逻辑组配检索。

(5) 中国科学技术信息研究所

中国科学技术信息研究所的网址为 https://www.istic.ac.cn/。中国科学技术信息研究所成立于 1956 年,是科技部直属的国家级公益类科技信息研究机构,主要从事以"科技决策支持"为特色的信息分析研究、科技信息服务、新技术研发推广和先进服务平台管理、科技信息领域高级人才培养和继续教育培训、社团管理、媒体出版等业务,负责国家工程技术数字图书馆建设。这里主要介绍国家工程技术数字图书馆,它是我国工程技术领域科技文献信息资源收藏、开发和服务的核心机构,系统收藏了工程技术、高技术各个学科领域的科技文献,学科主要包括电子和自动化技术、计算机和网络技术、材料科学、环境科学、航空航天、生物工程、能源动力、交通运输、建筑、水利和一般工业技术等工程技术领域,同时兼有基础科学、农业科学、医药卫生、社会科学领域;文献类型包括学术期刊、学术会议、学位论文、科技报告、院士著作、工具书和影视资料等。其还收藏有从 1958 年开始的美国政府四大科技报告。

(6) 国家科技成果网

国家科技成果网的网址为 https://www.tech110.net/。国家科技成果网是由中华人民共和国科技部科技成果管理办公室和中国化工信息中心承办的一个全国科技成果的信息平台。

该网站的科技成果栏目中包含国内各个科技领域的重要成果。在网站中搜索科技成果相关内容,首先在主界面的菜单条上单击"成果",进入下一级页面;然后选中输入框上面的"成果",在输入框中输入检索词,单击"搜索"按钮即可。

网站还提供了"高级检索",在高级检索界面可以设置搜索条件进行相关检索。检索结果以列表方式显示成果名称,每页只能显示 20 条。单击成果名称,可浏览成果详细信息。

(7) 中国国防科技报告

中国国防科工委系统的中国国防科技报告是我国科技报告的重要组成部分。其中航空科技报告已建成航空科技报告文摘数据库,收录了国内各航空企事业单位中具有很高专业技术水平的中国航空科技报告的文摘,现收录了 1981—2009 年的数据万余条,公开比例大致为 50%,且数据每年更新。其中 1981—1996 年的科技报告提供全文借阅服务,1997 年之后的科技报告只有公开级的全文报告提供借阅服务,内部(索取号后带 N)和密级(索取号后带 M 或 J)的科技报告暂不借阅。

(8) 国家工程技术数字图书馆的国外科技报告系统

国家工程技术数字图书馆的国外科技报告系统的网址为 https://netl.istic.ac.cn/。该数据库收录了 1940 年以来的美国政府研究报告,即 AD 报告、PB 报告、DOE 报告和 NASA 报告,以及少量其他国家学术机构的研究报告、进展报告和年度报告等,涉及工程技术和自然科学各专业领域,每年增加报告 2 万余篇。该数据库可以按照报告名称进行检索,也可以按拼音字母进行筛选。

(9) 国家科技图书文献中心

国家科技图书文献中心的网址为 https://www.nstl.gov.cn。国家科技图书文献中心的国外科技报告数据库主要收录了 1978 年以来的美国政府四大科技报告,以及少量其他国家学术机构的研究报告、进展报告和年度报告等。学科范围涉及工程技术和自然科学各专业领域。数据每月更新。

(10) 尚唯科技报告资源服务系统

尚唯科技报告资源服务系统的网址为 http://www.rarelit.net/。该系统主要收录了从 1900 年至今的国外科技报告,涉及 5 万余研究机构、6 万多关键词信息,包含 300 多个学科层级分类,内容覆盖科学技术的各个领域。该系统主要收录国外政府部门出版的技术报告,还收录研究机构和大学的科技报告,主要包括 DOE 报告、DTIC(美国国防技术信心中心)报告、NASA 报告、PB 报告和其他政府机构、社会团体、研究机构、大学的科技报告和经济方面的研究报告等。

该系统主要提供快速检索和高级检索两种检索方式。检索字段主要有报告名称、报告号、作者、发布年份、研究机构、赞助机构、来源机构、关键词以及简介。除此之外,该系统还提供热门科技、学科分类、研究机构和来源机构的导航信息。

3. 检索实例

检索 2000—2020 年关于"磁悬浮列车"方面的科技成果。

(1) 制定检索策略

① 提取检索词:磁悬浮列车。

② 时间范围:2000—2020 年。

(2) 实施检索策略

① 访问 www.cnki.net 网址,打开成果库,选择"高级检索"方式。

② 输入检索词,检索项设定为"成果名称",如图 6-50(a)所示。

③ 单击 检索 按钮,得到 11 条检索结果,如图 6-50(b)所示。

(3) 检索结果处理

① 单击成果名称,可查看该成果的详细信息。

② 获取全文。先下载 CAJ 浏览器,单击 CAJ原文下载 图标下载 CAJ 格式全文。

③ 查看知识节点与知识网络信息。在成果显示页面,可查看与该成果相关的成果、专利、标准等信息,可以完整展现该成果产生的背景、最新发展动态、相关领域的发展趋势等。

图 6-50 高级检索及检索结果

6.5.3 国外科技报告检索

1. 国外科技报告手工检索

（1）美国政府四大科技报告

在世界各国数量庞大的各类科技报告中，以美国政府的科技报告为最多，而且比较系统，其中，历史悠久、报告量多、参考和利用价值大的主要有 4 类，即所说的"美国政府四大科技报告"——PB 报告、AD 报告、NASA 报告和 DOE 报告。

① PB 报告

PB 报告的内容包括科技报告、专利、标准、技术刊物、图纸等。20 世纪 60 年代后的内容逐步从军事科学转向民用，并侧重于土木建筑、城市规划、环境污染等方面。

PB 报告的编号原来采用的流水号前冠有 PB 代码，到 1979 年编到 PB-301431。1980 年采用了新的编号，即"PB＋年代＋顺序号"，如 PB85-4268582。

② AD 报告

AD 报告的内容包含军事方面，也广泛涉及许多民用技术，包括航空、军事、通信、农业等 22 个领域。

AD 报告的密级包括机密、秘密、内部限制发行、非密公开发行 4 级。AD 报告后加一个字母，以区分不同密级，如 AD-A 表示非密公开发行报告，AD-B 表示内部限制发行报告，AD-C 表示秘密、机密报告等。

③ NASA 报告

NASA 报告主要报道空气动力学、发动机及飞行器材、实验设备、飞行器制导及测量仪器等方面。虽主要是航空、航天科学方面，但由于航空、航天与机械、化工、冶金、电子、气象、天体物理、生物等都有密切联系，因此，NASA 报告实际上是一种综合性的科技报告。

NASA 报告采用"NASA-报告类型-顺序号"的表示法，报告类型包括 NASA-TR-R 技术报告、NASA-TN-D 技术札记、NASA-TM-X 技术备忘录、NASA-TP 技术论文、NASA-TT-F 技术译文、NASA-CR 合同报告、NASA-CP 会议出版物、NASA-Case 专利说明书、NASA-SP 特种出版物。

④ DOE 报告

DOE 报告的内容主要是原子能及其应用，同时涉及其他学科领域。DOE 报告不像 PB 报告、AD 报告、NASA 报告那样有统一的编号，它的编号是由各研究机构名称的缩写字母与数字号码构成的，由于所属机构较多，编码较复杂，所以难以识别，要识别它可以通过特定工具书，如《报告系列编码词典》收录了 4 000 余个政府机构、高等院校和商业公司的 12 500 多个代码(包括机构简称和全名)，它是识别和查阅科技报告代码的指南。从 1981 年开始，美国能源部发行的报告都采用"DE＋年代＋顺序号"的形式。

美国政府四大科技报告的主要检索工具是《美国政府报告通报和索引》，其中 DOE 报告和 NASA 报告还有各自的专门检索工具。例如，《能源研究文摘》(*Energy Research Abstracts*，ERA)和《国际核情报体系——核能文献题录》(INIS—Atomindex)收录 DOE 报告，美国《宇宙航行科技报告》(*Scientific and Technical Aerospace Reports*，STAR)收录 NASA 报告。

(2) 英国政府科技报告

英国一些政府机构发行一定数量的研究报告，其中比较有代表性的为英国原子能管理局的 UKAEA 报告、科学与工业研究部的 DSTR 报告、英国航空研究委员会的 BARC 报告、英国图书馆的 BLLD 报告。英国科技报告的主要检索工具为《BLLD 通报》(*BLLD Announcement Bulletin*)、《研究与发展文摘》(*R& D Abstracts*)、《英国原子能委员会报告指南》(*Guide to UKAEA Document*)。

(3) 日本科技报告

日本一些国立或公立研究机构、公司或企业的研究机构、大学附设的研究机构及民间研究机构也出版一部分研究报告，如东京大学原子能研究所的 INS-PH 报告(高能物理研究报告)、INS-PT 报告(物理学理论研究报告)，科学技术厅航空宇宙技术研究所的 NAL-TM 报告，工业技术院电子技术综合研究所的研究报告和调查报告等。

除了以上这些科技报告外，还有法国原子能委员会的 CEA 报告、加拿大原子能有限公司的 AECL 报告、德国航空研究所的 DVR 报告等科技报告。

2. 国外科技报告网络检索

(1) 美国政府报告数据库

NTIS(National Technical Information Service)是美国国家技术情报社建立的美国政府报

告数据库,以收录 1964 年以来美国政府立项研究及开发的项目报告为主,收录了少量西欧、日本及世界各国(包括中国)的科学研究报告。该数据库 75%的文献是科技报告,其他文献有专刊、会议论文、期刊论文、翻译文献;25%的文献是美国以外的文献;90%的文献是英文文献。专业内容覆盖科学技术的各个领域。

NTIS 数据库对应的印刷版检索工具是《美国政府报告通报和索引》。NTIS 数据库有磁带版、缩微胶片版、联机数据库、光盘版、网络数据库等。

NTIS 数据库可在 CSA 检索系统的 IDS 平台和 Ei-Village2 检索系统的 EV2 平台上进行检索服务。检索方法不再赘述。

另外通过 NTIS 主页(http://www.ntis.gov)可免费检索 1990 年以来 NTIS 数据库的文献文摘信息,部分报告提供原文。

(2) 国家科技图书文献中心国外科技报告数据库

该数据库主要收录了 1978 年以来的美国政府四大科技报告,即 AD 报告、PB 报告、DOE 报告和 NASA 报告,以及少量其他国家学术机构的研究报告、进展报告和年度报告等。学科范围涉及工程技术和自然科学各专业领域,每年增加报告 2 万余篇,每月更新。

另外,上海科技信息研究所也有美国政府四大科技报告的原文馆藏,中国国防科技信息中心藏有大量的 AD 报告和 NASA 报告,中国科学院文献中心收藏的 PB 报告最全,核科技信息研究所收藏有较多的 DOE 报告。

3. Internet 检索科技报告

下面简单介绍一些国外科技报告网站。

(1) GrayLIT Network

该网站的网址为 http://www.osti.gov/graylit。该网站是由美国能源部、科技信息办公室(OSTI)联合美国国防技术信息中心(DTIC)、美国国家航空航天局(NASA)、美国国家环境保护局(EPA)提供的科技报告数据库,可以下载全文。

(2) NASA Scientific and Technical Information Program

该网站的网址为 http://www.sti.nasa.gov/sti-pubs.html,提供有关航空航天方面的丰富的科技报告,部分有全文。

(3) Scientific and Technical Report Collection

该网站的网址为 http://www.dtic.mil/stinet/str/index.html,收录了美国国防部(United States Department of Defense)提供的科技报告,涉及国防及其相关领域。大部分为文摘和题录,少部分可以看到全文。

(4) Networked Computer Science Technical Reports(NCSTR)

该网站的网址为 http://www.ncstrl.org。康奈尔大学 NCSTR 的"馆藏"是广泛分布于参与机构的技术报告,这些机构包括授予计算机和工程博士学位的高校和一些企业与政府实验室。采用联合式数字图书馆协议 Dienst 连接参与单位的服务器,并用一个被称为 WATER 的集中式索引系统连接各单位的 FTP 报告存储库。NCSTRL 在 1999 年已有 100 多个分布于全世界的存储库,任何人都可以使用 NCSTRL 图书馆。

(5) MIT Center for Coordination Science Working Paper Series

该网站的网址为 http://ccs.mit.edu/wpmenu.html。该网站收录了麻省理工学院协同科学中心的研究报告,可以看到较详细的文摘,一部分可以看到全文。

(6) The Congressional Research Service Reports

该网站的网址为 http://cnie.org/NLE/CRS。该网站是美国国家科学与环境委员会的站点,提供了许多环境方面的报告全文。

(7) Open Source of DOE's Scientific & Technical Information

该网站的网址为 http://www.osti.gov/bridge/。在该网站能够检索并获得美国能源部提供的研究与发展报告全文,内容涉及物理、化学、材料、生物、环境、能源等领域。

(8) Search for California Environmental Documents

该网站的网址为 http://elib.cs.berkeley.edu/docs/query.shtml。该网站提供美国加利福尼亚大学环境科学方面的科技报告全文。

(9) NBER Working Paper

该网站的网址为 http://www.nber.org。该网站提供美国国家经济研究局(National Bureau of Economic Research, NBER)的研究报告文摘和全文。

(10) Economics WPA

该网站的网址为 http://econwpa.wustl.edu/wpawelcome.html。该网站收录了由华盛顿大学经济系提供的经济学科的报告,其中包括许多大学的研究成果,按照内容分为二十多类,多数可以免费获得全文。

(11) WoPEc Electronic working papers in Economics

该网站的网址为 http://netec.wustl.edu/WoPEc/data/PaperSeries.html。该网站收录了由华盛顿大学搜集整理的 Internet 上的经济类报告,可以下载全文。

(12) DOE Scientific and Technical Information

该网站的网址为 http://www.osti.gov/bridge/index.jsp。该网站由美国能源部下属的科技信息办公室创建,可以免费检索1991年至今的 DOE 报告,包括物理、化学、材料、生物、环境、能源等领域,其中 170 000 条资源可以下载全文。

(13) NASA Technical Reports Server

该网站的网址为 http://ntrs.nasa.gov/search.jsp。该网站是 NASA 报告服务中心的综合性网站,提供有关航空航天方面的科技报告摘要,可以在 20 个数据库中免费检索并浏览,部分有全文。

(14) DTIC Online

该网站的网址为 http://www.dtic.mil/dtic/search/tr/index.html。DTIC Online 为美国国防技术信息中心的数据库,是检索 AD 报告的主要数据库,涉及国防及其相关领域,部分可下载全文。

(15) 美国国家经济研究局研究报告服务

该网站的网址为 http://www.nber.org。美国国家经济研究局研究报告服务(National Bureau of Economic Research Working Paper, NBER Working Paper)网收藏美国国家经济研究局的研究报告文摘。

(16) FED World

该网站的网址为 http://www.fedworld.gov。FED World 由 NTIS 于1992年创建,可以检索 1964 年至今 NTIS 的文摘题录。

思 考 题

1. 检索你所在学校本年度申请的专利。列表记录相关专利的类型、发明名称、申请人、专利号/申请号以及国际专利分类号。
2. 比较万方学位论文全文数据库和 CNKI 博硕士学位论文全文数据库的检索功能。
3. 利用 PQDT 数据库检索与自己专业相关的博士学位论文,并列表记录相关文献信息,包括论文题目、作者、指导教师、学位授权单位及完成时间。
4. 国外会议文献原文的获取途径有哪些?
5. 检索与你所学专业有关的中华人民共和国国家标准。
6. 利用中国科技成果数据库检索我国关于"无人机"方面的科技成果(可以自拟课题)。

第 7 章　科技论文写作与规范

随着全球信息化时代的到来,第四次科技革命带来的世界格局的剧烈变化正在席卷全球。在文献信息量呈爆炸式增长的时代,如何快速获取有用信息成为人的学习能力的重要体现。"开展信息素养教育,培养读者的信息意识和获取、利用文献信息的能力"是当代高校图书馆的 5 项重要任务之一。信息检索和文献利用能力的培养也成了当代大学生一项必备的信息技能,因此本章将从科技论文、学位论文的撰写、综述写作及论文写作信息利用规范等方面对信息的综合利用进行阐述。

7.1　科技论文的撰写与投稿

科技论文是在科学研究、科学实验的基础上,对自然科学和专业技术领域里的某些问题或现象进行专题研究,运用概念、判断、推理、证明或反驳等逻辑思维手段,进行分析和阐述,揭示出这些现象和问题的本质及其规律性而撰写的一种文体,并通过公开发表的形式得到同行的认可并加以利用。科技论文是国内外学者进行学术交流的重要媒介,为了促进科学工作的进展,方便所需要者进行查找和阅读,科技论文必须按照规范的格式进行撰写。科技论文在内容上必须具有科学性、首创性和逻辑性,同时在行文表达方面要力求语言精练、用词准确、行文流畅且具备较高的可读性。这就要求作者必须掌握一定科技论文写作的方法,熟悉相关的国家标准和规定,使得撰写的论文符合规范要求,并得以快速有效地发表。

7.1.1　科技论文的基础知识

1. 科技论文的定义

美国国家科学院院士、哈佛大学教授 G. Whitesides 指出:"科技论文是作者对所从事的研究进行集假设、数据和结论为一体的概括性论述"。

GB/T 7713—1987《科学技术报告、学位论文和学术论文的编写格式》中给出了学术论文写作的具体定义:"学术论文是某一学术课题在实验性、理论性或观测性上具有新的科学研究成果或创新见解和知识的科学记录;或是某种已知原理应用于实际中取得新进展的科学总结,用以提供学术会议上宣读、交流或讨论,或在学术刊物上发表,或作其他用途的书面文件"。

2. 科技论文的分类

科技论文以科技成果为对象,采用科技语言、科学逻辑思维方式,并按照一定的写作格式撰写。科技论文可从不同的角度、根据不同标准进行分类。

(1) 依据写作目的和发挥的作用划分

依据写作目的和发挥的作用划分,科技论文可分成论证型、研究报告型、发现发明型、计算型和综述型 5 种。

① 论证型论文

用于数学、物理、化学等基础学科领域的原理、定理、定律等的讨论及证明的论文。

② 研究报告型论文

针对科学技术领域的某一课题进行调查与考察、实验与分析,得到系统而全面的事物现象和完整的实验数据等原始资料,通过对其进行进一步的加工整理,运用已有的理论进行分析、讨论,做出最新的判断,得出新的结论。

对于研究报告型论文,选题应具有一定的科学性和先进性,有独到的见解,素材充分、准确、可靠,足以证明所给出的结论。这类论文最多,涉及新技术、新方法、新方案、新算法、新工艺、新材料等。

③ 发现发明型论文

发现自然界固有的客观存在,首次发现并予以证明;用于揭示事物的现象和本质、特征、规律,记述新发现事物的背景、现象、本质、特性及其运动变化所遵守的规律及使用前景;阐述发明的设备、系统、工具、材料、工艺形成或方法的性能、特点、原理及使用条件等。

④ 计算型论文

数理或其他领域的一些不同类型的数值计算方法或其他运算法则,计算机对数据的不同处理方法及各种算法语言,对一些事物的稳定性、精确度进行分析等均属计算型。计算型论文以数学运算及数学解析为主,常常用到较多的定理、公理、推论、推导、证明等。要求方法正确,数据真实可靠,计算正确无误。

⑤ 综述型论文

对某一科学技术领域在一定时期内的发展状况进行回顾、梳理和总结,对现状进行分析和评价,对未来进行预测及展望,提出建议,指出方向。这种类型的论文不一定具有首创性,但要有指导性,能对科学技术的发展起到承前启后的作用。

综述型论文应是作者在博览群书的基础上,综合介绍、分析、评述该学科(专业)领域里国内外的最新研究成果、最新发展趋势,并表明作者自己的观点,作出学科发展的预测,提出比较中肯的建设性意见和建议的论文。它与一般科技论文的主要区别在于综述型论文不要求在研究内容上必须具备创新性,但一篇好的综述型论文也常常包括某些先前未曾发表过的新资料或新思想,它要求撰稿人在综合分析和评价已发表过资料的基础上,提出涉及该专题在特定时期发展演变的规律和趋势。综述型论文撰写要求比较高,基本要求是,资料新而全,作者立足点高、眼光远,问题综合恰当、分析在理,此类论文往往对所讨论的专题或学科的进一步发展起到引导作用。

(2) 依据研究对象和写作内容划分

依据研究对象和写作内容划分,科技论文可分为学术型和技术应用型两类。这种分类方法所包括的论文范围更广,判别相对更容易些。基础研究和应用基础研究多产生学术型论文,应用研究和技术开发研究多产生技术应用型论文。

① 学术型论文

这类论文侧重于理论分析、数学推导,在于揭示现象或事物的规律性、普遍性、原理性,因此它具有探索性、前瞻性。学术型论文以现实为基础,但又超越现实,在一定范围内、一定程度上和一定时期内可能脱离现实。其研究思路和研究方法可能会对同行起到启发和引导作用。对研究成果来说,会形成一种飞跃,可用于指导现实,这里的现实是指科学研究与探索。一项成果有理论高度,才会有普遍意义,思想锐利,见地深刻,才会有学术价值。

学术型论文解决的是"为什么""是什么"和"为什么""怎么办"的问题。"为什么""是什么"揭示物质和现象的本质、特征、特点、规律及普遍意义,而"为什么""怎么办"则以理论分析和普遍规律去启发、指导实践活动。这就是应用基础研究的特定意义之所在。

② 技术应用型论文

该类论文的内容直接来源于生产实践或人类的其他社会活动,具有很强的时代感和现实针对性。其研究直接源于现实,又直接应用于现实,具有明显的实用性。很多发明创造表现其中,其强调的是具体应用性和特殊性。专业型期刊或技术应用型期刊刊登的多是此类文章。

技术应用型论文一般立足于"怎么办"的问题,提出具体的解决办法和改进措施。这类成果很多不必进行二次开发,即可直接应用于实践。一些技术改革和创新的内容都具备此特点,以便于推广和移植。某些指导类、经验介绍类、新技术、新设备、新器件、新工艺介绍类的论文也可归为这一类。

学术型论文和技术应用型论文会互相渗透,可兼而有之,关键是研究课题的性质和写作的侧重点。无论是学术型论文还是技术应用型论文,二者均以现实为基础,也就是以目前人类的认识范围和实践活动为基础。向上即学术研究,向下即应用研究,应用研究经过资料积累和研究的不断深入,由感性到理性,使成果有一个飞跃和升华,也即转化为学术研究。

(3) 按内容性质和研究方法的性质划分

按内容性质和研究方法的性质划分,科技论文可分为理论型、实验型、描述型、设计型。

① 理论型论文

理论型论文指的是自然科学各学科、专业的研究人员针对本学科专业范围内的某一课题,通过严密的理论推导和理论分析,将感性认识上升到理性认识,对研究成果进行理论概括和总结,提出自己的思想、主张、观点和见解的理论性论文。理论型论文的重点在于理论证明和分析。

在自然科学领域里的各学科门类,尤其是数学、物理等基础学科及所属各专业,理论型论文占了较大的比重。有的纯粹以抽象的理论问题为研究对象,运用理论推导和假设、模型、形式化、数学化、公理化等方法,一般不涉及实验、观测等科学实践活动,如数学、理论物理、理论化学、理论天文学等学科的学术论文。有的是综合运用本专业的基础理论、专门知识和基本技能,采用新的思想和方法,或从新的角度,重新证明某一概念、定义、定理、定律等。有的是对本学科专业范围内某一理论、定理、定律重新进行理论推导和论证,阐明它的意义和局限,或肯定,或修正,或补充,或质疑。有的是研究本学科专业范围内的某一理论、原理、定律在实践中的具体运用,其中有的还要建立数学模型或给出计算方法等。有的虽以实验、观测、调研所搜集的资料为研究对象,但它只是作为理论推导的依据和假设的出发点,或作为结论的佐证,不是论文的宗旨所在,目的在于对这些资料进行分析、综合、抽象、概括、提炼、归纳,提出新的见解和新的理论。换言之,理论型论文是正面阐明理论、思想、观点和见解的论文,它重在理论分析和理论认识,强调逻辑效应和以理服人。

② 实验型论文

实验型论文的前提是实验,就是在一定的研究目的下,运用相应的实验设备、手段等,主动模拟、干预和控制,以便在特定条件和典型环境下获得科学事实的一种探索活动,以书面的形式如实记录实验的过程和创造性的结果,并进行总结、归纳和分析,向社会公布、发表。它也可分两种:一种是以介绍实验本身为目的,重在说明实验装置、方法和内容;另一种是通过对实验结果的分析和讨论,从而认识客观规律。实验型论文的正文结构与理论型论文的不同,主要是由实验报告的结构演化而来的,并已形成一定约定俗成的格式,一般有材料和方法、结果与讨论等三部分。此三部分仍可做适当调整,其重点内容则必须对实验作说明和分析。

③ 描述型论文

描述型论文的重点是对研究对象进行描述和说明,向读者介绍新发现的某种客观事物或现象,重在说明事物或现象。描述型论文的结构通常由描述和讨论两大部分构成,如论述动物、微生物新物种,描述新发现的地质现象、新发明仪器等的论文。

④ 设计型论文

设计型论文是指对新产品、新工程等最佳方案进行全面论述的书面技术文件,一般由设计说明和设计图纸组织而成。其内容有理论或实验,也有设计的描述说明(包括图纸),如建筑工程、工艺设计等方面的论文。

上述学术论文的四分法是相对的,理论型论文中也可能有描述,也会引用一些实验材料,实验型论文中也有必要的理论分析和描述;描述型论文也不是全无理论分析。各种论文之间会相互渗透,兼而有之,应视情况而定。

无论哪一类论文,必须具有科学性,要有参考价值,要有新意,给读者以新的启迪、新的思路、新的视野、新的观念,也就具有发表意义。

3. 科技论文的特点

科技论文不能凭主观臆断或个人好恶随意取舍素材或得出结论,它必须有足够的、可靠的和精确的实验数据、现象观察或逻辑推理为依据。整个实验过程可以复核验证,论点的推理要求严密、正确、可信。

(1) 首创性

要求论文所揭示的事物现象、属性、特点以及事物运动时所遵循的规律,或者这些属性、特点以及运动规律的运用,必须是前所未有的、首创的,或者部分是首创的,而不是对他人工作的复述或解释。

(2) 逻辑性

要求论文脉络清晰、结构严谨、推论合理、演算正确、符号规范、文字通顺、前后呼应、自成体系,无论文章所涉及的专题大小如何,都应该有自己的前提或假说、论证素材和推断结论,而不应该是数据的堆砌和现象的描绘。

(3) 有效性

只有经过相关专业领域的同行专家审阅,并在一定规格的学术会上答辩通过,存档、归档,或者在正式的文献上发表的科技论文才被认为是完备的、有效的。它所揭示的事实及其成果才能方便地为他人所用,成为人类知识宝库中的一部分。

4. 科技论文的作用和意义

① 科技论文的写作是科技工作者进行科学技术研究的重要手段,是科学技术研究工作的重要组成部分。科学技术研究是一个不断思考、不断研究、不断修正、不断改变的开拓过程。借助论文写作的方式,用文字符号把思考的过程一一记录下来,让它们在纸面上视觉化、具体化,以便于反复琢磨与推敲研究,使凌乱的、抽象的、飘浮的思维清晰起来,抓住稍纵即逝的灵感,开阔研

究思路,并使其具体化和条理化。写作和研究同时进行、相辅相成、互相促进,从而最终提高研究效率,促进研究方案的重大调整、完善。

② 科技论文的写作与发表有利于科学知识的积累、交流、传承和延续。科技论文写作是指把科学有效的知识信息用有形的符号和文字进行书面记录并保存,通过论文的发表,将研究成果作为文献保存下来,并传递到世界的各个角落,促进国内外学术交流。科技论文有效地避免了重复性研究的弊端,为同时代的人和后人提供科学技术知识,将超越时空的限制,成为世界人类科学技术宝库的重要组成部分。

③ 科技论文是考核和发现人才的重要方式,也是进行技术鉴定、评审技术成果和科研院所进行重大决策的重要依据。作为评价某一学术团体和科技工作者学术水平的重要标准之一,科技论文也是科技人员申请学位和评定技术职称的依据之一。

5. 科技论文的写作要求

科技论文写作的最基本要求是严谨、严密地阐述科研实践和逻辑推理的主要内容,准确地剖析研究命题,体现科技论文的科学性。

(1) 措辞严谨、科学客观

科技论文不要求辞藻华丽,但要求思路清晰、合乎逻辑,内容务求客观、科学、完备,应尽量利用事实和数据说理。

(2) 语言精练、明确具体

科技论文要求语言明快,主题突出,让人清楚明白。科技论文语言精确用词,按照严格限定的概念。对于事物的描述应挑选唯一能正确表达事物本质特征的词语,做到言简意赅,凝练文字。同时,句子要符合语法,防止片面化、绝对化,用语简明准确,避免词不达意。

(3) 图文并用,设计合理

凡是用简要语言能够讲述清楚的内容,应用文字陈述,用文字不容易说明白或说起来比较繁琐的,可用图或表来说明。图或表要具有自明性,即图表本身给出的信息就能够表达清楚要说明的问题。避免用图和表反映相同的数据。图和表要精心地选择和设计,删去可有可无的或重复表达同一内容的图和表。

(4) 引用规范,标注准确

引用的资料,尤其是引用的他人成果应注明出处。切忌用教科书式的方法撰写论文,对已有的知识避免重复论证和描述,尽量采用标注参考文献的方法。对用到的某些数学辅助手段,应防止过分注意细节的数学推演,必要时可采用附录的形式供读者选阅。撰写中涉及的量和单位、插图、表格、数学式、化学式、数字用法、语言文字和标点符号、参考文献等,应符合有关国家标准的要求。

7.1.2 科技论文的撰写

科学技术的发展使得越来越多的人涉足科技论文的写作领域。一篇完备的科技论文应该按一定的格式书写,具有科学性、首创性和逻辑性,还应按一定的方式发表,即有效出版。从目前国内外科技论文写作的发展趋势来看,为便于科技论文的发表、利用、管理和流通,科技论文的撰写格式正逐渐走向规范化和标准化。下面结合相关国际、国家标准以及对文献的要求,具体讨论如何规范化地撰写科技论文。

1. 写论文前的准备

论文的撰写是一个严密的逻辑推理过程。一篇论文的结构是一个统一的整体,从开始到结束,要首尾连贯、层次分明、逻辑严密、条理清楚。论文应有一个完整的构思,决不可概念混淆,表达不清,让人看后莫衷一是。在论文撰写过程中必须认真研究所取得的实验数据,论点的提出、实验过程、数据处理、结果分析和论据的佐证等都必须进行谨慎周密的推论和验证。因此撰写科技论文必须经过以下几个步骤。

(1) 拟定论文提纲

从写作程序上,拟定论文提纲是论文写作前的必要准备,不可忽视。从提纲本身来讲,它是作者构思谋篇的具体体现。所谓构思谋篇,就是组织论文的篇章结构。科技论文需要用大量的资料、较多的层次、严密的推理来展开论述,从各个方面来阐述理由、论证自己的观点,因此,构思谋篇就显得非常重要,于是必须编制并写作提纲,以便有条理地安排材料、展开论证。依据上述论述,对自己的研究课题首先需要拟出具体大纲,即完整的大框架,然后再划分出若干小框架。通过拟定提纲可初步酝酿形成自己的思路、观点、想法等,用文字记录下来,构思成论文蓝本,使文章结构设想合理。接下来,进一步根据题目的要求,审思全文的布局、观点和佐证材料的安排,对相关资料进行取舍、增删、调整,将资料整合成一个层次清楚、逻辑关系严密的理论体系,为论文的写作打下坚实的基础。

(2) 精选已有资料,力求具体、典型

论文提纲拟定后,应将研究过程中直接获取的第一手资料进行整理。原始材料常常是随机的、零乱的,撰写论文前应对有关记录、数据进行分类统计、核算,找出各项因素之间的关系,归纳出对该题目研究的总结性意见。经过整理材料使其逐渐具有连续性和系统性(在科技写作活动中对材料的连续性和系统性要求很高),然后进行分析比较,精选那些真实、确凿、典型、恰当的足以证明论点正确的论据资料,找出规律性的东西,提出观点、方法、模式、对策,指出存在的问题,得出结论。同时,科技论文在撰写时,应尽可能使用数理统计的方法将实验结果用图表来表达,因为用图表来描述分析典型事例,有利于对实验结果进行比较、分析、解释和讨论,让人觉得简洁明了,能起到文字难以起到的作用,以撰写出富有新意的论文。

如果是介绍科技成果的实验型论文,一般要将实验装置(包括材料和方法)、实验结果和讨论写明白:在实验装置与方法部分将实验装置、原理和方法的要点详细进行介绍,以便别人能重复这些实验,并对文中实验结果做出检验。主要阐述实验的经过、自变量的操纵、相关因子的控制、因变量的测定、实验结果和分析。叙述实验过程应遵循研究过程的逻辑顺序和连贯性。实验结果是论文的素材,用事实材料和数据来表述,作为分析的科学依据,对实验研究结果应进行定性、定量及深入的理论分析。对实验结果(如数据处理方法、从结果探索到的规律及误差分析等)应逐项进行分析和探讨。

2. 科技论文的基本组成

科技论文大体包括题名、作者署名、摘要、关键词、引言、正文、结论(讨论)、致谢、参考文献与附录等部分。一般情况下不必项项具备,可根据论文表达的内容选择所需的项目。下面根据科技论文通用的基本格式具体谈谈如何撰写。

(1) 题名

题名又叫文题、题目、标题,是论文的总纲,是反映论文最重要特定内容的最恰当、最简明的词语逻辑组合。题名应准确、简洁、确切,概括文章的要旨并有助于选择关键词,中文题名一般不宜超过 20 个汉字,且一般不用标点符号,如果有些细节必须放进标题中,必要时可加副题名。外文(英文)题名应与中文题名含义一致。题名应避免使用非公知公认的缩写词、字符、代号,尽量不要出现结构式和数学式等。

如果论文有层次标题,应按照国家标准对科技论文的章、节进行划分和编排。编号和排列均应采用阿拉伯数字分级编写,不用中文数字如一、二、三等表达,即一级题名的编号为 1,2,…;二级题名的编号为 1.1,1.2,…,2.1,2.2,…;三级题名的编号为 1.1.1,1.1.2,…。

题名是科技论文的必要组成部分。GB/T 7713—1987《科学技术报告、学位论文和学术论文的编写格式》指出,论文题名是"以最恰当、最简明的词语反映报告、论文中最重要内容的逻辑组合"。

题名是论文的标签,是读者识别论文和判别是否需要阅读的依据之一。读者对论文需求的判读程序为"题名→关键词→摘要→正文",题名是读者取舍论文的首要因素。一个好题名可以使科技界的同行对论文的内容一目了然,通过题名看到论文的创新点,引发阅读兴趣。

编写科技论文题名的主要规则是"突出主题、简明精炼、题不成句"。

① 突出主题

创新性是科技论文的主要特点,题名必须准确地反映论文的内容、创新点,突出主题。题名中的词语是关键词选用的主要对象,应具有可检索的实用信息,主要体现在:题不离创新点,题文必须相扣,不可小题大做。

② 简明精炼

题名必须确切、简炼、醒目,用字控制在 25 字以内,要字字斟酌,精益求精。长题名需要转行时,应该在词语的停顿处转行,不可把一个词拆开后排在两行中。

科技论文需要分篇连载时,可以在题名后标注连续序号"(上)""(中)""(下)"或"(1)""(2)""(3)"等,并在分篇的文末标注"(待续)",在最后一篇的文末标注"(续完)"。

题名的语意未尽时,可以用副标题予以补充。分篇连载时,也可用副标题区分各分篇的内容差异,但总题名须相同。

如果对题名有重要信息需要说明,如"属于国家××项目""属于省级××项目""在××处获××奖"等,可利用脚注予以注释。总之,题名力求简炼,避免题不达意,谨防题意模糊。

③ 题不成句

题名是词汇的逻辑组合,不是一个完整句子。显然,题名只起标识作用,不作判断式结论。"题不成句"是编写科技论文题名的一个重要原则,一般只用名词、形容词、介词、冠词和连词作为题名要素,不使用包含主语、谓语和宾语的完整句子作为题名。总之,题名不应成句,题中慎用标点,题内少用符号。

(2) 作者署名

作者署名是论文的必要组成部分,作者系指在论文主题内容的构思、具体研究工作的执行及撰稿执笔等方面的全部或局部上做出主要贡献的人员,是论文的法定主权人和责任者。作者署名记录了作者辛勤劳动及其对人类科学技术事业所做出的奉献。

因此,发表论文必须签署作者姓名。

① 署名规则

科技论文集构思、研究、撰稿之大成,或是个人行为,或是集体贡献。科技论文的作者须是论文的直接贡献者。合作论文的署名人数不可太多,以 2~3 人为宜,一般不要超过 6 人。排序决定于署名人对论文的贡献程度,贡献大的人员署名靠前。间接参与科技论文工作的人员不应以作者身份署名,可在文末对他们予以致谢。

中文期刊的作者署名分为汉字和拼音两部分,国家标准(GB/T 16159—2012《汉语拼音正词法基本规则》)规定:汉语人名按姓和名分写,姓和名的开头字母大写,如 Lu Xun(鲁迅)、Mei

Lanfang(梅兰芳)、Dongfang Shuo(东方朔)、Zhuge Kongming(诸葛孔明)等。

国外期刊一般会尊重作者对自己姓名的表达方式,大多倾向于大写字母只限于姓和名的首字母。但是如中文拼音中易混淆的"朱吉安"的英文,正确的表达为 Ji-an Zhu 或者 Ji'an Zhu,如果错误表达为 Jian Zhu,则作者名字会被误认为"朱坚"。

作者署名要尊重他人劳动,共享成果。有两种不良署名倾向值得注意:一是强加于人;二是取代前人。强加于人是指在低劣科技论文的作者中包含了知名学者的名字,有拉大旗作虎皮之嫌,其实是在给知名专家抹黑;取代前人是指在论文的署名中排除了研究项目的先期开创者,后人取代了前人,这是不讲科研道德的行为。因此,优秀科技论文的署名反映了作者的科学道德,应经得起时间的考验。

② 作者信息

科技论文应提供作者的姓名、性别、学历、单位名称、职务和职称、研究领域、通信地址、邮政编码和电子邮箱等有效信息。

不同期刊标注作者署名与作者信息的格式不完全相同。作为送审稿件,通常只需在题名下方列出作者姓名,在首页下面的脚注处给出作者的详细信息。合作论文应给出所有作者的信息。若某作者有重要背景材料,如获国家级成果奖等,也可在作者信息中列出。

③ 科技论文作者署名的条件

a. 署名者必须参与本项研究的选题、设计和开创工作(即参与论证)。

b. 署名者必须参与获取原始数据的试验和实验工作(即参与研究)。

c. 署名者必须参加过论文的撰写工作(即参与写作)。

d. 署名者必须能够对取得的数据和结论加以解释(即能够答辩)。

e. 署名者必须阅读过全文,同意发表,并承担学术、道义和法律的责任(即承担责任)。

只有满足上述条件的人,亦即实质性地参与论证、研究、写作,能够答辩和承担责任的人才有资格成为署名作者。仅参加了其中部分工作的合作者、对研究工作提供便利条件的帮助者以及委托进行部分分析检验的辅助工作者等均不应作为署名作者。

按照《中华人民共和国著作权法》的规定,个人的研究成果以个人署名,集体的研究成果以集体署名,署名应按照对研究工作的贡献大小顺序排列。

(3) 摘要

摘要又称为提要,是论文核心思想的缩影,是论文必要的附加部分,只有极短的文章才能省略。摘要应包含论文的全部信息,通过阅读摘要可以使读者尽快从浩如烟海的信息资源中筛选到有用资源。摘要以提供论文内容概要为目的,不加评论和补充解释。摘要应具有独立性和自明性,不应出现图表、数学公式和非公知公用的符号、缩写语和参考文献的序号。

中文摘要的编写应遵照 GB 6447—1986《文摘编写规则》的规定,篇幅以 100~300 字为宜,一般应写成报道型摘要,也可以写成指示型摘要或报道-指示型摘要。

- 报道型摘要(informative abstract):也称作信息型摘要或资料型摘要,其特点是全面、简要地概括论文的目的、方法、主要数据和结论。
- 指示型摘要(indicative abstract):也常称为说明型摘要、描述型摘要(descriptive abstract)或论点摘要(topic abstract),只简要概括论文的主题。
- 报道-指示型摘要(informative-indicative abstract):以报道型摘要的形式表述一次文献中的信息价值较高的部分,以指示型摘要的形式表述其余部分。

下面以报道型摘要为例进行介绍。

① 目的

点明研究、研制、实验等课题所涉及的范围和所要解决的问题。这一部分回答两个问题即可：为了解决什么范围内的什么问题。这两个"什么"用专业术语或短句代替，就能基本表达论文的主题和研究目的，既简捷又明确。

部分作者往往将研究的背景材料、基础知识、目前存在的问题及所研究课题的重要性写得很多（这应是前言中的内容），而论文中的关键内容却写得很少，太笼统，体现不出论文的新颖之处，有些喧宾夺主、本末倒置，摘要的开头不要简单重复论文题目，也不要把前言中同行共知的背景材料写入摘要中。

② 方法

介绍所采用的原理、理论、思想、技术、条件、材料、工艺、结构等，以及如何创建新理论、新技术、新方法、新材料、新工艺、新结构等。这部分内容是最重要的，但也是最容易被遗漏的。一个主题可能会有很多人在研究，也会提出不同的理论、思路和方法，因此摘要要体现论文的创新之处，也就是要将论文"新颖、独特"的方法和思想写到摘要中。必须重视该部分所包含的内容，不能过简或缺少，因为这是体现论文创新性的关键。这一部分写得好，可以充分提高结论中内容的可信度，增大论文对读者的吸引力。

③ 结果

客观地给出研究的结果、所得数据、被确定的关系以及得到的效果和性能等。

④ 结论

对结果进行分析、比较、升华后所得到的具有普遍意义的规律和适用范围。

结果和结论这两部分简要写出研究所得即可，结论是作者对结果的分析、研究、比较、评价、应用、提出的问题等，是结果的总结，显示研究结果的可靠性、实用性、创新性，体现论文研究的价值与学术水平，是决定论文被检索的重要条件。尽量要有定性、定量的表述，避免"广告词"，必须基于独特的方法，写出体现论文特点和特色的结果与结论。因为方法中的内容才更能代表论文的特点与特色（即创新点），如果写得很少，甚至只字不提，这就使得所写的结果与结论不足以服人，缺乏可信度，成了无根之木、无源之水。论文摘要不是广告词，只"看疗效"是不够的，必须要有"配方、制造工艺和治疗机理"，这样才是完整的。摘要与论文的结论不同，论文的结论只是摘要中的一部分，摘要中的结果与结论要更简炼、更明确。这四大要素是简明扼要、全面准确地表述论文关键内容的必要条件，缺一不可。

综上所述，摘要可归纳总结为一种格式，供读者参考："为了什么，做了什么，如何做的，结果如何，得出什么结论"。

撰写中文摘要时应注意以下事项。

a. 摘要中应排除本学科领域常识性内容，不应把在引言中出现的内容写入摘要，也不要对论文内容作诠释和评论。

b. 不应简单重复题名中已有的信息。

c. 用第三人称，建议采用"对……进行了研究""报告了……现状""进行了……调查"等记述方法，尽量不要使用"本文""作者"等作为主语。

d. 应使用规范化的名词术语。

e. 一般不用数学公式和化学公式，不出现插图和表格。

f. 不用引文，除非该文献证实或否定了他人已出版的著作。

（4）关键词

关键词是 20 世纪 60 年代初出现的一种检索语言，它是现代科技论文编制二次文献、建立数据库的重要检索标识和参考依据。关键词是指将论文中起关键作用的、最能说明问题的、代表论文内容特征的词选出来，在摘要的配合下，可使读者准确、迅速、科学、全面地获取科技信息。

关键词是科技论文的必要组成部分。GB/T 7713—1987《科学技术报告、学位论文和学术论文的编写格式》指出，关键词是"为了文献标引工作从报告、论文中选取出来用以表示全文主题内容信息款目的单词或术语"。

关键词十分重要，读者可以通过对关键词的检索初步判断论文的技术范畴。选编关键词应注意代表性、通用性和序贯性。

- 代表性：关键词是从论文的正文、摘要、题名中抽取的表征论文特征内容的技术词汇，如果说摘要是摘论文之要，题名是摘要之摘要，则关键词是以单词或术语形式摘论文内容之要，是论文的技术代表性词汇。
- 通用性：关键词主要用于标引或检索，必须选用具有通用性的、为同行熟知的专业用词。
- 序贯性：如何把关键词有序排列，目前尚无明确的规范加以约束，常见的有频度法排序、拼音首字母法排序、技术配套关系排序。

① 关键词与主题词的关系

关键词包括主题词和自由词两部分。主题词是专门为文献的标引或检索而从自然语言的主要词汇中挑选出来的，并加以规范化了的词或词组，即为满足计算机查全、查准的要求而限定的标识词。主题词又称为叙词（即正式主题词），在标引中用以表达文献的主题，在检索中用它构成提问式，以表达检索的要求。自由词则是未规范的还未收入主题词表中的词或词组。自由词又称为非叙词（非正式主题词），它是为标引或检索文献提供的一种引导词。

② 标引方法

从论文文题和摘要中可以选出绝大部分关键词。据统计，关键词在论文题中出现的概率一般在 85% 以上，在摘要中出现的概率约为 90%，仅有 10%～15% 的关键词从正文中提炼。所以，作者应在认真研究论文题目、摘要、正文内容及文中各种图表的基础上，提炼主题概念，选用能准确反映论文主题思想和特征内容的规范化词语。如果所选关键词没有包含在文题、摘要甚至文中小标题中，这样的关键词就不能说选得很准，或者说文题的拟定有问题。未被普遍使用或未被专业上公认的缩写词不可选为关键词。如有英文摘要，应选标准英文关键词，并注意中英文关键词的一致性。

③ 标引原则

a. 标引数量

按照国家标准 GB/T 3179—2009《期刊编排格式》规定，每篇科技论文都应在论文摘要后面给出 3～8 个关键词，关键词太少不能起到检索论文全部内容的作用，太多则往往出现一些非关键词也充斥其中的情况。

b. 以主题词为主，以自由词为辅

首先要选取列入《汉语主题词表》和专业性主题词表中的规范性词。对那些确能反映新技术、新学科而尚未被列入主题词表的名词术语，可用非规范的自由词标出，以便更好地表述论文的主题内容及补充关键词个数的不足。使用新的自由词也应看其是否具有独立的检索意义，是否是新的学科或技术发展的需要，是否被国内外科技文献的检索工作接纳和兼容，能否与国际上著名检索机构关键词的选用接轨。

④ 关键词选取的注意事项

a. 关键词个数应不少于3个。

b. 中文关键词尽量用中文,英文缩写不能超过半数,并且英文缩写必须是众所周知的,如 IP(国际协议)、WTO(世界贸易组织)、CATV(广电有线电视系统)等。

c. 关键词原则上不用商品名、公司名,如论文中叙述了 GSK 公司的抗生素,商品名为"复达欣",通用名为"头孢他啶",关键词用"GSK"或者是"复达欣"都是不适宜的,应该用"头孢他啶"。

d. 关键词应严格围绕论文主题选取。

e. 不能用一句内容全面的短语作关键词。

f. 关键词应具有独立的检索意义。

总之,科技期刊论文摘要的写作水平和关键词的标引都是影响期刊总体质量的重要因素。期刊出版数字化、现代化和国际化对科技期刊论文摘要的写作和关键词的标引提出了更高的要求,这在很大程度上决定着论文的传播效果与期刊的知名度,对文献的交流及再次利用关系重大。

(5) 引言

作为论文的开端,提出文中要研究的问题,引导读者阅读和理解全文,引言(也称为前言、序言、概述)主要回答"为什么研究"这个问题。引言作为论文的开场白,如 GB/T 7713—1987《科学技术报告、学位论文和学术论文的编写格式》指出引言用于"简要说明研究工作的目的、范围、相关领域的前人工作或知识空白、理论基础和分析、研究设想、研究方法和实验设计、预期结果和意义等",引出论文的选题,给读者以引导。简明扼要地介绍论文的结果、意义和前景,但不用展开讨论。在表述这些内容时,作者务必注意参考最近的研究成果,引用最新发表的科技论文,这样才能有力地体现选题的科学性、新颖性和时代性。一篇论文如果对其来源、历史与现状交待不清,且仅有的几条参考文献又是多年前的研究,其新颖性无疑会大打折扣。

引言的层次序号为"0"或"1"。对于比较短的论文,可用小段文字起引言的作用,此时可不用层次序号,也可省略"引言"两字。

引言的写作应注意以下几点:言简意赅,突出重点;开门见山,不绕圈子;尊重科学,不落俗套;如实评述,防止吹嘘自己和贬低别人。下面就科技论文引言撰写时普遍存在的问题、书写内容和要求分别予以讨论。

① 引言的内容

a. 研究的理由、目的、背景。包括问题的提出,研究对象及其基本特征,前人对这些问题做了哪些工作,存在哪些不足,希望解决哪些问题,该问题的解决有什么作用和意义,研究工作的背景是什么等。要回答的问题比较多,只能采取简述的方式,通常用一两句话即把某一个问题交待清楚,无须赘言。

b. 论文中的理论依据、实验基础和研究方法。如果沿用已知的知识,只需提及一笔,或注出有关文献;如果要引出新的概念和术语,应加以定义或阐明。

c. 要自然、概括、简洁、确切地给出预期的结果及其地位、作用和意义等。

② 引言的撰写规则及要求

a. 引言在论文中起定向引导作用,不宜太长,一般应控制在 200~300 字。

b. 言简意赅,突出重点。引言要写的内容较多,而篇幅有限,这就要根据研究课题的具体情况确定阐述重点;应以简短的篇幅介绍论文的写作背景、目的、相关领域前人所做的工作和研究概况,找出相关领域研究中存在的未解问题,引出论文要解决的问题。

c. 直接阐述研究内容、研究方法,起笔就切题,避免用过多的语言阐述研究过程,人所共知或显而易见的专业知识不必赘述,突出重点。论文的每一项选题都有其渊源,都有立题的过程,在引言中应点到为止,应删繁就简,切忌拖沓冗长,更不应该展开讨论。

d. 对于常识性的内容不应过多叙述,教科书的基本原理、实验方法或推导公式,以及前人文献中已有的内容不必细写,应重点介绍研究领域中未解决的问题,挖掘其研究热点,引起读者的注意力,快速推广科研成果。

e. 对于引言和摘要的内容要严格区分。引言作为论文的开端,向读者提出文中要研究的问题,引导读者理解全文;摘要以提供文献内容概要为目的,不加评论、解释,是记述文献重要内容的短文,使读者了解论文内容,并为科技情报人员和计算机检索提供方便。因此,引言的内容不能与摘要重复。

f. 引言应与结论相呼应,在引言中提出的问题,在结论中要有解答,这样才能使论文逻辑严谨,有始有终,前后照应。

g. 引言中不用插图、列表和有关公式、结构式。因为引言是作者提出的问题,而这些内容是为了形象、直观地表达学术思想和技术知识,是论文中着重说明的部分,应在正文中安排。

h. 不要夸大论文的意义,避免使用"国内外文献未见报道""前人没有研究过""填补了国内空白""达到国内(或世界)先进水平"等词语。

i. 尊重科学,不落俗套。有的作者在论文引言部分对自己的研究工作或能力表示谦虚,寻几句客套话来说,如"限于时间和水平""时间仓促,经费有限""不足与错误之处在所难免""敬请批评指正",其实不必,科技论文水平高低、质量好坏,应由读者去评论。

③ 撰写引言可能会存在的问题

a. 重点不突出。引言中用大量篇幅讲述立题、选题的背景及研究过程,罗列一大堆与论文无关或关系不大的材料,忽视了引言的真正目的。

b. 不交待与论文有关的国内外研究概况,看不出来龙去脉。

c. 引言的内容与摘要有雷同之处,将摘要与引言混为一谈,不知其各自的概念与界限。

d. 引言与结论混淆,互不照应。引言是指引出论文的主题给读者以引导;而结论是整篇文章的最后总结,两者不可混淆。另外,有些作者不能兼顾文章的整体性,写作线索不清晰,在引言中提出的问题,在结论中没有解答,找不到对应的地方。

e. 在引言中出现插图、列表、数学公式,不清楚引言的写作要求和规范。

(6) 正文

正文是论文的主体,介于引言与结论之间,占论文篇幅的绝大部分,用于分层次、有条理、有重点地论述命题的研究内容。由于论文作者的研究工作涉及的学科、选题、研究对象和研究方法、工作进程等有所差异,所以论文的具体内容可能会有所不同。

实验研究报告类论文正文格式相对统一,一般应涵盖的内容包括调查与研究对象、实验和观测方法、仪器设备、材料原料、实验和观测结果、计算方法和编程原理、数据资料、经过加工整理的图表、形成的论点和导出的结论等。因此,要求正文内容充实,论据充分、可靠,论证有力,主题明确,突出一个"新"字。另外为了做到层次分明、脉络清晰,正文部分常常被分成若干个大的段落。每一段落都可冠以适当标题(分标题或小标题),但一般不超过4级,编号采用阿拉伯数字。下面就以实验研究报告类论文为例来具体说明。

① 段落内容划分

段落内容的划分应视论文性质与内容而定。一般常见的划分方式有:

a. 实验原材料和材料/实验方法/实验结果和分析;

b. 理论分析/实验装置和方法/实验结果比较与分析。

根据论文内容的需要,还可以灵活地采用其他的段落划分方案。一般而言,大体上应包含实验部分和理论分析部分的内容。

② 写好"材料和方法"

应给出诸如实验所用原料或材料的技术要求、数量、来源以及制备方法等方面的信息,如果采用通用材料、设备和方法,只需简单提及。如果采用特殊材料,就应较详细地加以说明。实验方法应介绍主要的实验过程,要抓主要环节,从复杂的事物中理出脉络,按其发展变化顺序写。这样做的目的主要是使读者按论文这一部分提供的信息,可以重现文中的试验及其结果,即满足"再现性"或"可重复性""确证性"的要求。缺少论文写作经验的人,容易将该部分写成实验报告,将实验过程一一罗列,这样易使那些重要内容淹没在冗长的文字中。因此,应当阐述主要的、关键的和非一般常用的内容,如果引用他人之法,标出参考文献序号即可,不必详述,如有改进,应将改进部分加以详述。

③ 图和表

图和表是表达实验数据直观而简洁的方式,科技论文中常用图(或照片)和表来更明确、更直观地说明问题。图和表便于显示变化的规律性和对不同变化条件进行相互对比,非常直观。有专家建议"在表达实验结果时尽量用图,不用表格或少用表格"。图须少而精,每图(表)都应有简明的名和序号。图的横、纵坐标必须标明物理量的标准符号和单位,且图表中所采用的缩写词和符号必须与正文一致。照片图应清晰美观,层次分明,主要部分要鲜明突出。照片上尽可能不写字,必要时可加箭头等标注,并在图注中加以说明。表格要精心设计,使之具有自明性。

科技论文一般采用三线表。表格是罗列研究方案设计和实验数据的较好方法,每个表格都要有一简明确切的表题和序号。表头中的名称、代号和单位应与正文一致。需说明的细节在表下加注。

(7) 结论(讨论)

在科技论文的结论中,应给出主要论点、重要结果、应用价值和发展方向。这部分内容是科技论文最终和总体的结局。它是在理论分析和实验结果的基础上,通过严密的逻辑推理而得出的富有创造性、指导性、经验性的结果,是作者认识上的升华。

① 结论的作用

科技论文有自己的固定格式,若按照古诗词的起承转合来比照的话,那"起"就相当于摘要、绪言,"承"与"转"相当于正文部分,"合"相当于结论。所以结论起到总结全文、提纲挈领的作用。写好结论有助于加深读者对论文的印象,明确论文的主要内容与作者的主要工作;同时对于想短时间了解论文梗概的人,比如对论文进行检索的人等,结论与摘要具有重要的窗口作用。

② 结论的内容

结论的字数不要太多,一般以300~500字为宜,应主要包括如下内容。

a. 采用的研究路线、方法:虽然研究目的相似,但是作者采用了不同的方法,得到了有益的结果。

b. 研究工作的主要特点:作者的研究方法区别于他人的主要特点。

c. 得到的主要结果。

③ 应注意的问题

对于新发现、创见的表达要肯定、准确,或者是只讲事实让读者去评价,不要用"或许""可能"

"大约"之类模棱两可的词。更忌言过其实,对不能完全肯定的内容,在措辞上要留有充分的余地。介绍研究工作的结果时,这种结果应该是客观的事实,而不是空洞的评价,必须注意完整性、准确性、简洁性和客观性。

（8）致谢

国外的论文一般都单独设一个致谢章节,我国的很多科技杂志论文没有这个章节,所以感谢的内容也可以放在结论里,注意致谢内容要简洁朴实。

如果有必要,可以在结论之后,撰写一段致谢语,按照 GB 7713—1987《科学技术报告、学位论文和学术论文的编写格式》的规定,致谢语句可以放在正文后,体现对下列几个方面的致谢:国家科学基金,资助研究工作的奖学金基金,合同单位,资助和支持的企业、组织或个人;协助完成研究工作和提供便利条件的组织或个人;在研究工作中提出建议和提供帮助的人;给予转载和引用权的资料、图片、文献、研究思想和设想的所有者;其他应感谢的组织和个人。

需要着重指出:科技论文中不要使用表示谦虚之类的客套话。

（9）参考文献

为了向读者提供论文中引用过的内容的出处,应在论文的结论之后列出参考文献。著录参考文献,是作者尊重科学、尊重他人研究成果的表现,同时也可为读者提供更多的信息资源,否则就有可能引起窃取他人成果、侵犯他人知识产权的纠纷。

参考文献表中所列的文献,应该是作者阅读过的最主要的、发表在正式出版物上的技术资料。未公开发表的资料不宜列入参考文献,可紧跟引用内容之后加以注释(通常将注释内容置于括号内,并且以"注:"起头),也可以采用脚注,脚注置于相关页的下面,脚注与正文之间用一条细线分开,线的长度为版面宽度的四分之一,置于页面左侧,通常采用带半圆括号的阿拉伯数字从 1 开始对全文中的脚注进行连续编号,即 1)、2)、3)等。在需要注释的词或句子后应该使用与脚注相同编号的上角标。除了采用阿拉伯数字作为脚注编号之外,如全文的脚注较少,也可用一个或多个星号(如 *、* *、* * *等)作为标记。对于参考文献的插入,可以手工撰写,也可通过数据库输出,当然也可以应用文献管理软件,更加方便快捷,具体操作可以参考 7.2 节。

① 参考文献的作用及重要性

a. 在论文中著录参考文献,反映出作者具有实事求是的科学态度和对他人劳动成果的尊重,且不侵犯原文的著作权和版权。

b. 明确地标识出引用他人的学术思想、理论、成果和数据,并给出其来源,反映出论文具有真实、广泛的科学根据,体现科学的继承性和严肃性。

c. 有利于研究相同或相近标题的读者从参考文献中了解情况或受到启发。

d. 方便把论文作者的成果与前人的成果区别开来,为评价和鉴别论文的价值水平提供依据。

e. 有利于节省论文篇幅,提高论文信息量。作者在论文撰写中主要篇幅应阐述自己所做的工作、自己做出的成果,或提出的见解是什么,创新之处在哪里。对于前人的成果不可能都予以详尽叙述,在正文中将主要引用文献做出明确的标识,既节省论文篇幅,又便于读者检索查阅。

f. 参考文献能起到索引的作用,有助于科技情报人员进行情报研究和文献计量学研究。

② 参考文献的著录原则

a. 只著录最必要、最新的参考文献。著录的文献要精选,仅限于著录作者在论文中直接引用的文献。

b. 只著录公开发表的文献。公开发表是指在国内外公开发行的报刊或正式出版的图书上发表。在供内部交流的刊物上发表的文章和内部使用的资料,尤其是不宜公开的资料,均不宜作为参考文献著录。

c. 采用规范化的著录格式。论文作者应熟练掌握、严格执行国家标准 GB/T 7714—2015《信息与文献 参考文献著录规则》，采用顺序编码制。顺序编码制是按引用文献出现的先后顺序，在文献的著者或成果叙述文字的右上角用方括号标注阿拉伯数字并编排序号，在参考文献表中按此序号依次著录。

此外，作者有责任确保著录文献的准确性，尽量引用准确的原文或一次文献，千万不能著录有错误的文献资料，既误导自己，又殃及读者。

③ 列举参考文献的要求

a. 按参考或引证文章和资料的先后顺序排列。

b. 列举的参考文献一般应为正式出版物（包括书籍、期刊、报纸、杂志等）。

c. 要标明序号、作者（编者、译者）姓名、书名（或报纸杂志中的篇名）、出版单位（或报纸名、期刊名等）、出版时间（杂志期数、报纸版数）等。

④ 参考文献的著录项目和著录格式

参考文献的著录项目和著录格式可参考中华人民共和国国家标准 GB/T 7714—2015《信息与文献 参考文献著录规则》，在此不再赘述。

(10) 附录

有些材料编入正文，可能会导致论文结构不紧凑，主题不突出，有损编排的条理性和逻辑性。如有必要，可将这些材料作为附录置于文末。附录是论文主题内容的补充部分，不是必要部分。对于短篇论文，一般不设置附录。

① 附录的内容

附录的内容主要包括提纲外素材、复制性素材、非必读素材、辅助性素材等。

② 附录的编排

科技论文附录序号用拉丁大写字母 A，B，C，…编写，采用层次排序法。只有一个附录时，编为"附录 A"。附录的章节号前应带有附录序号字母，顶行编排。下扩的条、款号前不带附录序号，退后 2 个字位编排。

附录章节的标题编写原则与正文标题相同，其中数学式、图与表的编号前也应带有附录的序号字母，如（式 A1）、图 B2、表 C5 等，并且附录与正文连编页码。后续附录另起一页编排。

3. 科技论文的写作要领

科技论文 = 科学 + 文学 + 美学。没有科学性、准确性，就不能称为"科技"；没有文学性、可读性，就不能称为"论文"；没有美观性、系统性，就不可能达到文图式表并茂的境界。科学、文学和美学的功底是需要日积月累的。所谓的"写作技巧"就是日积月累的写作经验的总结。

科技论文写作的基本要领包括慎重选题、编好提纲、规范行文、反复修改。只有不断实践，才能提高写作水平。

(1) 慎重选题

选题是科技论文写作的第一步，是关系到论文成败的关键之一。有人说，选题选得好，等于成功了一半，这种说法毫不为过。科技论文的选题应该遵循以下原则。

① 客观性原则

所谓客观性原则，是指论文的选题要紧密联系客观实际，符合事物的发展规律。论文的撰写工作是学术研究、理论探讨的尝试与总结，本身即属于科学研究范畴。确定论文的选题就是确定这种研究、探讨的范围。这种范围是客观存在的，是具体的，因此，应该在客观现实存在的事物中选题，例如选择科研和生产实践中具体的研究问题。

② 创新性原则

创新性原则是指论文的选题要有现实价值、历史价值和科学研究价值。首先,创新性原则要求作者应选择那些对大部分科研工作者(或读者)有现实意义的题目,要使读者读了论文以后,感到论文的论点不错,总结得也好。这就要求我们要有严肃的科学态度和对事业、工作高度的责任感。其次,选题的创新性原则要求论文应在前人的基础上有所突破,提出新的见解。这就要求我们应该认真查阅资料,积累知识,了解国内外的发展动态,主要了解他人在这个研究领域已经有了哪些发现、哪些成果。不重视这一点,即使辛苦了很长时间,写出来的论文还是别人研究过的东西或别人论述过的观点,就谈不上创新。

③ 可能性原则

由于每个人的知识水平、兴趣爱好、实践经验、资料占有情况等都是各不相同的,因而应从个人的实际情况出发来确定科技论文的选题。选题要有利于发挥自己的知识特长,根据自己的具体情况而定,要选择论题容易展开,也容易深入的课题。选题还要考虑收集和查找资料的可能性,无论是自己调研获得的资料、亲自做实验或实践得到的资料,还是图书资料,都是写作科技论文不可或缺的。

(2) 编好提纲

编写提纲就是撰写科技论文的纲要,根据提纲进行写作可以做到提纲挈领,纲举目张,逻辑周密,平衡协调全篇论文的基本骨架,使论文的结构完整统一,就能分清层次,明确重点,周密地谋篇布局,使总论点和分论点有机地统一起来,也就能够按照各部分的要求安排、组织、利用资料,决定取舍,最大限度地发挥资料的作用。无提纲写作势必层次不清,资料杂乱,所以要逐渐养成撰写提纲的好习惯。提纲的写作应内含行文计划,对于研究型科技论文,研究项目开始时,就应编写论文提纲,使论文的编写工作与研究项目同步进行。随着研究工作的进展,可按需对提纲进行反复修改,不少作者把研究工作与编写论文分裂开来,到研究工作结束后才开始编提纲写论文,其结果是研究工作不到位,论文质量也不高。

提纲要围绕行文要素,将重要的论点、数学式、图表、数据等以目录或程序图的形式把它们有序组合起来。提纲应确定行文权重,科技论文要突出重点,不能按照研究工作的时间顺序编写"流水账",应开门见山,给关键内容以最大的写作权重。

① 目录式提纲

以编写章节条款为基础的写作提纲,目录式提纲可粗可细,根据作者写作经验确定。

② 程序式提纲

以程序图的形式表达论文的写作提纲。程序式提纲可简可详,简单的程序式提纲只列出写作程序和章节的主要内容,详细的程序式提纲可在各程序框内列入段落、数学公式、图表的编排关系。

4. 论文的修改

荀子在《荀子·大略》中云:"人之于文学也,犹玉之于琢磨。""玉不琢,不成器",同样好的文章也需要反复的修改及打磨。例如美国文学名著《老人与海》,作者海明威反复读过近 200 遍并修改后才开始印刷。所以,论文的修改是论文撰写的一个重要步骤。

经过编辑的处理,作者拿到了论文的修改意见,首先应认真阅读修改建议,并做到:充分尊重编辑的建议,认真修改;认真、翔实地逐条答复,不能以"已改"来简单答复。当然,凡事不是绝对的。在确认自己无误的情况下(可以征求诸多专家意见),可以委婉地坚持自己的意见。按编辑的建议修改;修改后通读 2~3 遍;给出联系方式,如电话号码、E-mail 地址等,其中 E-mail 最好,经济快捷、方便实用。

7.1.3 科技论文投稿指南

1. 投稿

论文定稿后,面临如何选择投稿目标期刊的问题。选择原则是根据自己论文的水平,在争取发表的同时,获得最大的投稿价值。所谓的投稿价值是指论文发表所产生影响的总和。最高的投稿价值可概括为:论文能够以最快的速度发表在尽可能级别较高的刊物上;能最大限度地为需要的读者所检索到或看到;能在最大的时空内交流传递。为了达到上述目的,应尽可能多地了解相关目标刊物的信息,如征稿启事和作者须知等,并通过浏览目标刊近期已发表论文的目录和内容等获得目标刊的动态和变化情况,有利于选择投稿期刊。

(1) 选择投稿的期刊

在选择拟投稿的期刊时需要考虑以下4个方面:一是稿件的主题是否符合期刊所规定的范围,在"读者须知"中有关于刊登论文范围的说明;二是期刊的声誉,它是各利益相关者(作者、读者、广告客户等)根据所掌握的直接或间接的经验或信息对科技期刊所做出的总体评价,反映了各利益相关者对科技期刊信任与尊敬的程度,我们可以通过引证指标(影响因子、总被引频次)和期刊在科学界的影响力(同行的看法)来判断期刊的声誉;三是出版周期,即稿件自接收至发表的时间;四是是否收取版面费。

期刊在某年的影响因子(impact factor)是指该年引证该刊前2年论文的总次数与前2年该刊所发表的论文总数之比。例如,某期刊2013年和2014年所发表的论文总数为500篇,2011年上述500篇论文被引总次数为200次,则2015年该期刊的影响因子为$200/500 = 0.400$。

影响因子表示期刊在近2年所发表论文的平均被引率,它在一定程度上客观反映了期刊的相对学术水平和学术影响。影响因子的计算基于论文在发表后的1~2年达到被引高峰。综述类期刊通常具有较高的影响因子。不同学科期刊的影响因子没有可比性。期刊的影响因子是一个动态指标。

对于总被引频次(total citations),根据中国科学技术信息研究所2007年10月发布的《2007年版中国科技期刊引证报告(核心版)》第7页的"名词解释",其相关名词的定义是:总被引频次指该期刊创刊以来所登载的全部论文在统计当年被引用的总次数(包括期刊自引)。这是一个非常客观实际的评价指标,可以显示该期刊被使用和受重视的程度,以及在科学交流中的作用和地位。

(2) 稿件的录入与排版

严格遵循"征稿启事""投稿须知"和"作者须知"的规定;严格按照期刊所提供的论文模板撰写稿件,模板一般在"下载中心"等地方可以下载;尊重拟投稿期刊所惯用的论文结构;图表的选择和设计应必要、美观;参考文献的引用应准确、适当;文法正确,量和单位的使用妥当;投稿的份数要足够。符合论文格式要求的稿件容易给编辑和审稿人一个好的印象,好的印象往往是成功的开始。另外很多文献管理软件可以根据选择的期刊,自动生成期刊标准模板,可参考使用。

撰写完毕后,在做最后的检查时,作者本人一定要仔细阅读打印稿。投稿前请一位或多位同事阅读稿件(检查一下稿件中是否还有拼写错误或表达不够明白的地方);如果是英文稿件,如有可能,请说英语国家的合作者或朋友阅改,以便提高文字的表达质量,看是否符合西方人的思维及语言习惯。

投稿前需要检查的项目如下。

① 通信作者详细的通信地址、E-mail 地址、电话号码。

② 论文的字数、摘要的格式等是否符合刊物的要求；如期刊要求表格和插图分别单独打印，并按其在论文中出现的先后顺序连续编号，是否做到。

③ 确保参考文献目录中的各著录项准确且完整无缺，并且在正文中分别有引用标注。

④ 目标期刊要求提供的其他材料。

投稿的一般注意事项如下。

① 务必遵照期刊的要求将论文投寄给指定的收稿人或收稿单位（期刊的编辑部、编委会、主编、执行编委或助理编辑）。

② 仔细检查稿件内容并确保满足目标期刊的全部投稿要求（投稿前需要检查的项目）。

（3）投稿信（cover letter）的写作

好的投稿信有助于稿件被送到合适的编辑（对于多编辑的期刊而言）或可能的评审人手中。没有投稿信的稿件可能会给编辑造成一些困惑，特别是还没有开通在线投稿的杂志社。是新稿还是修改稿？如果是修改稿的话，是哪位编辑负责的？这篇稿件是投给哪个栏目或者专栏的？如果这篇稿件有多位作者的话，哪一位是通讯作者？其联系地址是哪一个？

为节省编辑的时间，投稿信要尽量写得简短明了、重点突出，最好不要超过一页，内容大致包括：

① 所投稿件的栏目类型。有些期刊在作者须知中还鼓励或建议作者在投稿信中提供合适的审稿人或提出需回避的审稿人。

② 如果稿件是系列论文中的一篇，或者与以前发表的文章有密切关系，投稿信中要提及这方面的内容（包括刊名、文章题名、发表时间等），必要时，还需附上发表过的论文，以免编辑或审稿人发生误解。

③ 不可遗漏期刊所要求的有关说明或声明，如果需要事先与编辑说明有关文稿学术意义或其他细节问题（如有关图表的制作软件等），也须在投稿信中交代清楚。对于综合性刊物或本领域的顶尖期刊，在投稿信中最好简要说明一下稿件的创新性或重要性，以及为什么要给该刊投稿。

④ 通信作者和详细的联系地址尤其重要，通信作者还应将其电话号码、E-mail 地址和传真号码详细地列在投稿信或稿件的题名页（首页）中。

（4）如何推荐审稿人？

通常说来，许多期刊建议作者在投稿的同时提供 3~5 个审稿人。首先我们应该了解期刊这样做的目的。针对每篇来稿，编辑部尽可能地让稿件送审到同行专家手中评阅。目前评阅人主要来自 3 个方面：一是杂志的编委会成员；二是世界上的同行、专家学者（编辑部通过关键词检索到近似文章，然后联系文章的通信作者）；三是作者提供的审稿人。通常编辑部如果能够找到合适的审稿人，就不会采纳作者提供的审稿人。

如何选择审稿人？一是对作者的研究领域很熟悉的最具分量的科学家；二是选择相同或类似领域的同行，如国内外的合作单位，或者在国际、国内会议上结交的同行等；三是来自参考文献，这是一种最简单但不是最好的办法。需要注意的是，尽管编辑部没有对审稿人的职称有具体的要求，大家最好还是选择有副教授及其以上职称的人员。

编辑部要求作者提供审稿人姓名的同时，还会要求作者提供他们的工作单位、地址、电话、传真以及 E-mail 地址。其中 E-mail 地址要求一定要正确,而且能够联系得上,因为编辑部主要通过 E-mail 与作者的审稿人联系。确定审稿人的基本信息可以通过查阅最近文献上的记载或者查询审稿人工作单位或者实验室主页来确定。

(5) 同行评议的内容

同行评议是文稿处理过程中的一个步骤。一般说来,期刊在接收一份新投稿后,将组织编委会或顾问组中相关领域的专家对所投稿件进行审阅和评价。编委会或顾问组的评议意见是期刊是否录用一份文稿的重要参考依据。

同行评议的内容包含稿件的内容是否新颖、重要,实验描述是否清楚、完整,讨论和结论是否合理,参考文献的引用是否必要、合理,还有文字表达与图表使用是否正确。

2. 与编辑部的联系

如果投稿 2～3 周后,没有收到期刊的"收稿回执",可通过 E-mail 或电话询问编辑部;如果 2 个月后没有收到是否录用的决定,可以询问编辑部。

审稿结果有 3 种:一是无须修改即可录用;二是修改后录用;三是退稿(或改后再审)。

如何处理"改后录用"的稿件?首先应仔细阅读并思考审稿人或编辑提出的修改意见;其次就是修改信,在修改信中应逐条说明按要求修改的内容,如果认为审稿人或编辑的修改建议不合理,可坚持己见,但一定要有充足的理由;最后要尽快返回修改稿。

如果收到的是一封退稿信,认真思考审稿人或编辑提出的退稿意见,可以做以下选择:暂时不再投稿;修改稿件,重投到同一个期刊,并解释为什么;修改稿件,改投其他期刊。不要将不做任何修改的原稿件转投他刊。

7.2 学位论文的写作与规范

7.2.1 学位论文概述

学位论文是表明作者具有创造性研究成果或在研究工作中具有新的见解,并据此申请学士或硕士或博士学位的重要文献资料,是一篇(或由一组论文组成的一篇)系统的完整学术论文。要求作者应有优良的思想品德和学术道德以及实事求是、严谨治学的科学作风。

1. 学位论文的定义

学位论文是表明作者从事科学研究取得创造性的结果或有了新的见解,并以此为内容撰写而成的、作为提出申请相应的学位时评审用的学术论文。顾名思义,学位论文是为了取得学位而撰写的论文。这是国家标准管理委员会在《科学技术报告、学位论文和学术论文的编写格式》GB 7713—1987 中所作出的申述。学位论文是论文答辩委员会用来决定是否通过并建议是否授予学位的重要依据。

2. 学位论文的分类及要求

学位论文是高等院校毕业生用以申请授予相应学位而提出作为考核和评审的文章。学位论文分为学士、硕士、博士 3 个等级。

(1) 学士学位论文的要求

学士学位论文是合格的本科毕业生撰写的论文。根据《中华人民共和国学位条例暂行实施办法》第三条的规定,学士学位论文应能表明作者确已较好地掌握了本门学科的基础理论、专门知识和基本技能,并具有从事科学研究工作或担负专门技术工作的初步能力。作者运用自己在大学里所学到的基础理论和知识,去分析解决某一不太复杂的科研课题,然后加以总结,写成申请学士学位的论文。学士学位论文一般为 1.2 万～2.0 万字,时间一般为半年左右,是首次在教师指导下进行科学研究的实践活动。至少应阅读与选题有关的一定数量的参考文献(中文不低于 15 篇,外文不低于 5 篇),但不能是别人研究成果的简单归纳,应该在论点和论据上有一些自己的见解。

(2) 硕士学位论文的要求

硕士学位论文是攻读硕士学位研究生的毕业论文。根据《中华人民共和国学位条例暂行实施办法》第八条的规定,硕士学位论文应能表明作者确已在本门学科上掌握了坚实的基础理论和系统的专门知识,并对所研究课题有新的见解,有从事科学研究工作或独立担负专门技术工作的能力。硕士学位论文工作一般是在硕士生完成培养计划规定的课程学习后开始,其工作内容因学科的性质不同而有所差异,一般包括文献阅读、开题报告、拟定并实施工作计划、科研调查、实验研究、理论分析和文字总结等工作。

硕士学位论文是攻读硕士学位研究生的毕业论文,其具体要求如下。

① 硕士学位论文应在指导教师的指导下,由研究生本人独立完成。

② 论文中有自己的新见解(或在上述某一方面有所改进、革新)。

③ 论文工作有一定的工作量,用于论文工作的时间一般不低于一年。

④ 硕士学位论文的篇幅为 5 万字左右,论文正文一般应不少于 3 万字。

(3) 博士学位论文的要求

博士学位论文是攻读博士学位的研究生为申请博士学位准备的论文。根据《中华人民共和国学位条例暂行实施办法》第十三条的规定,博士学位论文应能表明作者确已在本门学科上掌握了坚实宽广的基础理论和系统深入的专门知识,具有独立从事科学研究工作的能力,在科学或专门技术上做出了创造性的成绩。博士学位论文必须独立完成。博士学位论文应是一本独立的、完整的科学著作。

博士学位论文的内容:对本课题的研究历史与现状、预备知识、实验设计与装备、理论分析与计算、经济效益与实例、遗留问题与前景、参考文献与附录等均要有系统的叙述。

独立性:博士研究生必须独立完成研究工作。独立选题,独立调研,独立设计技术线路和研究方案,独立建立实验条件,独立撰写论文,从而培养自己独立进行研究工作的能力、创造性思维能力和开拓精神。导师仅对博士生的科学目标与实施计划给予指导。

创造性:创造性是博士学位论文的灵魂。

① 发现有价值的新现象、新规律,建立新理论,纠正别人的不妥之处。

② 设计实验技术上的新创造、新突破。

③ 提出具有一定科学水平的新工艺、新方法,并在生产中获得重大经济效益。

④ 运用现有知识、理论,解决前人没有解决的工程关键问题。

博士学位论文的篇幅应该在 8 万字以上,甚至多达十几万字,其应是一本独立的科学著作。论文工作时间一般在三年左右。

7.2.2 学位论文选题

1. 学位论文选题的特点

本科生和硕士研究生还不能完全独立选题;博士研究生也往往要在导师的指导下,在专业研究方向范围内选题。选择的研究题目要满足教学要求,培养学生的科研工作能力和处理问题的方法。选择的研究题目要在限定时间内完成。大学生毕业论文一般在3~6个月内完成;研究生论文一般在1~3年内完成。

2. 学位论文的选题程序

(1) 初步设想

在确立题目之前,首先有一个初步设想,有人将这种设想称之为"假说"或"初始意念"。尽管这种设想是初步、肤浅而且粗糙的,但却是非常可贵的,它不但是科研的起步点,而且是发展科学理论的桥梁。这种初始意念不是凭空想象的,大多都是根据作者科研或生产第一线的知识,再通过深入分析、广泛联想、认真思考和充分酝酿而形成的。有时作者的一些设想也可来自听取学术报告或阅读文献而受到的启发。

(2) 调查研究

有了初步的设想,就要着手开展广泛的调查研究,检查和论证选题的内容。主要是查阅相关文献,用于修正或完善选题。

(3) 最终立题

在确认所选题目的充分性和必要性之后,就可最终将研究选题确定下来。

3. 学位论文的选题途径

(1) 在前人研究成果的基础上进行选题

任何创造性的思维都不是凭空臆想,它来自坚实的基础。任何新成就都不是从天而降的恩赐,而是对前人成果的继承与发展。对前人成果的继承,一方面是指在对前人知识与研究成果深刻了解与掌握的前提下,去选取那些"前沿性"的课题;另一方面是指从前人思想与研究中获得启迪。有勇气去研究前人刚刚开始接近而还没有解决或提出的问题,这是选题的一个重要思路。

(2) 在人们忽略的地方进行选题

人类对自然及自身的认识并不是一次就可以完全透彻的,永远处在一个不断深入与发展的过程之中,前人的认识自然有其不足之处,同代人也会由于不同角度或其他因素而出现一些偏差与空白。选题时不要轻易放过别人忽略的地方,要在这些地方寻找到矛盾,发现问题,深入下去。被别人忽略的地方是大量存在的,从这些地方发现课题除了要具备胆略、学识之外,还需要认真与细心,需要有锲而不舍、深入探索的精神。

(3) 在新的科研领域中选题

一部科学发展史就是一部不断开拓新领域、不断产生新学科的历史。现在人们认为风马牛不相及的事物,也许不久后科学家们就会揭示它们之间重要的内在关系。要敢于从自己熟知的学科跨入生疏的学科,特别是一些边缘学科或横断学科,以揭示自然界物质和运动形式的新规律性。

(4) 在意外中选题

确切的目标和周密的计划在研究过程中经常会因为某种偶然的启迪而发生偏离或改变。当这种偏离或改变发生时,不要急于去纠正它、排斥它。如果它确实带给我们新的启发和新的想法,可以追踪下去,往往会产生意外的有价值的课题。

4. 学位论文的选题来源

(1) 学生自我选题

结合学生的学习专长自选题目。有些学生在大学学习期间,对某一方面学有心得,并有钻研或有所专长,希望能有机会自行选题并立题研究,在征得指导老师的同意后,可以立题研究。

(2) 依据学生的家庭或社会背景选题

有些学生希望结合家庭或社会背景的特殊情况自行选题并立题研究,在征得指导老师的同意后,就可以开始立题研究。

(3) 结合学生就业方向自选题目

有些学生在论文研究开始前已联系好毕业后的工作单位,而工作单位又要求学生作某方面的项目研究,或已交给学生某方面的课题,经过指导教师认可,认为可以作出合格的毕业论文,则可作这方面题目。在这种情况下,学生积极性高,责任心也较强,能学以致用,一般论文的质量也比较好。

(4) 指导老师帮助学生选择课题

有科研项目的老师从项目中选取本科生能完成的模块或将科研项目分割成小的子课题,交给学生作为选题来进行研究,然后以一定的形式写成论文。

(5) 根据社会需求选择题目

老师指导学生做社会需求的题目。

5. 学位论文的选题原则

(1) 题目要小,范围要窄

经过研究,把问题讲深讲透,有自己的独立见解,并从中学会分析和解决问题的科学方法,以培养科研能力。

(2) 根据实际条件选择题目

考虑各方面的可能性,主观条件包括个人知识、技能、特长、兴趣、爱好等;客观条件包括科学发展程度、人员、资金、设备、材料、期限等。所选题目应尽可能把学过的知识都应用起来。

(3) 具有创造性

创造性是科研的精髓。学位论文应把继承性与创造性有机结合起来,力求有新的思想、新的观点、新的规律、新的研究方法、新的结果等。这里的创造性是指:在原有理论和实践的发展基础上,把研究工作向前推进一步;更新已有的科学研究成就,或对现有科学学术观点进行争鸣或商榷;填补某一科研领域的空白。

(4) 社会客观需要

学位论文应根据专业实际情况尽可能地结合当前的生产实际、科研实际和实验室建设的任务进行。对于一项科学研究,只有当它转化为现实生产力的时候,它的研究目的才算达到。

6. 学位论文的结构

答辩委员会成员或委员会外的专家对硕士、博士论文作鉴定、写评语,有一个内容是就论文结构表态。一篇合格的学位论文,要求结构合理。肯定的评语是:本文结构合理、逻辑严谨、层次清晰。什么叫"结构合理"? 结构合理就是指论文层次清晰、逻辑严密。这就要求了解论文的一般结构。

学位论文的结构包括目录、序言、导论、本论、结论、参考文献目录、后记等。

在上述结构中,导论、本论、结论三部分构成论文的本体;目录、序言、参考文献目录和后记是附属部分。最重要的当然是本体。一篇完整的学位论文,其本体由导论、本论、结论三部分构成。有没有特殊的? 有特殊的,所谓特殊,无非是在一般结构的基础上省略了其中的某个部分,或者省略结论,或省略导论,但无论如何不能省略本论。如果以重要性为标准进行划分,则导论和结论属于组成部分,本论属于本质部分。省略了导论、结论,不影响学术论文的本质,但学术论文的完整性大大受到损害,专家作鉴定时会写上一句:结构不完整。当然,学术论文不可能没有本论,假设没有本论,就不称其为学术论文。

可见,本论部分特别重要,答辩委员会成员评价学位论文结构合理不合理,注重的是本论部分。

7. 学位论文的写作要求

(1) 文题

要求表达确切,鲜明突出,文字简练。具体要求有:有特异性(先进性),尽量不与前人的文题重复。将论文的新发现(改进)、新技术、新观点或新记录尽量在文题中反映出来,以突出其先进性;高度概括论文的内容、性质、对象和方法;尽量应用专业主题词规范词语;尽量不用副题;尽量不用标点符号和缩略语(已被公知公认的除外);字数一般限定在25个字以内,但不能因怕字数多而造成文题表达不清或错乱;文题下方一律不附研究生姓名和导师姓名及工作单位,除论文首页文题外,其他地方文题一律不附英文标题。

(2) 中、英文摘要

要求突出本论文的创造性成果或新见解,语言力求精练、准确。具体要求有:一般按照结构式表达,按目的(objective)、方法(methods)、结果(results)、结论(conclusions)这4项内容表达;摘要的信息量应与论文内容相等;不用图表和参考文献,不评论,不解释,不引申;以第三人称撰写,中、英文的内容应对应或基本对应;中、英文摘要以阐述清楚为原则,中文摘要字数一般为500~800字;标引3~10个关键词。关键词尽量选用专业主题词,不能完整标引时才用自由词。关键词按词条的外延从大到小进行排列,关键词之间用分号隔开。

(3) 前言

学位论文的前言与一般期刊不同,允许有较长的综述段落,但也不宜过长,一般包括如下3个方面。

① 研究背景:阐述本研究领域的国内外现状及该研究工作在经济建设、科技进步和社会发展等方面的实用价值与理论意义。

② 研究目的:交代本文的主要研究目的或拟解决的关键问题。

③ 研究内容:交代本文的主要研究内容。

(4) 正文

因正文是论文的主要组成部分,要求层次清楚,文字简练、通顺,重点突出。对于正文的写作,学科专业不同、选题不同,可以有不同的写作方式,但一般应包括如下几个方面的内容。

① 材料与方法:材料与方法部分交代本文研究的受试对象、处理因素和研究方法,是论文科学性的基石,必须详述。实验材料(如试剂、药品、配制方法)及实验方法(包括实验步骤、程序、观察方法、记录方法以及实验环境条件等)和受试对象的基本情况均应详细、准确地描述。对于随机方法(包括随机抽样、随机分配)、所用的统计分析方法和所用统计分析软件,也应详述。在叙述层次上,要求先述材料后述方法。

② 结果:能用文字说明的尽量不用表格,能用表格表达清楚的一般就不用图,反之亦然,必要时可图表并用。表和图要求符合统计学制表和制图原则。一般用黑白图,条件允许可用彩色图。要求随文附图,染色法、放大倍数等可作为图例,放在图中适当位置。

③ 讨论:讨论是学位论文的重要组成部分。讨论的主要目的是论证文题与结果之间的逻辑关系,亦即论证其论文假说的必然性。简单地说就是论证自己实验结果的可靠性,将实验或观察结果提高到理论上来认识,为论文的结论提供理论依据。讨论也可以是对本研究重大意义的阐明、解释、引申及建议等。

④ 小结:小结部分重点阐述本文得出的主要结论。

(5) 参考文献

按学位论文中引用文献的顺序列于文末。

(6) 文献综述

文献综述包括文题、正文及参考文献。学士学位论文要求不少于 3 000 字,硕士学位论文要求不少于 5 000 字,博士学位论文要求不少于 8 000 字。综述内容要求必须与学位论文课题密切相关。

(7) 致谢

致谢是指对论文指导教师、参与课题研究人员及帮助本人完成学位论文的其他人员和单位表示感谢。

(8) 附录

附录包括论文中的缩写词、调查表、计算机程序、过分冗长的公式推导、方便他人查阅的辅助性数学工具,以及在校期间的科研情况,包括发表的学术论文、专著(按参考文献格式列出,不附原文)、主持或参与的课题、获奖成果等。

7.2.3 学位论文的撰写

对于学位论文书写格式,国家标准 GB 7713—1987 中对学位论文的规范形式也作出了明确的规定,即规范的学位论文必须由以下四部分及其相应内容构成:前置部分、主体部分、附录部分、结尾部分。我们对这四部分内容的书写分别作介绍。

1. 前置部分

(1) 封面

学位论文的封面是学位论文的外表面,必须提供一些主要信息,同时起到保护整个论文纸张的作用。学位论文封面必须有统一的格式。它包含以下八方面的内容。

① 分类号:在左上角注明分类号,便于信息交换和处理。一般应注明《中国图书资料分类法》的分类号,同时应尽可能注明《国际十进分类法》的类号。

② 本单位编号:一般标注在右上角。

③ 密级报告:对于论文的内容,按国家规定的保密条例,在右上角注明密级。如是公开发行,不注密级。

④ 题名和副题名:题名应以最恰当、最简明的词语反映论文中最重要的特定内容。题名所用每一词语必须考虑有助于选定关键词并为编制题录、索引等二次文献提供检索的特定实用信息。题名应该避免使用不常见的缩略词、首字母缩写字、字符、代号和公式等。题名一般不宜超过 25 个字。题名用大号字。外文题名一般不超过 10 个实词。题名语意未尽,用副题名补充说明报告、论文中的特定内容;报告、论文分册出版,或者一系列工作分几篇报道,或者分阶段的研究结果,各用不同的副题名区别其特定内容。

⑤ 责任者姓名:责任者包括学位论文的作者、学位论文作者的导师、评阅人、答辩委员会主席以及学位授予单位等。必要时可注明个人责任者的职务、职称、学位、所在单位名称及地址。

⑥ 申请学位级别:应按《中华人民共和国学位条例暂行实施办法》所规定的名称进行标注。

⑦ 专业名称:专业名称是指学位论文作者主修专业的名称。

⑧ 工作完成日期:包括论文提交日期、答辩日期、学位的授予日期。

(2) 题名页

题名页是对报告、论文进行著录的依据。在没有要求的情况下可以不写,题名页包括封面上的所有内容,还要有单位名称和地址,在封面上未列出的责任人的职务、职称、学位、单位名称、地址,参加部分工作的合作者姓名。

(3) 原创性声明、版权页(本科毕业论文不作要求)

在此页的上半部分是原创声明,标明作者学位论文中不包含任何其他个人或集体已经发表或撰写过的研究成果,作者将为此论文承担法律责任。此页的下半部分一般是版权授权协议。

(4) 序或前言(本科毕业论文不作要求)

序并非必要。研究生论文可以有序,特别是博士论文,可以在目录前由作者或他人为论文作序。序主要是对论文及其写作过程中的有关事项进行评价、议论、介绍和解释;对本篇论文的基本特征进行简单介绍,如说明研究工作缘起、背景、主旨、目的、意义、编写体例,以及资助、支持、协作经过等;也可将作者简介写入序中,以使论文评阅人、答辩委员、学位评审委员等对学位申请者的简历、个人情况、科研成果等有所了解,可以有效拉近读者与作者的距离。如果有序,致谢的内容可以提前放在序中说明。

(5) 摘要

摘要是科技交流和文献检索的需要。摘要一般应说明研究工作的目的、实验方法、结果和最终结论等,重点是结果和结论。摘要应具有独立性和自含性,即不阅读报告、论文的全文,就能获得必要的信息。在摘要中有数据、有结论,摘要是一篇完整的短文,可以独立使用,可以引用。摘要的内容应包含与报告、论文同等量的主要信息,供读者确定有无必要阅读全文,也可供文摘等二次文献采用。

中文摘要一般不宜超过 1 000 字;外文摘要不宜超过 1 500 个实词。如遇特殊需要字数可以略多。在摘要中不用图、表、化学结构式、非公知公用的符号和术语。学位论文的摘要一般置于题名和作者之后、正文之前。

联合国教科文组织规定:"全世界公开发表的科技论文,不管用何种文字写成,都必须附有一篇短小精悍的英文摘要。"英文摘要的内容:研究的目的是指为什么要做该研究;研究的方法指本研究采用的方法和途径;研究的结果是介绍所取得的事实、数据、结果等;结论或意见介绍对研究结果的分析、结论或看法。摘要应采用第三人称、被动语态撰写;摘要应使用一般现在时、现在完成时、一般过去时、过去完成时、一般将来时撰写。

(6) 关键词

关键词是从论文中选取出来,用以表示全文主题内容信息款目的单词或者术语。学位论文可选取 3~10 个词作为关键词。如有可能,尽量用《汉语主题词表》提供的主题词,并应标注与中文对应的英文关键词。

(7) 目次页

学位论文可以有目次页。目次页由论文的篇、章、条、款、项、附录、题录等的序号、名称和页码组成,另页排在序或者前言之后。目录应层次分明,章、节、页号清晰,且要与正文标题保持一致。

(8) 插图和附表清单(必要时)

报告、论文中如图、表较多,可以分别列出清单置于目次页之后。图的清单应有序号、图题和页码。表的清单应有序号、表题和页码。

(9) 其他内容

符号、标志、缩略词、首字母缩写、计量单位、名词、术语等的注释说明汇集表应置于图表清单之后。

2. 主体部分

(1) 引言

写引言的目的是向读者交代本研究的来龙去脉,其作用在于唤起读者的注意,使读者对论文先有一个总体的了解。

前言的内容:前人研究的结果与分析;本研究的目的和意义;采用的方法和研究途径;最重要的研究成果。

(2) 正文

正文的内容包括材料、仪器设备与方法,还有结果与分析。

① 材料、仪器设备与方法

试验所用材料和仪器设备指的是试验样品、试验仪器、试验设备、化学试剂、试验工具等。应写清楚所用原料或材料的技术要求、数量、来源,所用化学试剂的纯度、性质、规格以及所用试验工具的性能、规格、型号等。

试验方法包括试验设置方法、测量方法、测定方法、数理统计方法、分类方法、观察方法、取样方法、试剂制备方法,以及将参考文献中别人使用的方法进行改进的方法等。

② 结果与分析(结果与讨论)

结果是实验过程所观察到的现象和数据,有五方面的写作要求:第一数据必须准确可靠;第二数据充分,重复性好;第三科学处理和选择实验数据;第四实验结果按一定的逻辑顺序排列;第五尽量使用图、表、照片、公式表达。

分析是感性认识提高到理性认识的逻辑推理过程,应该采取客观认真的态度。讨论是指对实验方法和结果进行综合分析研究。内容包括:应用已有理论和知识对实验结果进行综合分析;与别人有关的实验结果进行比较,说明本实验的结果与他人的结果有何不同,有何新的发展;异常结果的分析讨论;本研究的材料、方法、手段、结果中尚存在的不足及其改进的设想;根据本实验结果得出结论,或提出假说或者学说;本实验结果在理论研究或生产实践中的价值和意义;由实验结果提出那些新的待进一步进行研究的问题;分析和讨论必须以实验结果为基础,以理论为依据。

(3) 结论

结论是论文要点的归纳和总结。只有经过充分论证、能断定无误的观点,才能写入结论中。结论的写作要十分严谨,不能模棱两可。解决了什么问题,得出了什么规律,存在什么问题,都要有明确的回答。

对结论的要求:概括准确,措辞严谨;明确具体,简短精炼;不作自我评价;对今后研究工作的设想和建议可以作为单独一条列入结论的最后一段。

(4) 致谢

致谢的对象是曾经帮助过自己进行研究而又不符合论文作者署名条件的那些团体和个人。主要包括:

① 参加过本研究的部分工作但不是主要工作的人员;
② 参加过讨论或提出过指导性、建设性意见的人员;
③ 承担实验工作的人员;
④ 提供实验材料、仪器设备及给予其他方便的人员;
⑤ 对学位论文写作提供过指导或帮助的人员;
⑥ 其他应该感谢的组织或个人;
⑦ 国家科学基金,资助研究工作的奖学金基金,合同单位,资助或支持的企业、组织成个人;

⑧ 给予转载和引用权的资料、图片、文献、研究思想和设想的所有者。

对被感谢者可以直书其姓名,也可以贯以敬称,如"某教授""某博士""某工程师""某学长""父母""妻子""某师兄"等,注意一定要将他们的工作单位和姓名书写正确。

(5) 参考文献

参考文献是指撰写论著而引用的有关图书资料,科学有继承性,研究成果绝大多数是前人工作的发展和继承,所以学术论文必然要引用参考文献。

引用参考文献的目的:便于查阅原始资料中的有关内容;有利于缩短论文的篇幅;表明论文有真实的科学依据;尊重他人的研究成果;参考文献对于读者能起到检索的作用。

参考文献的著录项目和著录格式具体详见 7.1.2 节。

3. 附录部分(必要时)

附录是论文主体的补充项目,并不是必需的。附录与正文连续编页码,每一个附录均另页起。下列内容可以作为附录编于报告、论文后:

① 为了整篇学位论文材料的完整,但编入正文又有损于编排的条理性和逻辑性,这一类材料包括比正文更为详尽的信息、研究方法和技术更深入的叙述,是对了解正文内容有用的补充信息;

② 篇幅过大或取材于复制品而不便编入正文的材料;

③ 对一般读者并非必要阅读,但对本专业同行有参考价值的资料;

④ 某些重要的原始数据、波谱图、数学推导、计算程序、框图、结构图、注释、统计表、术语符号的说明等。

附录段置于参考文献表之后,依次用大写正体 A,B,C,…编号,如以"附录 A""附录 B"做标题前的导词。

附录中的插图、表格、公式、参考文献等的序号与正文分开,另行编制,如编为"图 A1""图 B2","表 B1""表 C3","式(A1)""式(C2)","文献[A1]""文献[B2]"等。

4. 结尾部分(必要时)

结尾部分可以包括分类索引、著者索引、关键词索引等,其目的是将学位论文迅速存储入计算机提供有关输入数据。

学位论文的撰写需要我们不断地摸索、总结、学习,有位学者用四句诗做了个很好的总结:"科研论著寻选题,窄小精深新特奇。信达雅畅齐清定,文章传道解惑迷。"其中"窄小精深新特奇"这 7 个字是针对论文选题的,确定了论文选题的方法和范围,即学位论文选题要范围窄、角度小、选材精、论证深、内容新、有特色、立意奇;第三句"信达雅畅齐清定"则要求学位论文要内容真实、独立完成、不作弊、不抄袭、准确为信,平正通达,文字优雅,语言流畅,主辅文、图表齐全完整,稿件清楚优秀,定稿达出版水准;第四句讲了学位论文的主要宗旨。

7.3 综述写作

7.3.1 文献综述的基础知识

1. 文献综述的定义

综述是指就某一时间内,作者针对某一专题,对大量原始研究论文中的数据、资料和主要观点进行归纳整理、分析提炼而写成的论文。

"综"即收集"百家"之言,综合分析整理;"述"即结合作者的观点和实践经验对文献的观点、结论进行叙述和评论。其目的并不是将可能找到的文章列出,而是要在辨别相关资料的基础上,根据自己的研究问题来综合与评估这些资料,以此来反映某一课题的新水平、新动态、新发现和新技术。在此基础上提出自己的见解,预测研究的发展趋势,为研究的选题、开题和以后研究论文的撰写奠定良好的基础。综述属三次文献,专题性强,涉及范围较小,具有一定的深度和时间性,能反映出这一专题的历史背景、研究现状和发展趋势,具有较高的情报学价值。阅读综述,可在较短时间内了解该专题的最新研究动态,可以了解若干篇有关该专题的原始研究论文。国内外大多数医学期刊都有综述栏目。

2. 文献综述的分类

(1)根据搜集的原始文献资料数量、提炼加工程度、组织写作形式以及学术水平的高低,综述可分为归纳性、普通性和评论性3类。

① 归纳性综述:归纳性综述是作者将搜集到的文献资料进行整理归纳,并按一定顺序进行分类排列,使它们互相关联,前后连贯,而撰写的具有条理性、系统性和逻辑性的学术论文。它能在一定程度上反映出某一专题、某一领域的当前研究进展,但很少有作者自己的见解和观点。

② 普通性综述:普通性综述系具有一定学术水平的作者,在搜集较多资料的基础上撰写的系统性和逻辑性都较强的学术论文,文中能表达出作者的观点或倾向性,因而论文对从事该专题、该领域工作的读者有一定的指导意义和参考价值。

③ 评论性综述:评论性综述系有较高学术水平、在该领域有较高造诣的作者。在搜集大量资料的基础上,对原始素材进行归纳整理、综合分析,进而撰写的反映当前该领域研究进展和发展前景的评论性学术论文。因论文的逻辑性强,有较多作者的见解和评论,故对读者有普遍的指导意义,并对读者的研究工作具有导向意义。

(2)文献综述因研究目的的不同而分类不同,可分为两类:基本文献综述、高级文献综述。

① 基本文献综述:基本文献综述是指对有关研究课题的现有知识进行总结和评价。它的目的是陈述现有知识的状况,这可以作为一个研究论题(thesis)。基本文献综述从选择和确立研究兴趣或研究话题(issue)开始,这就是研究问题(study question)。随着写作的不断进行,研究问题将不断缩小和澄清,成为一个研究主题(topic)。研究主题为文献综述提供了具体指向和框架。文献综述必须包括一个研究论题的发现、论者的观点,以及对研究问题的回答。一般来说,不管是一份课程作业,还是一篇硕士论文,都会要求有一个基本文献综述。

② 高级文献综述:高级文献综述的目的在于质疑有关研究问题的现有知识,从而确定新的研究领域。它也要选择研究兴趣和主题,之后再对相关文献进行回顾,确立研究论题。这时它要提出进一步的研究,从而建立一个研究项目,这个研究将得出新的发现和结论。高级文献综述是确立原创性研究问题的基础,也是对一个研究问题进行探索的基础。

3. 文献综述的特点

(1)综合性

综述要纵横交错,既要以某一专题的发展为纵线,反映当前课题的进展,又要从本单位、省内、国内到国外进行横的比较。只有如此,文章才会占有大量素材,经过综合分析、归纳整理、消化鉴别,使材料更精炼、更明确、更有层次和更有逻辑,进而把握本专题的发展规律和预测发展趋势。

(2)评述性

评述性是指比较专门地、全面地、深入地、系统地论述某一方面的问题,对所综述的内容进行综合、分析、评价,反映作者的观点和见解,并与综述的内容构成整体。一般来说,综述应有作者的分析评价,否则就不称为综述,而是手册或讲座了。

(3) 先进性

综述不是写学科发展的历史,而是要搜集最新资料,获取最新内容,将最新的学科信息和科研动向及时传递给读者。

检索和阅读文献是撰写综述的重要前提工作。一篇综述的质量如何,很大程度上取决于作者对本专题相关的最新文献的掌握程度。如果没有做好文献检索和阅读工作,就去撰写综述,是决不会写出高水平的综述的。

4. 文献综述的意义

① 从文献阅读的角度来看,科技的发展带来了人们对信息的巨大需求,同时也带来了信息量的快速膨胀,各学科的文献量激增,交叉学科、边缘学科大量涌现,其他语种文献日益增多,文献分散程度日益增大,这些导致用户的注意力严重稀缺。文献综述覆盖了几十至上百篇原始文献,从不同角度将各种理论、观点、方法条理化、系统化,是围绕一个研究主题对众多文献的高度浓缩。这种高度浓缩的信息产品能够减少读者的重复阅读,使读者快速了解相关主题的研究历史,追踪理论前沿,发现研究问题,及时了解学科、专业、专题的发展动态。此外,在综述的基础上,研究者进行合理的推理、科学的预测,提出未来的发展方向和前景,为领导部门制定决策提供依据。

② 从文献综述的写作方面看,研究者通过搜集大量的文献,可进一步熟悉文献的查找方法和资料的积累方法,在查找的过程中扩大了知识面;通过综述的写作过程,能够提高归纳、分析、综合能力,有利于写作水平和科研能力的提高。

7.3.2 文献综述的撰写

1. 文献综述的基本组成

文献综述一般都包括题名、著者、摘要、关键词、正文、参考文献几部分。题名一般不超过25个汉字,摘要限200字以内。摘要要具有独立性和自含性,不应出现图表、冗长的公式和非公知的符号、缩略语。摘要后须给出3~5个关键词,中间应用分号";"分隔。参考文献的内容详见科技论文中参考文献内容。正文由引言、主体和总结组成。

(1) 引言

引言也就是"问题提出"部分,篇幅为200~300字,提出问题,包括写作目的、意义和作用,综述问题的历史、资料来源、现状和发展动态,以及有关概念和定义,选择这一专题的目的和动机以及其应用价值和实践意义,如果属于争论性课题,要指明争论的焦点所在。除此之外,还可以说明本述评涉及的文献资料范围;可以简要说明本文的主要内容;引言部分应力求突出重点,简明扼要。

(2) 主体

主体主要包括论据和论证。通过提出问题、分析问题和解决问题,比较各种观点的异同点及其理论根据,从而反映作者的见解。为把问题说得明白透彻,可分为若干个小标题分述。这部分应包括历史发展、现状分析和趋向预测几个方面的内容。

① 历史发展

这部分以时间为主线叙述所研究问题在各个阶段的发展状况和特点,特别要指出重大进展阶段是在什么条件下发生的,其特点和意义是什么,以及新理论、新方法的引入及效果。对课题进行回顾性的观察,目的是探讨其发展变化的因果规律性,弄清已解决了什么问题,用什么方法解决,遗留下来什么问题亟待解决。阐述时应说明前人对这一课题的不同看法、论点和研究成果。总之,按时间顺序,简要说明这一课题的提出及各历史阶段的发展状况,体现各阶段的研究水平。

② 现状分析

这部分从横的方面对综述对象进行比较分析,因此要把综述对象放到国内外相应的领域当中去进行共时比较,主要针对不同派别、不同观点、不同方法的发展特点、取得的成效、现有水平、发展方向、需要解决的问题等方面进行横向比较分析,并客观地评价其优点和不足。论述时,应侧重它们之间的差异,全面分析其产生的原因和背景,明确提出现有的问题。

③ 趋势预测

这一部分的内容就是根据发展历史和国内外现状,以及其他专业、领域对本专业、领域的影响,根据在纵横比较中发现的主流和规律,预测所研究问题发展的某种可能性,以及可能出现的问题等。对问题发展趋势的预测应力求客观、准确,并注意紧密联系实际。

④ 改进建议

改进建议部分主要是根据上面的分析、评论和预测,参照有关研究情况,切合实际地提出今后应采取的发展途径、发展步骤、新的研究方案或设想,以及对其进一步研究的可能性。

(3) 总结

应根据具体情况确定是否需要结论。结论应该是全篇文献综述论点的浓缩,是正文未尽之言,而且是必须补充的内容。总结是指对综述正文部分作扼要的总结,作者应对各种观点进行综合评价,提出自己的看法,指出存在的问题及今后发展的方向和展望。内容单纯的综述也可不写小结。

2. 文献综述的撰写方法

(1) 常用的文献综述写作方法

① 概括法

概括法主要是对原始文献主要内容和观点的概括,与摘要的写法类似,这需要建立在对原文准确、深刻理解的基础上,用准确、精练的语言浓缩原文。

② 归纳法

将分散的信息集中到一起后经过系统的比较、综合,归纳出共同点,再围绕此共同点进行材料的取舍并条理清晰地概述出来。

③ 比较法

分横向比较和纵向比较。横向比较主要运用在同一时期同一领域或关于同一问题不同文献的观点、材料、研究方法之间的比较上,特别要注意比较分析其不同点和主要分歧等,以凸显不同材料、观点、研究方法和取得成果之间的异同优劣。纵向比较可以凸显某一领域或专题在发展过程中不同阶段的成果和进步。

④ 纵缩法

纵缩法是指按时间顺序将许多具有延续或承继关系的观点、方法等信息有条理地、扼要地叙述出来。有时需将复杂的大事件始末作不枝不蔓的纵向浓缩,梗概整个事件。这就要求作者对事件的来龙去脉和发展过程了如指掌,甚至连细节都要了解清楚。

⑤ 推理法

根据事物发展的客观规律,从对现有文献的分析、比较中推导出新发现、新见解和新结论,并据现有研究成果和发展规律推测以后的发展趋势。

(2) 主体部分的写法

① 纵式写法

纵是历史发展纵观，它主要围绕某一专题，按时间先后顺序或专题本身发展层次，对其历史演变、状况、趋向预测作纵向描述，从而勾画出某一专题的来龙去脉和发展轨迹。纵式写法要把握脉络分明，即对某一专题在各个阶段的发展动态作扼要描述，已经解决了哪些问题，取得了什么成果，还存在哪些问题，今后发展趋向如何，对这些内容要把发展层次交代清楚，文字描述要紧密衔接。撰写综述不要孤立地按时间顺序罗列事实，把它写成了大事记或编年体。纵式写法还要突出一个"创"字。有些专题时间跨度大，科研成果多，在描述时就要抓住具有创造性、突破性的成果作详细介绍，而对一般性、重复性的资料就从简从略。这样既突出了重点，又做到了详略得当。纵式写法适合动态性综述。这种综述描述专题的发展动向明显，层次清楚。

② 横式写法

横是国际国内横览，它就是对某一专题在国际和国内的各个方面，如各派观点、各家之言、各种方法、各自成就等加以描述和比较。通过横向对比，既可以分辨出各种观点、见解、方法、成果的优劣利弊，又可以看出国际水平、国内水平和本单位水平，从而找到了差距。横式写法适用于成就性综述。这种综述专门介绍某个方面或某个项目的新成就，如新理论、新观点、新发明、新方法、新技术、新进展等。因为新，所以时间跨度短，但却引起国际、国内同行关注，纷纷从事这方面的研究，发表了许多论文，如能及时加以整理，写成综述向同行报道，就能起到借鉴、启示和指导的作用。

③ 纵横结合式写法

纵横结合式写法在同一篇综述中，同时采用纵式写法与横式写法。例如，写历史背景采用纵式写法，写状况采用横式写法。通过纵、横描述，才能广泛地综合文献资料，全面系统地认识某一专题及其发展方向，作出比较可靠的趋向预测，为新的研究工作选择突破口或提供参考依据。无论是纵式写法、横式写法，还是纵横结合式写法，都要求做到：一要全面系统地搜集资料，客观公正地如实反映；二要分析透彻，综合恰当；三要层次分明，条理清楚；四要语言简炼，详略得当。

3. 文献综述的内容要求

综述不应是材料的罗列，而是对亲自阅读和收集的材料，加以归纳、总结，做出评论和估价，并由提供的文献资料引出重要结论。一篇好的综述应当是既有观点，又有事实，是有骨又有肉的好文章。由于综述是三次文献，不同于原始论文（一次文献），所以在引用材料方面，也可包括作者自己的实验结果、未发表或待发表的新成果。

综述的内容和形式灵活多样，无严格的规定，篇幅大小不一，大的可以是几十万字甚至上百万字的专著，参考文献可有数百篇乃至数千篇；小的可仅有千余字，参考文献有数篇。一般医学期刊登载的多为 3 000～4 000 字，引文为 15～20 篇，一般不超过 20 篇，外文参考文献不应少于 1/3。

(1) 选题要新

即所综述的选题必须是近期该刊未曾刊载过的。一篇综述文章，若与已发表的综述文章"撞车"，即选题与内容基本一致，同一种期刊是不可能刊用的。

(2) 说理要明

说理必须占有充分的资料，处处以事实为依据，决不能异想天开地臆造数据和诊断，将自己的推测作为结论写。

(3) 层次要清

这就要求作者在写作时思路要清晰，先写什么，后写什么，写到什么程度，前后如何呼应，都要有一个统一的构思。

(4) 语言要美

科技文章以科学性为生命,但语不达义、晦涩拗口,结果必然阻碍了科技知识的交流。所以,在实际写作中,作者应不断地加强汉语修辞、表达方面的训练。

(5) 文献要新

由于现在的综述多为"现状综述",所以在引用文献中,70%的文献应为3年内的文献。参考文献依引用先后次序排列在综述文末,并将序号置入该论据(引文内容)的右上角。引用文献必须确实,以便读者查阅参考。

(6) 校者把关

综述写成之后,要请有关专家审阅,从专业和文字方面进一步修改提高。这一步是必须的,因为作者往往有顾此失彼之误,常注意了此一方而忽视了彼一方。有些结论往往是荒谬的,没有恰到好处地反映某一课题研究的"真面目",这些问题经过校阅往往可以得到解决。

4. 文献综述写作注意事项

① 文献综述的题目不宜过大,范围不宜过宽,否则撰写时不易归纳整理。

② 资料搜集应尽量全面,且为第一手材料。全面掌握第一手资料是写好综述的基础。如果随便搜集一些资料或读几篇别人做的综述,就动手撰写,只能是认识肤浅,没有见地或拾人牙慧。

③ 文献综述需与一般研究论文相区别。二者的研究方法和重点不同,更不能将综述写作与自己的研究工作混杂为一篇文章,成为既非综述又非论文的东西。

④ 文献引用要忠实可靠。在对比评价不同文章观点、方法等时要客观陈述原文,坚决杜绝为了论证自己支持的观点而篡改或歪曲文献内容。另外,在引用文献时要注意避免断章取义。

⑤ 切忌文献堆砌。文献综述不是文献的简单罗列和陈述,而是要在充分理解、消化所引用文献观点、材料的基础上,取其精华,融会贯通后客观地加以表达,并提出自己的评价和见解。唯有如此,才能准确地指出该领域或专题目前存在及尚待解决的问题,并预测以后的发展走向。

⑥ 参考文献要完整。参考文献是学术论文基本格式的必备项目,在任何论文中都不可或缺。文献综述是以大量一次文献为基础写作而成的,其参考文献是文章资料真实性、权威性的体现,是对知识产权和他人劳动成果的尊重,也是读者按图索骥、获取相关资料的线索,不能缺省。

7.4 论文写作信息利用制度

信息利用规范指信息利用过程中的行为标准。本节主要是讲大学生在具体的论文写作中应该如何遵守信息法规,以及针对上节所提到的信息道德问题提出如何维护信息道德。

学术论文是用来表述科学研究成果和阐述学术观点的论说性文章,是对自然科学、社会科学和工程技术领域中某一课题研究成果的书面反映和描述。没有论文的撰写和发表,科研成果就无法为社会所知,科研的社会价值便无从实现。尽管科研成果的反映形式是多样的,但论文是记录研究成果、传播学术信息最为简便实用的工具。无论是教师、科研工作者的研究论文,还是研究生、本科生等的学位论文,都离不开信息的检索与利用,特别是对文献的检索、筛选、研究与利用。在这个过程中,如果没有相关的知识产权意识,或者不具备良好的学术道德,就会很容易产生信息利用与知识产权保护的冲突,使自己陷入侵权者的角色。

1. 充分利用"合理使用"制度

知识产权保护和公众享受信息资源存在着矛盾。著作权法如果仅以维护作者的权益为核心，对作品的利用大加限制，就会影响信息的广泛传播，影响公众享用信息的权利，不利于最大限度地实现社会文化、科学事业的进步和繁荣。要平衡这个矛盾，普遍的做法是在进行知识产权保护的同时，还要维护公共利益优先的原则，"合理使用"制度就是两者相平衡的结果。合理使用是指公众为了学习、引用、评论、注释、新闻报道、教学、科学研究、执行公务、陈列、保存版本、免费表演等，可以不经版权人许可，不向其支付报酬而使用其作品的权利。

著作权法中的合理使用制度正是实现保护著作权人利益与促进信息的广泛传播双重目标的机制，其基本思想是，在著作权作品中划出有限的范围供非著作权人无偿使用，满足公众使用作品的需要。即通过适当限制著作权人对作品的垄断性，既维护了著作权人的利益，又确保了公众对智力作品的利用。它为著作权人利益与公共利益提供了一个平衡的手段。合理使用制度的价值在于，在此构架下每个成员乃至整个社会的需求都得到最大的满足。可以说，合理使用是个人利益与公共利益的调节器。

《中华人民共和国著作权法》第二章第四节的内容是"权利的限制"，即对著作权人权利的限制，也即通常所说的"合理使用"条款。在这些条款下，使用者可以不经著作权人许可，不向其支付报酬，其中，第二十二条第（一）项：为个人学习、研究或者欣赏，使用他人已经发表的作品；第（二）项：为介绍、评论某一作品或者说明某一问题，在作品中适当引用他人已经发表的作品；第（六）项：为学校课堂教学或者科学研究，翻译或者少量复制已经发表的作品，供教学或者科研人员使用，但不得出版发行；第（八）项：为图书馆、档案馆、纪念馆、博物馆、美术馆等为陈列或者保存版本的需要，复制本馆收藏的作品。

虽然进行了"权利的限制"，但并非说明我们就可以随意使用，《中华人民共和国著作权法》同时指出，我们在使用的时候"应当指明作者姓名、作品名称，并且不得侵犯著作权人依照本法享有的其他权利"。

《计算机软件保护条例》第二章第十七条也规定了"合理使用"条款：为了学习和研究软件内含的设计思想和原理，通过安装、显示、传输或者存储软件等方式使用软件的，可以不经软件著作权人许可，不向其支付报酬。

《信息网络传播权保护条例》第六条规定了"合理使用"条款，在这些条款下，通过信息网络提供他人作品，可以不经著作权人许可，不向其支付报酬，其中第（一）项：为介绍、评论某一作品或者说明某一问题，在向公众提供的作品中适当引用已经发表的作品。第（三）项：为学校课堂教学或者科学研究，向少数教学、科研人员提供少量已经发表的作品。第（六）项：为不以营利为目的，以盲人能够感知的独特方式向盲人提供已经发表的文字作品。第（七）项：为向公众提供在信息网络上已经发表的关于政治、经济问题的时事性文章。第（八）项：为向公众提供在公众集会上发表的讲话。

该条例第七条规定了图书馆等机构的"豁免条款"：图书馆、档案馆、纪念馆、博物馆、美术馆等可以不经著作权人许可，通过信息网络向本馆馆舍内服务对象提供本馆收藏的合法出版的数字作品和依法为陈列或者保存版本的需要以数字化形式复制的作品，不向其支付报酬，但不得直接或者间接获得经济利益。当事人另有约定的除外。并且规定，所谓"陈列或者保存版本需要以数字化形式复制的作品"，应当是已经损毁或者濒临损毁、丢失或者失窃，或者其存储格式已经过时，并且在市场上无法购买或者只能以明显高于标定的价格购买的作品。

该条例第九条规定：为扶助贫困，通过信息网络向农村地区的公众免费提供中国公民、法人或者其他组织已经发表的种植养殖、防病治病、防灾减灾等与扶助贫困有关的作品和适应基本文化需求的作品,网络服务提供者应当在提供前公告拟提供的作品及其作者、拟支付报酬的标准。自公告之日起30日内,著作权人不同意提供的,网络服务提供者不得提供其作品;自公告之日起满30日,著作权人没有异议的,网络服务提供者可以提供其作品,并按照公告的标准向著作权人支付报酬。网络服务提供者提供著作权人的作品后,著作权人不同意提供的,网络服务提供者应当立即删除著作权人的作品,并按照公告的标准向著作权人支付提供作品期间的报酬。同样,提供上述作品的,不得直接或者间接获得经济利益。

同样地,"合理使用"并非说明我们就可以随意使用,《信息网络传播权保护条例》第十条指出,我们在使用的时候应当遵守规定:除该条例第六条第(一)项至第(六)项、第七条规定的情形外,不得提供作者事先声明不许提供的作品;指明作品的名称和作者的姓名(名称);依照该条例规定支付报酬;采取技术措施,防止该条例第七条、第八条、第九条规定的服务对象以外的其他人获得著作权人的作品,并防止该条例第七条规定的服务对象的复制行为对著作权人利益造成实质性损害;不得侵犯著作权人依法享有的其他权利。

该条例第十二条规定了可以避开技术措施进行信息网络传播的情形,第(一)项:为学校课堂教学或者科学研究,通过信息网络向少数教学、科研人员提供已经发表的作品、表演、录音录像制品,而该作品、表演、录音录像制品只能通过信息网络获取。第(二)项:不以营利为目的,通过信息网络以盲人能够感知的独特方式向盲人提供已经发表的文字作品,而该作品只能通过信息网络获取。第(四)项:在信息网络上对计算机及其系统或者网络的安全性能进行测试。该条例同时指出,不得向他人提供避开技术措施的技术、装置或者部件,不得侵犯权利人依法享有的其他权利。

在国际范围内,第一次就合理使用制度做出规定的是《保护文学和艺术作品伯尔尼公约》。该公约第9条第2款指出:"本联盟成员国法律有权允许在某些特殊情况下复制上述作品,只要这种复制不致损害作品的正常使用,也不致无故危害作者的合法利益。"该款规定了合理使用的3步检验法:①必须限于某些特殊情况;②不得与受保护作品的正常利用相抵触;③无论如何不得损害著作权人的合法利益。这3个条件缺一不可,否则就不能称为合理使用。《保护文学和艺术作品伯尔尼公约》在此原则性规定的基础上规定了3种具体的合理使用行为:适当引用、为教学目的的合理使用以及时事新闻的合理使用。

2. 认真规范标注参考文献

中国工程院院士周立伟指出,科学是有继承性的,但科学又受到时代以及当时生产力发展的局限。今天是从昨天过来的,无论科学进步如何快,历史是割不断的。我们做学问时,必须对前人的工作进行研究,弄清楚他们的思想、理论、过程,了解他们遇到的困难、受到的局限。只要把这些情况研究得一清二楚了,才有可能创造自己的东西。"传承拓新",这是科学发展的一个普遍规律。

遵从这一规律,我们写作论文或者进行课题研究之前,通常要查阅大量的文献,参考众多前人的研究成果。根据《中华人民共和国著作权法》第二十二条第(一)项所规定的"权利的限制",为个人学习、研究或者欣赏,使用他人已经发表的作品时,使用者可以不经著作权人许可,不向其支付报酬。但是,《中华人民共和国著作权法》同时规定,我们在使用的时候,"应当指明作者姓名、作品名称",即我们通常所说的要标注参考文献。参考文献是论文的重要组成部分,它反映了文中资料的真实性、权威性和可核实性,同时也表明了本文作者对原作者的尊重和严肃负责的态度。参考文献必须按照中国国家标准化管理委员会于2015年5月15日发布,并于2015年12

月1日起开始实施的国家规定的标准格式著录,即 GB/T 7714—2015《信息与文献 参考文献著录规则》,该规则对各类参考文献的著录格式进行了标准化规定,学术期刊、学位论文授予单位一般都会按此标准对参考文献的著录格式进行规定。

要避免因参考文献缺失造成的侵权,首先需要认识到参考文献的重要性,具备相关的意识;其次要遵循严谨的治学态度,不能因偷懒而漏掉参考文献的标注,也不能马马虎虎随意标注。

思 考 题

1. 科技论文的写作与其他文体的写作有何异同?
2. 科技论文选题应该遵循哪些原则?
3. 科技论文定稿后,如何选择最佳目标刊?
4. 学位论文有哪几种选题途径?
5. 学位论文的选题原则有哪些?
6. 论文答辩时应做哪些准备工作?
7. 文献综述对内容的要求有哪些?
8. 如何才能写好一篇文献综述?
9. 大学生在论文写作的过程中如何避免侵犯别人的著作权?

第8章 信息检索综合利用

随着计算机技术及互联网技术在全球的发展,云计算、大数据、物联网等都迎来了创新性突破,全球信息化进入新的发展阶段。在文献信息量呈爆炸式增长的时代,如何在浩如烟海的信息洪流中快速获取有用的信息,如何借助工具提高利用信息的效率,如何通过信息检索和利用服务于个人发展及终身学习,都成为非常重要的课题。"开展信息素养教育,培养读者的信息意识和获取、利用文献信息的能力"是当代高校图书馆的5项重要任务之一。信息检索和文献利用能力也成了当代大学生的一项必备技能,因此本章将从翻译工具的利用、文献管理工具的利用、考研资源及其利用、留学资源及其利用、就业资源及其利用等方面对信息检索综合利用进行阐述。

8.1 翻译工具的利用

我国清末新兴启蒙思想家严复在《天演论》的"译例言"中讲到:"译事三难:信、达、雅。求其信,已大难矣!顾信矣,不达,虽译,犹不译也,则达尚焉。"信达雅的翻译标准要求译文既要准确、通顺明白,又要用词得体,追求简明优雅。当然,能达到如此高的翻译标准,基本应该是专业的翻译水平了。我们所要探讨的是,在我们的日常生活和学习中,特别是在检索利用外文文献,或者需要把中文文献翻译成外文文献的时候,常用一些翻译工具。如今的计算机辅助翻译、网络辅助翻译功能强大,能够帮助我们有效地缩短翻译时间,提升翻译效率,同时提高翻译文本的专业度和准确性。需要强调的是:工具只是辅助,提高自身外语能力及翻译水平,才能做到接近"信达雅"的标准,才能避免一些低级翻译错误。

8.1.1 软件及网站翻译工具

1. 百度翻译

百度翻译目前是国内市场份额第一的翻译类产品,它依托互联网数据资源和自然语言处理技术优势,致力于帮助用户跨越语言鸿沟,方便快捷地获取信息和服务,支持全球200多种语言互译,包括中文(简体)、英语、日语等,覆盖4万多个翻译方向。

百度翻译拥有App、网页、计算机端、小程序等多种产品形态。除文本、网页翻译外,百度翻译还推出了文档翻译、图片翻译、拍照翻译、语音翻译等多模态的翻译功能,以及海量例句、权威词典等丰富的外语资源,还有实用口语、英语跟读、英语短视频、AI背单词等外语学习功能,以满足用户多样性的翻译需求和学习需求。

我们以翻译科技论文为例来了解一下百度翻译的功能。

如果利用百度翻译 App 的拍照翻译功能翻译图 8-1(a)所示的内容,则翻译结果如图 8-1(b)所示。

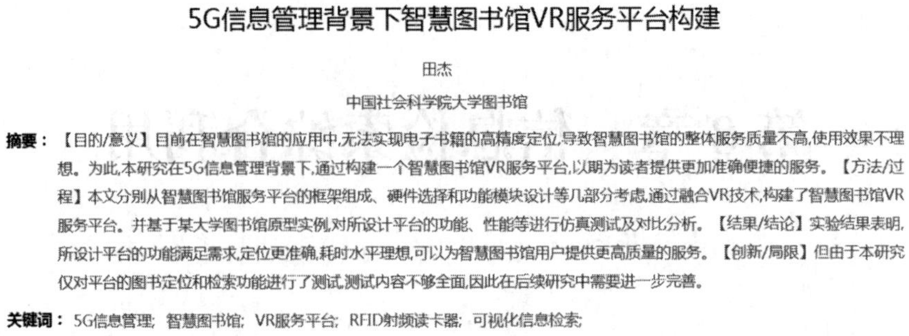
5G信息管理背景下智慧图书馆VR服务平台构建

田杰

中国社会科学院大学图书馆

摘要：【目的/意义】目前在智慧图书馆的应用中,无法实现电子书籍的高精度定位,导致智慧图书馆的整体服务质量不高,使用效果不理想。为此,本研究在5G信息管理背景下,通过构建一个智慧图书馆VR服务平台,以期为读者提供更加准确便捷的服务。【方法/过程】本文分别从智慧图书馆服务平台的框架组成、硬件选择和功能模块设计等几部分考虑,通过融合VR技术,构建了智慧图书馆VR服务平台。并基于某大学图书馆原型实例,对所设计平台的功能、性能等进行仿真测试及对比分析。【结果/结论】实验结果表明,所设计平台的功能满足需求,定位更准确,耗时水平理想,可以为智慧图书馆用户提供更高质量的服务。【创新/局限】但由于本研究仅对平台的图书定位和检索功能进行了测试,测试内容不够全面,因此在后续研究中需要进一步完善。

关键词： 5G信息管理; 智慧图书馆; VR服务平台; RFID射频读卡器; 可视化信息检索

(a)

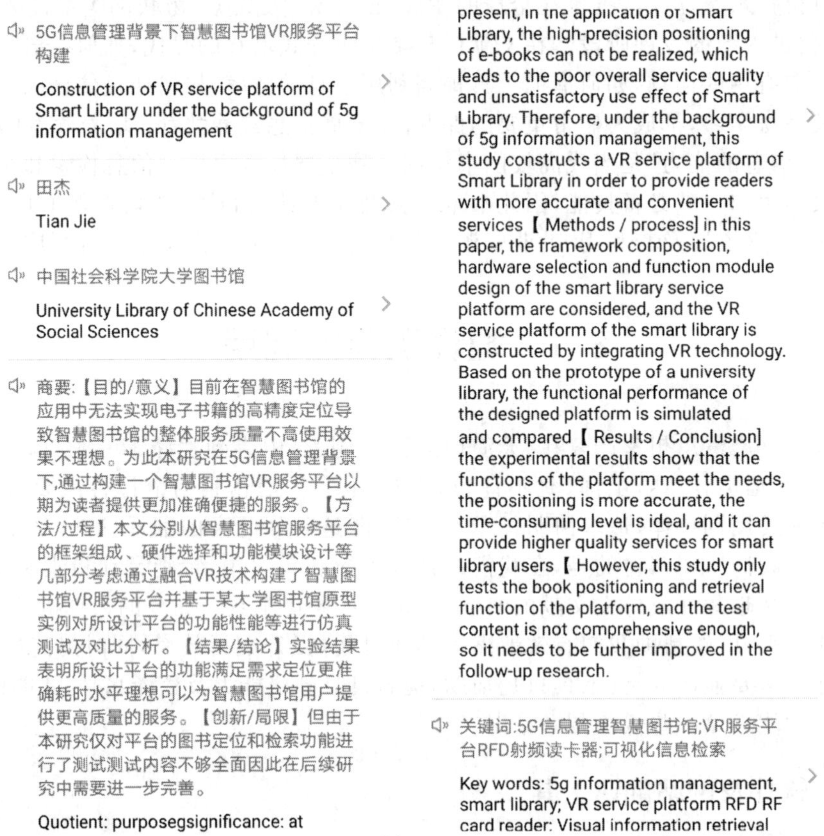
5G信息管理背景下智慧图书馆VR服务平台构建

Construction of VR service platform of Smart Library under the background of 5g information management

田杰

Tian Jie

中国社会科学院大学图书馆

University Library of Chinese Academy of Social Sciences

商要:【目的/意义】目前在智慧图书馆的应用中无法实现电子书籍的高精度定位导致智慧图书馆的整体服务质量不高使用效果不理想。为此本研究在5G信息管理背景下,通过构建一个智慧图书馆VR服务平台以期为读者提供更加准确便捷的服务。【方法/过程】本文分别从智慧图书馆服务平台的框架组成、硬件选择和功能模块设计等几部分考虑通过融合VR技术构建了智慧图书馆VR服务平台并基于某大学图书馆原型实例对所设计平台的功能性能等进行仿真测试及对比分析。【结果/结论】实验结果表明所设计平台的功能满足需求定位更准确耗时水平理想可以为智慧图书馆用户提供更高质量的服务。【创新/局限】但由于本研究仅对平台的图书定位和检索功能进行了测试测试内容不够全面因此在后续研究中需要进一步完善。

Quotient: purposegsignificance: at present, in the application of Smart Library, the high-precision positioning of e-books can not be realized, which leads to the poor overall service quality and unsatisfactory use effect of Smart Library. Therefore, under the background of 5g information management, this study constructs a VR service platform of Smart Library in order to provide readers with more accurate and convenient services【 Methods / process] in this paper, the framework composition, hardware selection and function module design of the smart library service platform are considered, and the VR service platform of the smart library is constructed by integrating VR technology. Based on the prototype of a university library, the functional performance of the designed platform is simulated and compared【 Results / Conclusion] the experimental results show that the functions of the platform meet the needs, the positioning is more accurate, the time-consuming level is ideal, and it can provide higher quality services for smart library users【 However, this study only tests the book positioning and retrieval function of the platform, and the test content is not comprehensive enough, so it needs to be further improved in the follow-up research.

关键词:5G信息管理智慧图书馆;VR服务平台RFD射频读卡器;可视化信息检索

Key words: 5g information management, smart library; VR service platform RFD RF card reader: Visual information retrieval

(b)

图 8-1　百度翻译 App 拍照翻译

利用计算机端的百度翻译进行翻译,效果如图 8-2 所示。

利用网页版的百度翻译进行翻译的效果如图 8-3 所示。对比后可以发现,百度翻译 PC 端和网页版的翻译结果相同。

与百度翻译 App 的拍照翻译结果对比后我们可以发现,总体来说,百度翻译计算机端和网页版的翻译结果更加准确,但是对于个别字词,比如“关键词”的翻译来说,百度翻译 App 版的

"Key words"显然比计算机端和网页版的"Key word"更为准确。

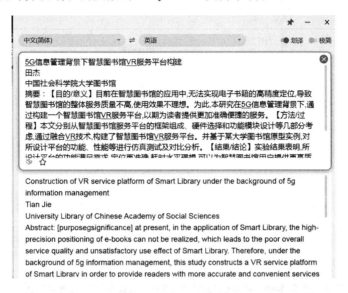

图 8-2　百度翻译 PC 端翻译结果

图 8-3　百度翻译网页版翻译结果

我们以关键词"信息检索"为例再看一下百度翻译在检索及翻译外文文献时的表现。

在不知道专业术语的英文该如何表达时,可以先对其进行翻译,再做检索。当然,利用百度翻译的各种产品类型均可,不过,百度翻译计算机端在实际应用中有其独特优势。

打开百度翻译计算机端,单击图 8-4 中箭头所指处进行设置。

开启中文划译,如图 8-5(a)所示,效果如图 8-5(b)所示。

图 8-4　百度翻译计算机端划译设置 1

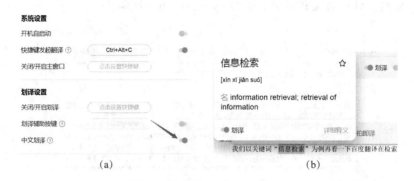

图 8-5　百度翻译计算机端划译设置 2

现在，以"信息检索"对应的英文"information retrieval"为关键词，选择 Wiley Online Library 在线期刊数据库检索相关外文文献，如图 8-6 所示。

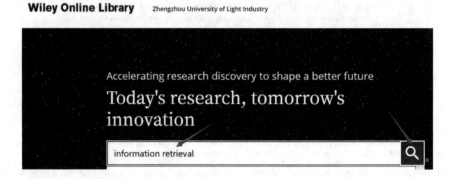

图 8-6　Wiley Online Library 在线期刊数据库检索入口

同样，可以利用百度翻译计算机端的划译功能，先大致了解检索结果是否符合选题需要，然后选定所需文献。利用百度翻译计算机端划译功能筛选外文文献如图 8-7 所示。

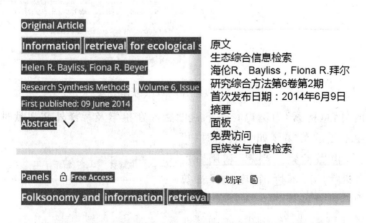

图 8-7　利用百度翻译计算机端划译功能筛选外文文献

假如从题目分析，"民族学（翻译结果存疑）与信息检索"符合我们的选题需求，则可浏览或者下载文档。

如果是浏览文档，仍然可以利用百度翻译计算机端的划译功能，对文摘和正文进行分段浏览,如图 8-8 所示。

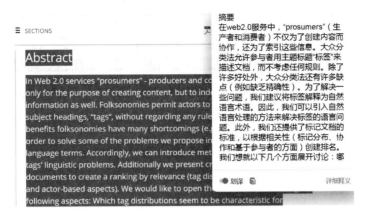

图 8-8　利用百度翻译计算机端划译功能浏览外文文献

但是显然对于长篇的整个文档来说,百度翻译计算机端显得没有那么便利。这时不妨利用百度翻译网页版,用百度 App 扫码登录,便可上传多种格式的文档进行翻译了。百度翻译网页版文档翻译入口如图 8-9 所示。

图 8-9　百度翻译网页版文档翻译入口

把论文民族学与信息检索的 PDF 格式文档下载并上传,得出相对应的翻译结果,同时还可以导出翻译文档,非常便于快速了解外文文献内容以及引用相关素材。百度翻译网页版文档翻译结果如图 8-10 所示。

图 8-10　百度翻译网页版文档翻译结果

如果想更快捷地了解外文文献内容,还可以直接利用百度翻译网页版,把该篇论文所在的网址复制粘贴到百度翻译,即可实现浏览整个网页的翻译结果,如图 8-11 所示。

图 8-11 百度翻译网页版网址翻译入口及结果

2. 有道翻译

常用的有道翻译主要包括网易有道词典、有道翻译官和有道在线翻译。

网易有道词典内容专业权威,完整地收录了《牛津词典》《韦氏大词典》《柯林斯词典》等多部权威词典,词库大而全,查词快又准。其实时收录最新词汇,基于网易有道词典独创的"网络释义"功能,轻松囊括互联网上的最新流行词汇。原声音频、视频例句,来自外文影视作品、广播的原声例句,地道权威,体验纯正英语。多语种快速翻译,集成中、英、日、韩、法等语种专业词典,切换语言环境,快速翻译所需内容。有道桌面词典背靠其强大的搜索引擎(有道搜索)后台数据和"网页萃取"技术,从数十亿海量网页中提炼出传统词典无法收录的各类新兴词汇和英文缩写,如影视作品名称、品牌名称、名人姓名、地名、专业术语等。由于互联网上的网页内容是时刻更新的,因此有道桌面词典提供的词汇和例句也会随之动态更新,以将互联网上最新、最酷、最鲜活的中英文词汇及句子"一网打尽"。

有道翻译官是首款支持离线翻译功能的翻译应用,在没有网络的情况下也能顺畅使用,支持中、英、日、韩、法、俄、西等 52 种语言互译;同时配备强大的摄像头翻译和拍照翻译功能,无须手动输入便可快速获取翻译结果;更有丰富的例句参考,即使用户的英文水平有限,也能轻松翻译出准确的英文。正像其宣传片所说:从此以后,只要手机在手,就可以借助有道翻译官,来场说走就走的世界之旅!无论是去看埃及的金字塔、日本的樱花、希腊的神庙,还是去看荷兰的风车,都不用担心语言问题!

与网易有道词典的定位不同,有道翻译官致力于解决用户日常生活中遇到的问题。相比而言,网易有道词典的主要功能是解决单词与词组的解释问题,侧重深入学习和理解,而有道翻译官则专注于整句、大段翻译,以满足用户的应用型需求。

有道在线翻译提供即时免费在线的中文、英语、日语、韩语、法语、德语、俄语、西班牙语、葡萄牙语、越南语、印度尼西亚语、意大利语、荷兰语、泰语全文翻译、网页翻译、文档翻译服务。

有道翻译的最大特色在于翻译引擎是基于搜索引擎网络释义的,也就是说它所翻译的词释义都来自网络。

我们仍以翻译科技论文《5G信息管理背景下智慧图书馆VR服务平台构建》为例,来了解一下有道翻译的功能。

利用网易有道词典App的拍照翻译功能,翻译结果主要有导出翻译图(见图8-12)、导出对比图(见图8-13)和复制结果3种形式。

图 8-12　网易有道词典App拍照翻译功能导出翻译图

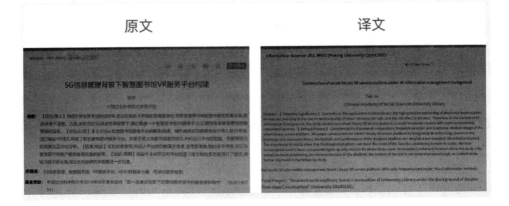

图 8-13　网易有道词典App拍照翻译功能导出对比图

复制结果如下,为原文和译文对比模式,总体翻译效果良好。

原文:

5G信息管理背景下智慧图书馆VR服务平台构建

田杰

中国社会科学院大学图书馆

摘要:【目的/意义】目前在智慧图书馆的应用中,无法实现电子书籍的高精度定位,导致智慧图书馆的整体服务质量不高,使用效果不理想。为此本研究在5G信息管理背景下,通过构建一个智慧图书馆VR服务平台,以期为读者提供更加准确便捷的服务。【方法/过程】本文分别从智慧图书馆服务平台的框架组成、硬件选择和功能模块设计等几部分考虑,通过融合VR技术,构建了智慧图书馆VR服务平台,并基于某大学图书馆原型实例对所设计平台的功能、性能等进行仿真测试及对比分析。【结果/结论】实验结果表明,所设计平台的功能满足需求,定位更准确,耗时水平理想,可以为智慧图书馆用户提供更高质量的服务。【创新/同限】但由于本研究仅对平台的图书定位和检索功能进行了测试,测试内容不够全面,因此在后续研究中需要进一步完善。

关键词：5G 信息管理；智慧图书馆；VR 服务平台；RFID 射频 i 器；可视化信息检索

译文：

Construction of VR service platform for smart library under the background of 5G information management

Tian Jie

University Library, Chinese Academy of Social Sciences

Abstract：[Purpose/Significance] At present, in the application of smart library, the inability to realize the high precision positioning of electronic books leads to the poor overall service quality of smart library and the unsatisfactory use effect. Therefore, under the background of 5G information management, this research aims to provide more accurate and convenient services for readers by building a VR service platform for smart library. [Method/Process] In this paper, the VR service platform of the smart library is constructed by integrating VR technology from the framework composition, hardware selection and function module design of the service platform of the smart library. Based on the prototype example of a university library, the simulation test and comparative analysis are conducted on the functions and performance of the designed platform. [Results/Conclusions] The experimental results show that the functions of the designed platform meet the requirements, the positioning is more accurate, the time consuming level is ideal, and it can provide higher quality services for intelligent library users. [Innovation/same limit] However, since this study only tested the book positioning and retrieval function of the platform, the content of the test is not comprehensive enough, so it needs to be further improved in the subsequent research.

Key words：5G information management；Smart library；VR service platform；RFID radio frequency I device；Visual information retrieval

我们再来看网易有道词典计算机端截屏翻译及文档翻译的功能效果。

网易有道词典计算机端词典、截屏翻译、文档翻译及取词、划词入口如图 8-14 所示。

图 8-14　网易有道词典计算机端词典、截屏翻译、文档翻译及取词、划词入口

截屏翻译效果如图 8-15 所示。

第 8 章 信息检索综合利用

图 8-15 网易有道词典计算机端截屏翻译结果

单击右下角复制按钮,翻译结果文字版如下:

5 g information management under the background of VR wisdom library service platform construction Tian Jie The Chinese Academy of Sciences university libraryAbstract:the purpose/meaning 】【 in the application of intelligence library,unable to realize electronic books high-precision positioning to the wisdom of the library's overall service quality is not high,use the effect is not ideal. Therefore this research under the background of 5 g information management,by building a VR wisdom library service platform,in order to provide more accurate and convenient service for readers. Process【 methods 】this paper respectively from the wisdom of the framework of library service platform,hardware selection and function module design and so on several parts considered by fusion of VR technology to build the VR wisdom library service platform. And based on the prototype as an example,a university library by design platform of the functionality,performance,such as simulation test and comparison analysis. The experimental results show that the results/conclusion 】【 functions to meet the requirements,design platform by the more accurate positioning,time consuming level ideal can provide higher quality service for wisdom library users. But as a result of this research innovation/limited 】【 only on books positioning platform and retrieval function was tested test content is not comprehensive,so in a follow-up study need to be further perfect. Key words:5 g information management;Wisdom library;VR service platform;The RFID radio frequency card reader. Visual information retrieval;

直接复制粘贴文字,利用网易有道词典计算机端词典翻译及网易有道翻译网页版进行翻译,结果一致。

网易有道词典计算机端词典翻译结果如图 8-16 所示。

图 8-16 网易有道词典计算机端词典翻译结果

249

网易有道词典网页版在线翻译结果如图 8-17 所示。

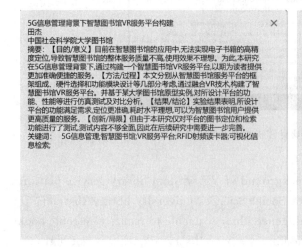

图 8-17　网易有道词典网页版在线翻译结果

经实测，总体来说，网易有道词典计算机端截屏翻译效果差强人意，不如其他方式的翻译效果。

我们继续以关键词"信息检索"为例，看一下有道翻译在检索及翻译外文文献时的表现。

网易有道词典计算机端划词（取词同）结果如图 8-18 所示。仍然以"信息检索"对应的英文"information retrieval"为关键词，选择 Wiley Online Library 在线期刊数据库检索相关外文文献。

图 8-18　网易有道词典计算机端划词结果

同样，可以利用网易有道词典计算机端划词功能，先大致了解检索结果是否符合选题需要，然后选定所需文献，如图 8-19 所示。

从前文可知，百度划译为"民族学与信息检索"，有道划词翻译为"大众分类法和信息检索"，后者看起来更准确一些。

接着，可以利用网易有道词典计算机端划词功能对所下载的筛选后的文献进行分段浏览，如图 8-20 所示。

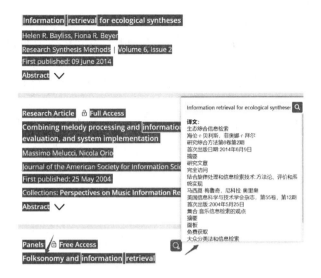

图 8-19　利用网易有道词典计算机端划词功能筛选外文文献

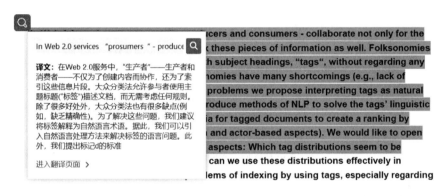

图 8-20　利用网易有道词典计算机端划词功能浏览外文文献

对于长篇的整个文档,利用网易有道词典计算机端及有道翻译网页版的文档翻译功能,便可上传 WORD、PDF 及幻灯片格式的文档并进行翻译了。有道翻译网页版文档翻译入口如图 8-21 所示。

图 8-21　有道翻译网页版文档翻译入口

把外文文献《大众分类法与信息检索》的 PDF 格式文档下载并上传，登录，网页版需要选择翻译语言，设置为从英文到中文，可以看到网易有道词典计算机端及有道翻译网页版的文档翻译得出的翻译结果是一致的，如果要导出翻译文档，需要支付费用。

对比来看，百度翻译的文档翻译功能要更加友好，首先支持的文档格式更多，其次可以免费导出翻译文档。

再把该篇外文文献所在的网址复制粘贴到有道翻译网页版，结果竟然是无法翻译，如图 8-22 所示。

图 8-22　有道翻译网页版网址翻译入口及结果

3. Google 翻译

Google 翻译是谷歌公司提供的一项免费翻译服务，可提供 103 种语言之间的即时翻译，支持任意两种语言之间的字词、句子和网页翻译。可分析的人工翻译文档越多，译文的质量就会越高。

Google 翻译生成译文时，会在数百万篇文档中查找各种模式，以便决定最佳翻译。Google 翻译通过在经过人工翻译的文档中检测各种模式，进行合理的猜测，然后得出适当的翻译。这种在大量文本中查找各种范例的过程称为"统计机器翻译"。由于译文是由机器生成的，因此并不是所有的译文都是完美的。

Google 翻译手机版 App 有一个独特功能，不需要拍照，只要镜头对着文字，就可以翻译，叫"相机翻译"功能。镜头对着计算机上的"5G 信息管理背景下智慧图书馆 VR 服务平台构建"一文，翻译结果截屏如图 8-23 所示。

利用 Google 翻译网页版的文字翻译功能，翻译结果质量还是很高的，如下：

The construction of a smart library VR service platform under the background of 5G information management

Tian Jie

University Library of Chinese Academy of Social Sciences

Abstract：[Purpose/Meaning] At present, the high-precision positioning of e-books cannot be achieved in the application of smart libraries, resulting in poor overall service quality

第 8 章　信息检索综合利用

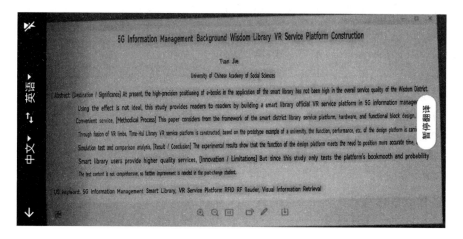

图 8-23　Google 翻译手机版 App 相机翻译结果

and unsatisfactory use effects of smart libraries. To this end，this research aims to provide readers with more accurate and convenient services by constructing a smart library VR service platform under the background of 5G information management.［Method/Process］This article considers the framework composition，hardware selection and functional module design of the smart library service platform，and builds a smart library VR service platform by integrating VR technology. Based on a prototype example of a university library，simulation tests and comparative analysis of the functions and performance of the designed platform are carried out.［Results/Conclusions］The experimental results show that the functions of the designed platform meet the needs，the positioning is more accurate，the time-consuming level is ideal，and it can provide higher quality services for smart library users.［Innovation/Limitations］However，because this study only tested the platform's book positioning and retrieval functions，the test content was not comprehensive enough，so it needs to be further improved in the follow-up research.

Keywords：5G information management；smart library；VR service platform；RFID radio frequency reader；visual information retrieval；

Google 翻译网页版文档翻译提供多种格式文档的翻译。Google 翻译网页版文档翻译入口如图 8-24 所示。

图 8-24　Google 翻译网页版文档翻译入口

不过，Google 翻译文档翻译功能在当前网络环境下暂无法实现。

4．必应翻译

必应翻译(Bing Translator)是微软推出的免费在线翻译服务，既可翻译文本，也可翻译网页，支持 40 多种语言互译。与 Google 翻译类似的是，Bing 翻译同样采用统计机器翻译技术。必应翻译有必应在线翻译（Bing Microsoft Translator）、微软必应词典等。

微软必应词典手机版 App 翻译功能里面有语音翻译、拍照翻译和粘贴文本翻译。拍照翻译效果体验一般。

在必应在线翻译页面未见到文档翻译入口，我们来试试文本及网址翻译功能。必应在线翻译入口如图 8-25 所示。

对"5G 信息管理背景下智慧图书馆 VR 服务平台构建"题录部分的文本翻译如下：

Under the background of 5G information management, the VR service platform of smart library is constructed

Tian Jie

University Library of the Chinese Academy of Social Sciences

Abstract: At present, in the application of wisdom library, the high-precision positioning of electronic books can not be realized, resulting in the overall service quality of wisdom library is not high, the use effect is not ideal. To this end, under the background of 5G information management, this study builds a smart library VR service platform, in order to provide readers with more accurate and convenient services. Method/Process This paper constructs the VR service platform of smart library by combining VR technology from the framework composition, hardware selection and function module design of the smart library service platform. Based on the prototype example of a university library, the function and performance of the designed platform are simulated and analyzed. Results/Conclusions The experimental results show that the function of the designed platform meets the needs, locates more accurately and takes the time to be ideal, and can provide higher quality services for the users of the smart library. However, since this study only tests the platform's book positioning and retrieval function, the test content is not comprehensive enough, so it needs to be further improved in the follow-up research.

Keywords: 5G information management; Smart Library; VR service platform; RFID RF card reader; Visual information retrieval;

必应在线翻译网址翻译功能未试出结果。

8.1.2 数据库翻译工具

1．CNKI 学术翻译之翻译助手

CNKI 翻译助手是中国知网开发制作的大型在线辅助翻译系统。

2010 年左右，CNKI 推出了专门面向学术领域个人用户的中、英双语在线翻译工具——CNKI 翻译助手。不同于一般的英汉互译工具，CNKI 翻译助手依托 CNKI 海量学术双语平行语料库（论文、工具书、主题词表等）打造，不但能够对翻译需求中的每个词给出准确翻译和解释，同时也能够给出大量与翻译请求在结构上相似、在内容上相关的例句，方便用户参考后得到最恰当的翻译结果。

图 8-25　必应在线翻译入口

2021 年 4 月,翻译助手 V2.0 正式发布,结束了仅支持词汇和短文本翻译的时代,推出了长文本翻译服务。同时,基于世界知识大数据(WKBD)打造的海量特色学术语料和最新研发的 CNKI 专业文献机器翻译技术,不仅实现了翻译质量的大幅提升,也标志着中国知网从统计机器翻译技术应用正式迈入了神经网络机器翻译技术应用。

CNKI 翻译助手汇集了从 CNKI 系列数据库中挖掘整理出的 800 余万常用词汇、专业术语、成语、俚语、固定用法、词组等中英文词条以及 1 500 余万双语例句、500 余万双语文摘,形成了海量中英在线词典和双语平行语料库,数据实时更新,内容涵盖自然科学和社会科学的各个领域。

CNKI 翻译助手对"5G 信息管理背景下智慧图书馆 VR 服务平台构建"题录部分的翻译截图如图 8-26 所示。

图 8-26　CNKI 翻译助手翻译结果

CNKI 翻译助手作为学术翻译工具,有其不同于一般翻译工具的独特优势。以对术语"信息检索"的翻译为例,一般检索工具只是给出翻译结果"Information retrieval"并给出相关双语例句等,CNKI 翻译助手的翻译结果如图 8-27 所示。

图 8-27　CNKI 翻译助手给出的多种来源例句链接

单击"学术词典"来源中的"Information retrieval",可以得到多篇文献中的相关例句,从而还可以顺藤摸瓜,发现理想的参考文献。CNKI 翻译助手学术词典来源例句链接如图 8-28 所示。

图 8-28　CNKI 翻译助手学术词典来源例句链接

至此,可以对不同工具针对相同段落的翻译结果进行对比,查看优劣。

结合前面学到的检索知识,当我们拿到一个翻译任务的时候,有两种方案可供选择:其一,利用翻译工具和自身翻译能力进行翻译;其二,如果是已有文献,则可以在文献数据库中直接检索到该段文献的翻译文本。

仍以"5G 信息管理背景下智慧图书馆 VR 服务平台构建"题录部分的翻译为例,我们可以抛开翻译工具,直接在中国知网或者其他相关数据库检索该文献,获取其原版翻译,如图 8-29 所示。

Construction of VR Service Platform of Intelligent Library under the Background of 5G Information Management

TIAN Jie

(University Library of Chinese Academy of Social Sciences, Beijing 102488,China)

Abstract:【Purpose/significance】At present, in the application of smart library, the high-precision positioning of electronic books cannot be realized, which leads to the poor overall service quality and unsatisfactory use effect of smart library. Therefore, in the context of 5G information management, this research aims to provide readers with more accurate and convenient services by constructing a smart library VR service platform.【Method/process】This article considers the framework composition, hardware selection and functional module design of the smart library service platform, and constructs a smart library VR service platform by integrating VR technology. Based on a prototype example of a university library, simulation tests and comparative analysis of the functions and performance of the designed platform are carried out.【Result/conclusion】The experimental results show that the functions of the designed platform meet the needs, the positioning is more accurate, the time-consuming level is ideal, and it can provide higher quality services for smart library users.【Innovation/limitation】However, since this research only tested the book positioning and retrieval functions of the platform, the test content was not comprehensive enough, so further improvement is needed in subsequent research.
Keywords: 5G information management; smart library; VR service platform; RFID radio frequency card reader; visual information retrieval

图 8-29 CNKI 检索文献原版翻译

2．术语在线

术语在线是由全国科学技术名词审定委员会主办的规范术语知识服务平台，是规范术语的数据中心、应用中心和服务中心，支撑科技发展，促进学术交流。术语在线包含全国科学技术名词审定委员会发布的规范名词数据库、名词对照数据库，以及工具书数据库等资源，累计有 50 万余条规范术语，范围覆盖自然科学、工程与技术科学、医学与生命科学、人文社会科学、军事科学等学科领域。术语在线翻译检索页面如图 8-30 所示。

图 8-30 术语在线翻译检索页面

其实，术语在线提供在线翻译，之所以归入数据库翻译，是因为其来源基础为以上提到的多个专业数据库。

术语在线在术语翻译方面更加专业、规范，但是其劣势也正在于翻译内容局限于术语，检索词不能超过 100 个，无法提供大段翻译及网页翻译。

8.1.3 浏览器翻译工具

设想一下，如果不用上述翻译工具，而是在浏览某个网页的时候，不管是中文的还是外文的，都可以轻松切换所需语言,岂不是更加美妙吗?浏览器翻译工具就可以实现这样的功能。

我们主要以360浏览器翻译工具来进行说明。

打开360浏览器,在中国知网检索出"5G信息管理背景下智慧图书馆VR服务平台构建"的题录部分。

如图8-31所示,360浏览器页面右上角有一个"译"图标,单击选择"翻译当前网页",在左上角选择翻译成英文,即可实现整个网页的翻译,如图8-32所示。

图8-31　360浏览器网页翻译入口

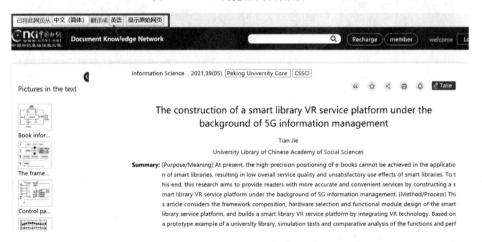

图8-32　360浏览器中文网页翻译结果

同样,也可以在外文数据库页面实现将英语网页翻译成中文网页,轻松筛选外文文献。360浏览器外文网页翻译前与翻译后界面分别如图8-33与图8-34所示。

258

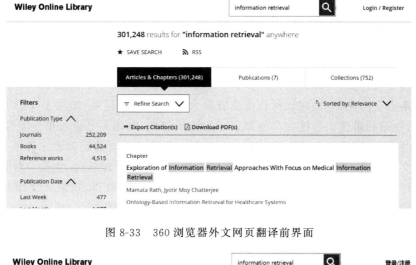

图 8-33　360 浏览器外文网页翻译前界面

图 8-34　360 浏览器外文网页翻译后界面

仍以"folksomony and information retrieval"一文为例,来看一下 360 浏览器直接翻译的效果。360 浏览器外文文献网页翻译前与翻译后界面分别如图 8-35 和图 8-36 所示。

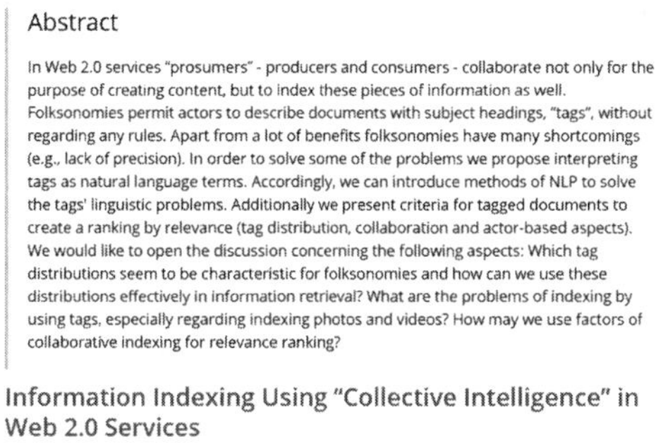

图 8-35　360 浏览器外文文献网页翻译前界面 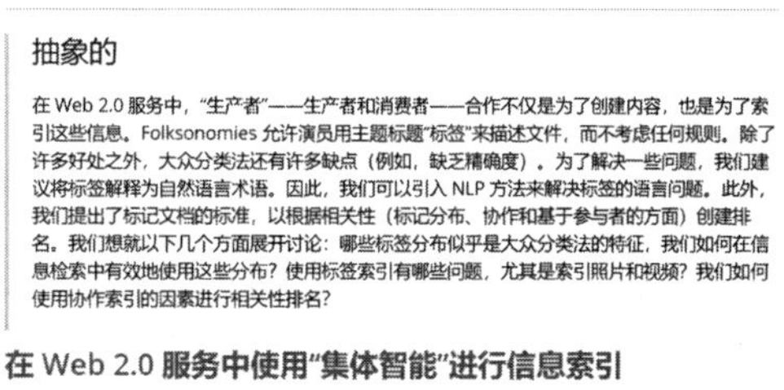　　图 8-36　360 浏览器外文文献网页翻译后界面

同样,点击"译"图标,点击选择翻译当前网页,即可轻松实现整篇翻译。当然,准确度还需要人工翻译细化。

Chrome 浏览器的翻译工具和 360 浏览器的相似,但目前的网络环境不适合。QQ 邮箱也提供邮件翻译功能。

8.2 文献管理工具的利用

"工欲善其事,必先利其器。"科研工作者在从事论文撰写、栏目申请及专利申报等科研工作时,常常会搜集大量的文献,而现代科技信息资源大爆炸时代的到来,增加了文献收集、整理、查阅及参考文献管理的难度。传统完全依靠人工的编辑管理,例如人工插入和整理参考文献,非常低效、繁琐,往往会占用科研人员宝贵的精力和时间。科研工作者迫切需要一种工具管理各种文献资源,于是文献管理软件应运而生。文献管理软件又叫书目管理软件,它是一种具有文献检索与整理、引文标注、按格式要求生成参考文献列表等强大功能的软件,可嵌入文字处理软件中使用,还可以直接通过在线数据库下载文献题录并对其进行统计分析。

文献管理软件的开发最早始于20世纪80年代初期,美国的Niles和Associates公司率先推出基于苹果电脑Macintosh的参考文献邮件定制服务,此为个人文献管理工具的雏形。1991年,Niles公司发布了首款基于苹果个人计算机的桌面文献管理软件EndNote。国内对文献管理软件的研发始于2004年,是由北京金叶天翔科技有限公司开发的医学文献王,它是国内第一款医学个人文献管理软件。在常见的文献管理软件中,国外软件有EndNote、Reference Manager、Pro Cite、Ref-Works、Biblioscape、Zotero、Mendeley等;国产软件有知网研学、NoteExpress、Power Ref、Note First、医学文献王等。我们选择国内外比较知名,功能比较强大,具有代表性,使用频率比较高的4款文献管理工具进行具体介绍。

8.2.1 知网研学

知网研学是中国知网从最早的E-Learning到后来的E-Study发展而来的文献管理工具,是在提供传统文献服务的基础上,以云服务的模式,集文献检索、阅读学习、笔记、摘录、笔记汇编、论文写作、个人知识管理等功能为一体的个人学习平台。平台提供网页端、桌面端(原E-Study,Windows和macOS)、移动端(iOS和安卓)、微信小程序,多端数据云同步,满足学习者在不同场景下的学习需求。知网研学平台(ESCP)是以搭建个人探究式学习环境为核心,以提高用户自主学习和创新能力为目标,集"汇、读、写"为一体的个人终身式学习平台。利用XML碎片化、知识重组、知识网络构建等技术,提供汇聚资源、理解知识、创作表达、选刊投稿、知识管理、协作交流等多样化学习功能,改变传统静态阅读方式,开启动态、交互、图谱化的阅读模式,服务个人知识学习与管理,从而构建个人知识结构,实现知识创新。

其主要有如下几个功能。

① 一站式阅读和管理平台。支持多类型文件的分类管理,支持目前全球主要学术成果文件格式,包括CAJ、KDH、NH、PDF、TEB等文件的管理和阅读。新增图片格式文件和TXT文件的预览功能。支持将WORD、PPT、TXT转换为PDF。

② 知识深度学习。支持在线阅读,运用XML碎片化技术,实现全文结构化索引、知识元智能关联,提供强大的原文编改工具,深化研究式阅读体验。

③ 深入研读。支持对学习过程中的划词检索和标注,包括检索工具书、检索文献、词组翻译、检索定义、Google Scholar检索等;支持将两篇文献在同一个窗口内进行对比研读。

④ 记录数字笔记。支持将文献内的有用信息记录笔记,并可随手记录读者的想法、问题和评论等;支持笔记的多种管理方式,包括时间段、标签、笔记星标;支持将网页内容添加为笔记。

⑤ 文献检索和下载。支持 CNKI 学术总库、CNKI Scholar、CrossRef、IEEE、Pubmed、ScienceDirect、Springer 等中外文数据库检索,将检索到的文献信息直接导入专题中;根据用户设置的账号信息,自动下载全文,不需要登录相应的数据库系统。

⑥ 支持写作与排版。基于 WORD 的通用写作功能,提供了面向学术等论文写作工具,包括插入引文、编辑引文、编辑著录格式及布局格式等;提供了数千种期刊模板和参考文献样式编辑。

⑦ 在线投稿。撰写完并排版后的论文,作者可以直接选择要投稿的期刊,即可进入相应期刊的作者投稿系统,进行在线投稿。

⑧ 云同步。在 Web 端、桌面端(Windows/macOS/iPad)、移动端上实现三端专题数据实时同步。只要一个 CNKI 账号,用户就可以同步在计算机或手机上创建专题、管理收藏的文献,随时随地畅享好文献。

⑨ 浏览器插件。支持 Chrome 浏览器、Opera 浏览器;支持将题录从浏览器中导入、下载到知网研学的指定专题节点中;支持的网站有中国知网、维普、百度学术、Springer、Wiley、ScienceDirect 等。

1. 登录/注册

打开中国知网(cnki.net),单击中间的知网研学平台或者在搜索栏输入 x.cnki.net 都可以进入知网研学平台界面,单击右上角的"登录/注册",可以根据提示进行注册或者登录,如图 8-37 所示。

图 8-37 知网研学平台登录/注册入口

在首行导航栏,有一栏"帮助",可以单击查看使用手册、常见问题和视频教程。新用户单击所在地区,通过手机号和验证码进行注册,老用户则可以直接输入用户名和密码进行登录。登录后绑定资源账号即可以浏览所有文献,方法是先单击右上角个人头像,单击左侧绑定资源账号,根据自身类型选择绑定方式:在 IP 范围内(例如学校、单位),链接校园网或者单位网络,直接单击"IP 自动关联"即可;也可获得口令,输入口令,单击"关联",如图 8-38 所示。如果收到邀请链接/二维码,则单击链接/扫描,输入所需信息,单击"确认"。

图 8-38 知网研学平台关联机构/团队界面

登录后，页面左侧导航栏有首页、研读学习、创作投稿、标签、我的、团队和回收站等模块。

2. 研读学习

单击左上角的"知网研学"，再单击左侧的"研读学习"模块，可以创建自己的专题（类似于计算机的文件夹），通过专题进行文献收集和管理，如图 8-39 所示。现在，我们新建一个"信息检索"的专题。

图 8-39　在研读学习模块新建专题

执行检索操作时，可在研学平台首页检索栏输入关键词进行检索，除此之外也可在专题模块的检索栏或单击"检索添加"进行全库检索，可在检索结果页勾选需要的文献，批量"收藏到"所在专题下，如图 8-40 所示，也可以单击右侧"收藏"一栏中的图标，单篇收藏文献到专题。收藏成功后，回到研读学习页面，刷新后，即可看到新添加的文献。单击"本地上传"，可将本地学习资料上传到专题下，统一管理与学习。也可通过单击首行导航栏"下载"一栏，下载文献采集助手，使用浏览器插件将网页内容以及中国知网、Springer、ScienceDirect、Wiley、IEEE、EBSCO、谷歌学术等 30 多个国内外常用数据库题录一键采集到知网研学。目前知网研学平台插件支持 Chrome 内核浏览器、火狐浏览器、Edge 浏览器。

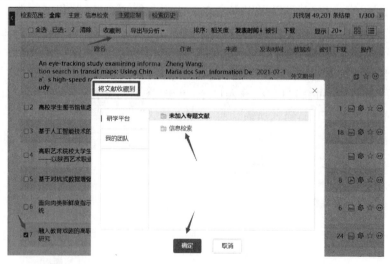

图 8-40　检索并添加文献到专题

此外，如图 8-41 所示，研读学习模块中还有推荐文献和分组筛选功能，非常实用。推荐文献也可以直接选中收藏到专题中，如图 8-42 所示。

图 8-41　推荐文献和分组筛选入口

图 8-42　推荐文献界面

在线阅读方面，通过图标区分 PDF 文献和 XML 文献，有不同的阅读方法。PDF 文献阅读，可以通过目录导航，查看文章内容。XML 文献阅读，通过单击文献题名，开始阅读文献。初次点开专题文献时，还会同时出现一个"如何进行单篇文章的研读学习"的视频教程，如图 8-43 所示。

图 8-43　单篇文章研读界面

在阅读过程中,可以完成如下操作。

(1) 查看章节目录/图表/知网节

平台完成了对大量文献的篇、章、节、图、表、公式的碎片化加工。单击左侧栏章节名称,可实现内容的自动跳转定位。单击图表名称,可以实现文中图表的快速定位。当鼠标定位在图表的时候,可以放大或缩小图表,也支持对图表进行"笔记、摘录、涂鸦、删除"的操作。单击作者姓名,可自动跳转到该作者的知网节,可了解该作者的基本信息、研究方向、主要成果等。单击"文献详情"图标后,打开文献知网节,可了解文献的期刊、年卷期、页码、知识网络等详细信息。单击作者、单位名称、关键词、基金等,可自动跳转到对应的知网节,了解相关文献、关注度指数分析等。文献详情入口如图 8-44 所示。

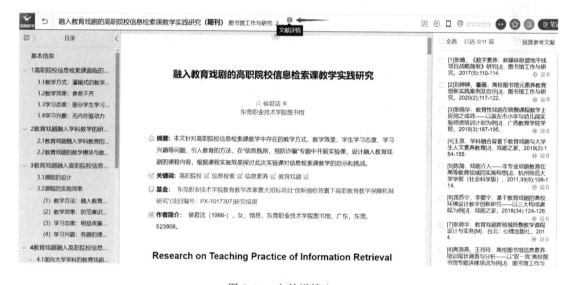

图 8-44 文献详情入口

(2) 一键打开参考文献/引证文献

在阅读的过程中,单击参考文献角标,在右侧"参考文献"模块下,将自动定位到该参考文献,如图 8-45 所示。

图 8-45 一键打开参考文献入口

单击参考文献,即可直接在当前文献上,以遮罩的形式打开该参考文献并进行阅读,如图 8-46 所示。

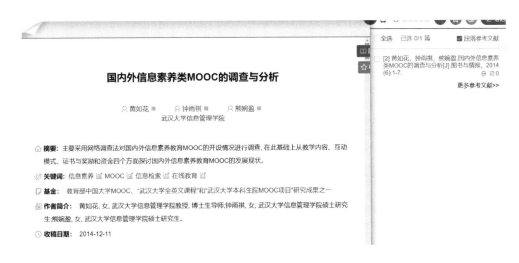

图 8-46 以遮罩形式打开参考文献界面

(3) 目录管理

选中目录章节后,单击右键,支持对目录进行"添加子目录、添加内容、插入其他章节、删除目录、重命名"等操作。其中,选择"插入其他章节",即可插入该专题下其他文献,包括参考文献的章节。

(4) 添加段落笔记,对原文内容进行管理

- 添加段落笔记:可对文章中的某一段落添加段落笔记。单击某一段落的内容,在该段落的右下方会出现【…】的图标,选择"添加段落笔记"即可。
- 段前/段后添加内容,删除段落:对当前文献的内容进行编改,即选择"段前添加内容"和"段后添加内容"。可以删除原文献的段落,也可以删除自己添加的段落。删除段落提示界面如图 8-47 所示。

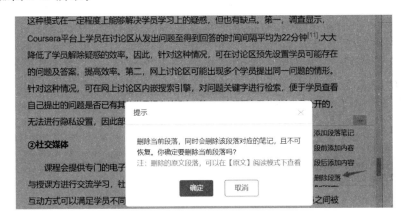

图 8-47 删除段落提示界面

(5) 工具书

在阅读文献时,可在当前页面查看文内专业名词的工具书解释。

(6) 做笔记

在阅读的过程中,可随时做笔记,并且所做的笔记内容会对应插入原文。选择需要做笔记的原文内容,单击"笔记",进行笔记添加即可,支持"画线笔记、高亮笔记",可设置颜色及其透明度。

支持添加"文本、图片、公式、链接、附件"等笔记内容,支持为笔记打标签,以方便后期的管理和利用,如图 8-48 所示。

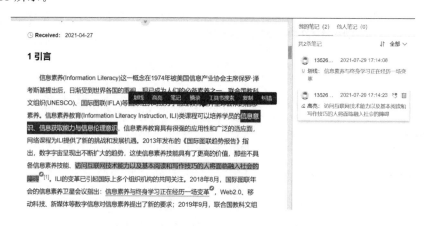

图 8-48　笔记界面

(7) 内容摘录

在阅读的过程中,对于重要的句子/段落/图表,选择相应内容后,单击"摘录",内容就会自动摘录到"我的摘录"库中,方便总结个人学习成果以及在个人创作中作为直接参考和引用的素材。

(8) 分类查看笔记

单击"全部笔记"标签,可以分别按照文献、笔记标签、引用关系查看本篇文献笔记。

(9) 单篇文献笔记汇编

文献阅读结束后,可以将该篇文献中所做的全部笔记以文档的形式汇总出来,从而完成文献从厚读薄的过程。在文献阅读页面,单击"笔记汇编",支持对汇编的笔记文档进行再次编辑修改,如写下新的想法、观点等。在编辑过程中,还可插入我的摘录、我的笔记、笔记汇编、我的创作、我的专题、CNKI 文献等在线素材。插入"我的摘录"后,系统会自动形成"引文关系"和"文后参考文献",可减少手动输入编辑的时间,提高写作效率。该引用信息同时支持手动编辑修改。

(10) 专题笔记汇编

返回研读学习主页面,选中任意一个学习专题,单击"学习笔记",可以查看本专题下所有文献的笔记。单击"一键汇编",就可将本专题下全部笔记汇编成文档。与单篇文献笔记汇编的操作相同,汇编完成后,可在"学习成果"中查看,如图 8-49 所示。

图 8-49　专题笔记一键汇编界面

3. 创作投稿

(1) 新建创作

在研学平台主界面,选择"创作投稿",单击"新建",即可创建"文档"、"思维导图"和"新建文件夹"。新建创作时,可以基于空白模板开始创作,可上传撰写本类文档相关的模板,也可上传导图大纲模板。单击文档模板,可以预览模板内容并加以使用,还可以对模板进行再次编辑。单击导图大纲模板,可以根据抽取级别将导图转为文档写作大纲目录,直接用于文档编辑。

(2) 内容编写

使用模板后,自动进入内容编写页面。

(3) 插入多媒体内容

在内容编写的过程中,可以支持插入特殊符号、公式、超链接、图片、表格、音视频、在线素材、引用等。以插入视频为例,依次单击"插入"→"视频",选择视频文件,完成插入。插入的音视频文件均可在线播放。

(4) 引用在线素材

单击页面右侧的"我的素材""我的专题""CNKI 文献"按钮,可以检索并插入在线素材,包括我的摘录、我的笔记、笔记汇编、我的创作、我的专题、CNKI 文献等。

以插入摘录为例,鼠标移入某条摘录后,出现"添加"按钮,单击"添加",本条摘录会自动插入正在写作的文章中,且自动生成引用关系,参考文献自动编号。插入在线素材后,系统会自动生成引用关系。单击参考文献角标,可修改引用信息。

(5) 手动插入引用

如需手动插入引用,可单击"引用"→"插入引用",系统自动按照引用顺序生成引用角标,且打开"引用信息"编辑框。

(6) 版本管理

对于同一个创作,系统支持历史版本保存,可选择某一个历史版本进行恢复。

(7) 文档导出

创作的文档可以导出为 Word、PDF 格式。

(8) 投稿通道

知网研学平台提供了多种期刊的官方投稿地址和 CNKI 腾云采编平台投稿地址,可按学科导航选择查看,可筛选核心刊、有官方投稿网址的期刊。知网研学投稿通道界面如图 8-50 所示。

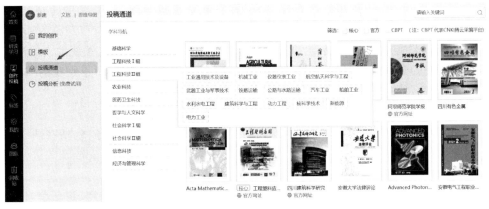

图 8-50 知网研学投稿通道界面

4．标签管理

知网研学平台支持"按标签"管理自己的学习笔记；支持新建标签、新建子标签、编辑/删除标签；支持标签分级管理。单击某个标签，右侧便会呈现该标签对应的笔记，且支持查看标签导图体系。

5．我的

"我的"模块中含有我的摘录、我的笔记、记事本、我的成果、我的学术成果、我的订阅，如图 8-51 所示。

图 8-51　知网研学"我的"模块界面

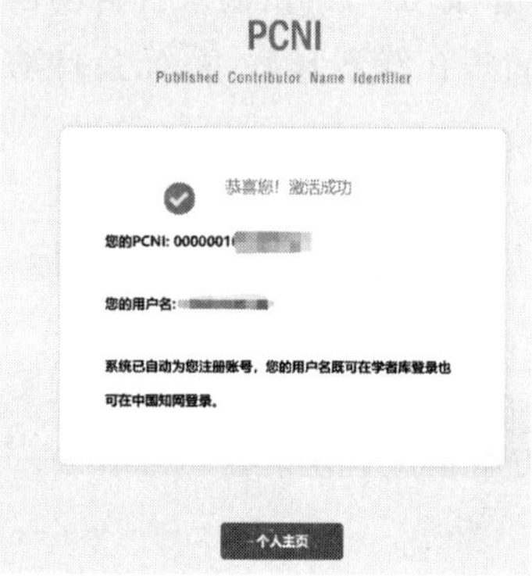

图 8-52　实名认证成功界面

（1）添加订阅源

知网研学平台提供多种订阅方式，包括期刊订阅、RSS 订阅、学科订阅和主题订阅，可以根据需要自行选择。订阅完成后，每次登录研学平台，即可在首页"我的订阅"模块看到推送的最新文献。可以将订阅推送的文献单篇添加到专题，也可以"全部添加到专题"。

（2）我的学术成果

如果用户没有进行身份认证，单击 top 栏上的"作者认证"，跳转到"学者库"中的"作者认证"页面进行身份认证，认证成功后（图 8-52），进入"认领成果页面"中可认领自己发表的论文。这样不管是在"学者库"还是在"我的学术成果"页面，都可以查看所有认领过的个人已发表的学术成果。

在"我的"→"我的学术成果"模块下统一管理正式发表的期刊论文、硕博士论文、会议论文、报纸文章、专利、标准等学术成果。可查看学术成果的被引量和下载量。

单击"文献篇名"打开在线阅读。

单击"认领学术成果"可以跳转到"学者库"中，在"认领成果页面"中认领新发表的论文，认领成功后可以在"我的学术成果"模块看到最新的数据。非本人论文，单击"不是我的"，退领该成果。勾选所需论文，单击"批量引用"，可复制所选论文的引用数据。

6．团队

目前，知网研学平台可面向 5 万～10 万人的团队、机构提供产品服务，包括在线学习、文献管理、笔记要点整理、在线写作等个人功能，以及学习资料共享、学习任务发放及跟进、团队交流等团队功能。

此功能打造强大团队知识库，自由组建学习团队，建设领域必读文献集，共享学习资料和笔记，发放学习任务、统计完成情况，高效沟通、知识管理，进行团队内部个人学情数据统计等。

除了网页版知网研学，也可以下载知网研学 App，实现批量下载文献的功能。作为初学者，只要多摸索、多尝试,掌握知网研学的基本功能就可以事半功倍了。

8.2.2 EndNote

EndNote(以下简称 EN)文献管理软件是科睿唯安信息服务(北京)有限公司开发的旗舰型文献管理系统,至今已有近三十年的历史,最新版本为 20(第 20 版)。遍布世界各地的研究人员、学生以及图书馆馆员都在利用 Web of Science 检索和分析研究文献,并且使用文献管理与写作工具 EndNote 来查找、组织和格式化他们的参考数据。EndNote 20 可以让研究人员摆脱手工收集和整理研究资料、格式化参考文献的艰巨任务。此外,EndNote 20 可在 Windows、iOS、macOS 或多平台环境中自由工作,使研究人员与团队之间的沟通协调更加轻松自如。

通过 EndNote,研究人员可以轻松地获取科技文献,建立个人文献数据库;对科技文献进行有效的管理和分析,激发科研思路;撰写论文时,采用期刊投稿模板,提高论文写作效率;边写作边引用参考文献,并可一键调整参考文献格式;跨平台无缝整合,同步文献,随时随地获取科技信息。EndNote 将检索、分析、管理、写作、投稿整合在一起,创建简单的工作流,使之成为一个重要的研究、管理、写作和发表工具。

其主要功能如下。

(1) 资源整合

EndNote 内置的搜索引擎提供了 6 000+在线检索数据库的资源,并为科研人员提供了强大的全文下载功能(包括功能选项 Find Full Text、浏览器插件 EndNote Click,支持 OpenURL)。研究人员可以根据需求搜索并批量下载(在允许范围内)本机构所有订购资源和网络免费资源中的文献 PDF,并以附件的形式自动添加到 EndNote 中,极大地满足了科研人员的全文下载需求,从而快速创建个人数字图书馆。

(2) 文献管理

EN 图书馆支持多种文献类型的存储,包括书目、图像、PDF 文件等,并且可以根据需要对存储的记录进行查找、编辑、排序、统计、查重、添加笔记、全文管理(PDF、图片、表格、其他文件)、链接转换、数据库输出以及合并数据库等操作,实现个人图书馆的有效组织和管理。

以一个栏目、一个学科、一个课题或一位研究人员等为单位,可以通过 EndNote 智能分组、组合分组等多种分组方式,对所有文献信息分门别类,做到所有文献记录"心中有数"。

(3) 同步个人文献数据库

EndNote 支持多个计算机间的文献同步与共享,无论何时何地都可将自己的个人文献数据库与 EndNote Online 版及 iPad 进行同步。

(4) 文献共享

EndNote 为科研人员提供了灵活的文献共享解决方案,个人图书馆中的文献资源可以实时共享,至多可满足 200 人同一时间协同操作。EndNote 可以实时显示小组内不同成员的操作行为。同时,文献所有者可根据需求对共享文献库设置相应操作权限(只读、读写)。

(5) 文献引用

撰写论文时,EndNote 可与 Microsoft Word 相关联,可帮助用户迅速找到相关的文献、图片、表格,将其自动插入论文所引用的位置,并生成相应的文中及文后参考文献。

EndNote 为科研人员提供了 7 000 多种期刊要求的参考文献格式,并且每周保持对参考文献格式的更新维护,科研人员可以随时调用符合需求的参考文献格式,还可以对参考文献格式进行自定义。

1. 登录/注册

在图书馆外文期刊资源里面找到 SCI/SSCI/A&HCI/CPCI-S/CPCI-SS/CCR/IC/MEDLINE 数据库，在右上角的 Products 处，找到 EndNote，单击或者直接输入网址 https://access.clarivate.com/login? app=endnote，均可以进入登录/注册页面。Web of Science 中的 EndNote 入口如图 8-53 所示。

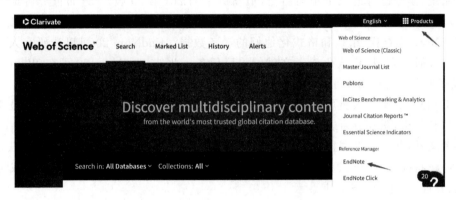

图 8-53　Web of Science 中的 EndNote 入口

EN 分在线版和单机版。在线版从 Web of Science（以下简称 WOS）里链接过去。单机版可在官网购买下载，安装软件以后，第一次打开会提示登录个人账号，EN 的账号和 WOS 的账号是通用的。也就是说，如果注册了 WOS，那么就同时有了 EN 的账号。这个账号可以登录科睿唯安所有学术研究相关产品。

以具备基本功能的免费在线版为例，登录后，可以看到上方导航栏有我的参考文献、收集、组织、格式化、匹配、选项、下载项模块。

2. 我的参考文献

在我的参考文献模块中，右侧显示导入的所有参考文献，在左边的快速检索框中可以输入关键词，检索范围可以选取"我的所有参考文献"、"未归档"或者"回收站"中的一个，单击"检索"，可快速找到右侧相关参考文献。

回收站下边有一栏"我的组"，可以在组织模块的"管理我的组"栏目中创建组，也可以在收集模块的在线检索第 3 步新建组，把相关未归档的参考文献移入相应组。

3. 收集

收集模块含在线检索、新建参考文献和导入参考文献 3 个栏目。

在线检索一般分 3 个步骤。第一步，单击检索框内右侧的下拉箭头，会出现从 A 到 Z 排列的数据库或者文献库目录，选择符合需求的目录，比如"Library of Congress"，单击"连接"，如图 8-54 所示。

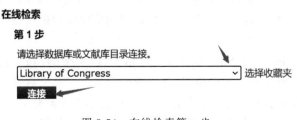

图 8-54　在线检索第一步

第二步,在检索框内输入关键词并选择检索范围字段,可以利用布尔逻辑进行多字段高级检索,这里我们以标题中含有"information retrieval"的检索条件进行检索。

第三步,得到检索结果,可以选取所需参考文献放入未归档组或者新建组,比如新建组"information retrieval"。

在"新建参考文献"栏目中,可以下拉选择参考文献类型,并在相对应的字段后面填入相关内容,这样就可以新增一条自建的参考文献了。

在"导入参考文献"栏目中,可以选择从 EndNote 桌面版导入,也可以选择从本地计算机导入。可以从所列数据库中选择导入格式,保存位置也可以进行选择。

4. 组织

组织模块包含管理我的组、其他人的组、查找重复项和附件管理 4 个栏目,如图 8-55 所示。

图 8-55　组织模块界面

在"管理我的组"栏目中可以单击新建组,创建经过命名的新组,同时可以选择组别进行管理共享。单击"管理共享"后,可以输入多个电子邮箱地址进行发送共享,有只读和读写两个选项,但是附件均不可共享。

"其他人的组"里面包含的是别人与你共享的组。

单击"查找重复项"栏目,系统会自动找出并勾选重复的参考文献,如图 8-56 所示,单击"删除"即可。

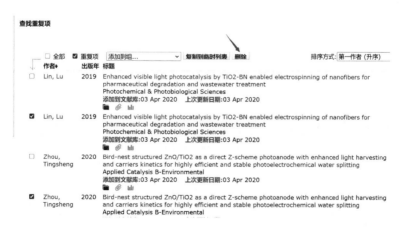

图 8-56　查找重复项界面

如果有附件,可以单击"附件管理"。

5. 格式化

格式化模块包含书目、Cite While You Write™ 插件、格式化论文和导出参考文献 4 个栏目,如图 8-57 所示。

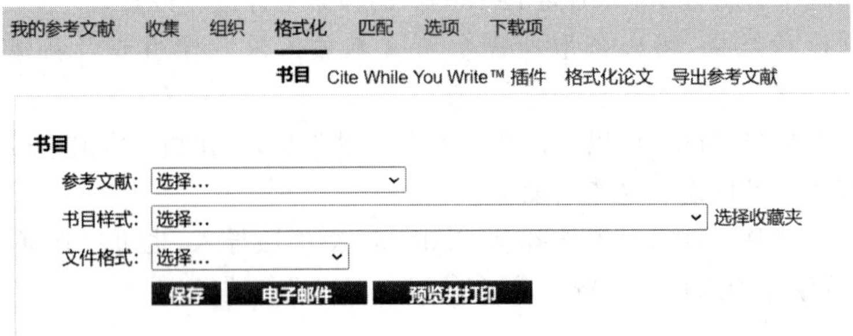

图 8-57　格式化界面

在"书目"栏目中,"参考文献"栏可以在我的参考文献中选择一篇参考文献,比如选择"information retrieval"篇,在"书目样式"栏,选择相应的书目,比如"Library Quarterly",导出的参考文献格式有 HTML、TXT 和 RTF,导出形式有保存、电子邮件及预览并打印选项。书目界面如图 8-58 所示。

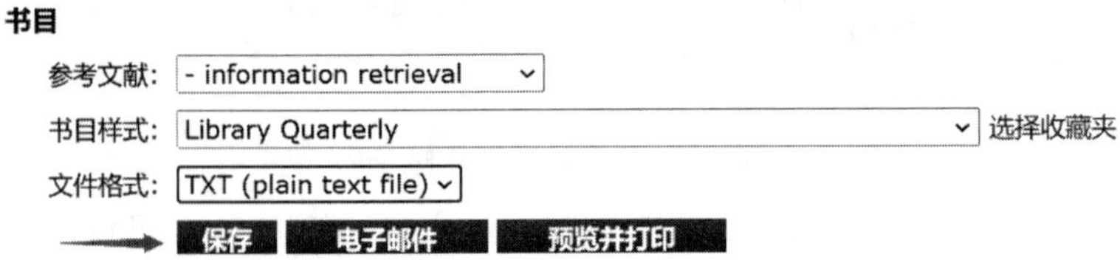

图 8-58　书目界面

我们选择 TXT 格式,单击"保存"后结果如下:

1. Melucci, Massimo, and Baeza-Yates, R. Advanced topics in information retrieval. Berlin; New York: Springer, 2011.

利用 Cite While You Write™,可以在用 Word 撰写论文时很便捷地自动插入参考文献以及格式化引文和书目,此部分内容会在下面的常用数据库参考文献格式导出技巧中进行详细说明。

格式化论文主要是针对 RTF 文档格式化的,选择 RTF 文档与书目样式后,单击"格式化"即可。

"导出参考文献"栏目主要用来把我的参考文献中的文献导出为 BibTeX Export、EndNote Export、RefMan(RIS) Export、Refer Export 及 Tab Delimited 样式的题目信息。

6. 匹配

匹配模块主要用来检索 WOS 和相关专题中的期刊。可以直接在检索框输入关键词进行检索,也可以单击"Match Manuscript"按钮用现有文档检索匹配期刊。匹配界面如图 8-59 所示。

7. 选项

选项模块主要用来对密码、电子邮件地址、个人信息、语种、订阅等进行查看或者信息更改。

8. 下载项

下载项模块主要介绍了 While You Write™、获取及 EndNote Click 等工具及插件的功能,用户可以根据实际需要进行下载安装。

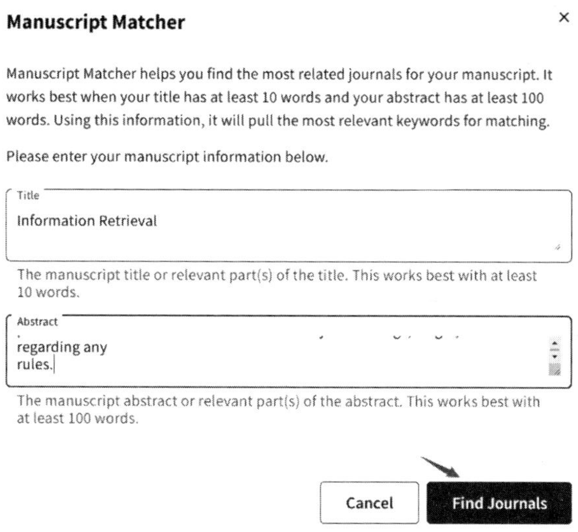

图 8-59 匹配界面

8.2.3 Mendeley

Mendeley 是 Elsevier 旗下的一款免费文献管理软件,集文献的整理、阅读、标记及引用等功能于一体,支持 Windows、macOS、Linux 等多种操作系统,注册后可以使用多平台同步和云备份功能。

1. 登录/注册

Mendeley 的官方下载地址为 www.mendeley.com,也可以在图书馆外文期刊资源中打开 Elsevier SDOL 电子期刊数据库,在右下角的"Explore Elsevier"中找到 Mendeley,在线或下载 Mendeley 进行登录/注册。

我们仍以在线版为例。单击 Mendeley 主页面下方的"Create a free account",选择机构关联,用 i 轻工大 App 扫码进行注册并登录后,即可看到 Mendeley 在线版主界面,右上角有检索和图书馆两个入口。

以关键词"information retrieval"进行检索,检索结果界面如图 8-60 所示。

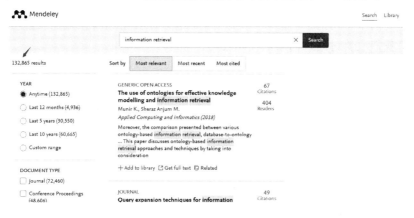

图 8-60 检索结果界面

Mendeley 的主要功能集中于 Library 界面,主要包括所有文献、最近添加的文献、最近阅读的文献、收藏的文献、发表的论文、回收站、收集、我的组、新添加、笔记等功能。

2. Mendeley 桌面版

Mendeley 桌面版界面如图 8-61 所示。

图 8-61　Mendeley 桌面版界面

Mendeley 桌面版上方比在线版多出几个模块。File 模块可以导出所选文献的 BibTeX、EndNote XML 和 RIS 样式的题目信息。Edit 模块提供剪切、复制、粘贴及全选功能。Tools 模块提供 Install Mendeley Web Importer、Install Mendeley Cite for Microsoft Word 以及 Search for articles online 功能。Help 模块提供反馈、支持、隐私政策等功能。

当然,不同的文献管理工具都有其不同的特点,除了本节介绍的比较有代表性的 4 个文献管理工具外,大家也可以根据需要选择更适合自己的文献管理工具。虽然文献管理工具可以帮助我们科学、高效地管理文献,但是管理只是手段,而不是目的,我们管理文献是为了更好地利用文献资源,为我们的工作学习、教学科研争取更多的时间和精力。

8.2.4　常用数据库参考文献格式导出技巧

在写论文的过程中,我们经常会遇到这样的问题:参考文献的格式要求有点繁琐,还要查出处、期刊号、卷期、页码等,并且要按照一定的格式编写,如果一点点敲字,实在是浪费时间。那么有没有快捷的导出标准参考文献格式的方法呢?答案是有的,学会常用数据库参考文献格式导出技巧,可以让我们事半功倍。当然,利用上述文献管理工具的边写作边插入参考文献的功能会更加便利,这里我们主要讨论入门级的使用技巧。

1. 中国知网

在图书馆中文期刊资源中打开中国知网数据库,在检索框输入关键词后得到检索结果,筛选所需进行勾选,单击"导出与分析",选择导出文献后,根据需求选择导出样式,如图 8-62 所示。一般情况下我们选择参考文献格式国家标准 GB/T 7714—2005 格式引文。

以所选两篇文献为例,其导出结果如图 8-63 所示,随后可以进行导出、复制、粘贴等操作。

2. 万方数据

在图书馆中文期刊资源中打开万方数据库,在检索框输入关键词后得到检索结果,筛选所需进行勾选,单击"导出",导出结果默认是参考文献格式国家标准 GB/T 7714—2005 格式引文。

图 8-62　中国知网参考文献格式导出

图 8-63　中国知网参考文献格式导出结果界面

3. 维普期刊

在图书馆中文期刊资源中打开维普期刊数据库,在检索框中输入关键词后得到检索结果,筛选所需进行勾选,单击"导出题录",导出结果默认也是参考文献格式国家标准 GB/T 7714—2005 格式引文。

4. SCI/SSCI/A&HCI/CPCI-S/CPCI-SS/CCR/IC/MEDLINE 数据库

在图书馆外文期刊资源中打开 SCI/SSCI/A&HCI/CPCI-S/CPCI-SS/CCR/IC/MEDLINE 数据库,在检索框中输入关键词后得到检索结果,筛选所需文献并进行勾选,单击"Export",有 6~7 种导出形式,以"Plain text file"形式为例,导出后是很复杂的文本,用来编辑参考文献格式费时费力,如图 8-64 所示。

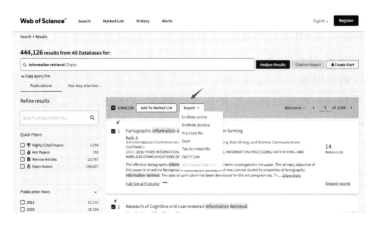

图 8-64　WOS 数据库参考文献格式导出

现在我们以导出到免费版 EndNote online 为例，看看如何实现边写作边插入参考文献。

单击选择导出方式为"EndNote online"后，进入 WOS/EndNote 登录/注册页面，新用户先注册，老用户直接输入邮箱及密码登录即可。如图 8-65 所示，选择导出文献范围、题录内容后单击"Export"，参考文献就添加到 EndNote online 了，可以把文献移入相应分组，如图 8-66 所示。

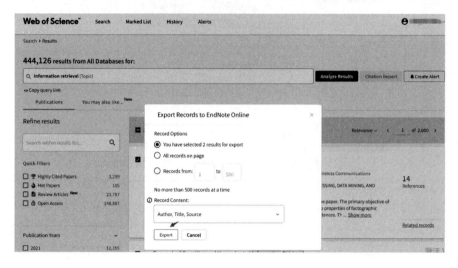

图 8-65　WOS 数据库 EndNote online 参考文献格式导出界面

图 8-66　EndNote online 新增 2 篇参考文献

要实现边写作边引用，需要在 EndNote online 的格式化模块里下载安装 Cite While You Write™ 插件。安装完成后，打开正在写的论文文档，可以看到 Word 工具栏多出了 EndNote，单击后，出现 EndNote 工具栏。单击最左侧的 Insert Citations，就进入 EndNote 的发现和插入参考文献界面，在检索框中输入关键词（也可以是作者等字段），单击"Find"，检索出相关参考文献，双击或者在下面 Insert 处进行选择即可在文中插入，文末也自动出现该篇文献的参考文献格式标注（Melucci and Baeza-Yates 2011），如图 8-67 所示。类似这样的就是，下面我们再插入一篇看看（Kulik and Ieee 2016）。为了显示清晰，本段后面的文字暂时搬走了，不然下面的参考文献格式标注就会在所有正文文末。我们继续插入第三篇和"information retrieval"相关的参考文献（Han，Wang and Wang 2010）：

Han, J., M. Wang & J. Wang. 2010. Research of Cognitive and User-oriented Information Retrieval. In *3rd IEEE International Conference on Computer Science and Information Technology* (ICCSIT), 416-420. Chengdu, PEOPLES R CHINA.

Kulik, S. & Ieee (2016) Factographic information retrieval for competences forming. *2016 Third International Conference on Digital Information Processing, Data Mining, and Wireless Communications (Dipdmwc)*, 245-250.

Melucci, M. & R. Baeza-Yates. 2011. *Advanced topics in information retrieval*. Berlin; New York: Springer.

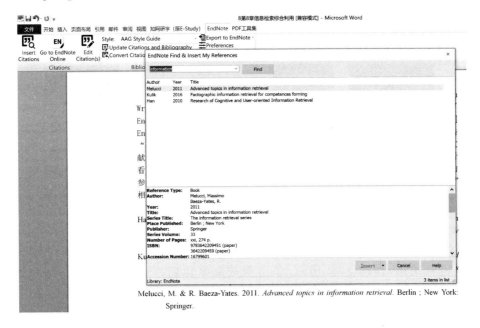

图 8-67　边写作边引用

另外,单击"Edit Citation(s)",可以对插入的参考文献进行增加、删除、调整顺序等操作。

5. SpringerLink 电子期刊

在图书馆外文期刊资源中打开 SpringerLink 电子期刊数据库,在检索框中输入关键词后得到检索结果,筛选所需文献并单击篇名,如图 8-68 所示,单击"Cite this article",即可导出相应的参考文献格式,随后根据所投期刊格式进行略微修改即可。

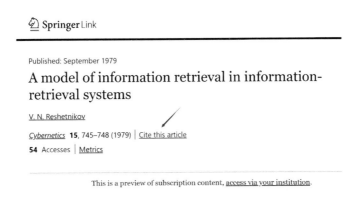

图 8-68　SpringerLink 电子期刊数据库参考文献格式导出入口

6. IEEE/IEL 数据库

在图书馆外文期刊资源中打开 IEEE/IEL(电气与电子工程师协会)数据库,在检索框中输入关键词后得到检索结果,如图8-69所示,筛选所需文献并进行勾选,单击右上角的"Export,"选择"Citations",默认选择"Plain Text"和"Citation Only",单击下面的"Export",即可导出相应的参考文献格式,随后根据所投期刊格式进行略微修改即可。

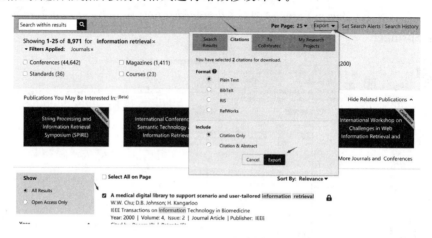

图8-69　IEEE/IEL数据库参考文献格式导出入口

7. Wiley Online Library 在线期刊数据库

在图书馆外文期刊资源中打开Wiley Online Library在线期刊数据库,在检索框中输入关键词后得到检索结果,如图8-70所示,单击所选文献标题,再单击"TOOLS",选择"Export citation",即可导出相应的参考文献格式,选取相对应的部分,随后根据所投期刊格式进行略微修改即可。

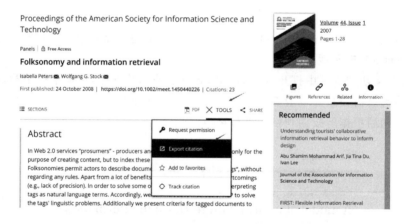

图8-70　Wiley Online Library在线期刊数据库参考文献格式导出入口

8. ACM 数据库

在图书馆外文期刊资源中打开ACM(国际计算机学会)数据库,在检索框中输入关键词后得到检索结果,如图8-71所示,筛选所需文献并进行勾选,单击左上角的"Export Citations",选择ACM Ref格式,选取页码范围之前相对应的部分,随后根据所投期刊格式进行略微修改即可。

9. Elsevier SDOL 电子期刊数据库

在图书馆外文期刊资源中打开Elsevier SDOL电子期刊数据库,在检索框中输入关键词后得到检索结果,筛选所需文献,单击标题打开该文献,单击"Cite",有4种导出形式,前三种都需要注册或者下载并安装软件,我们以"Export citation to text"形式导出,如图8-72所示。

图 8-71　ACM 数据库参考文献格式导出入口

图 8-72　Elsevier SDOL 电子期刊数据库参考文献格式导出

导出的结果是题录形式，可以选取里面的关键信息略加编辑，得出符合投稿期刊所需的参考文献格式。

当然，还有一个"Add to Mendeley"按钮，单击导入 Mendeley 后，利用插件工具，可以实现更便捷的参考文献生成，如图 8-73 和图 8-74 所示。

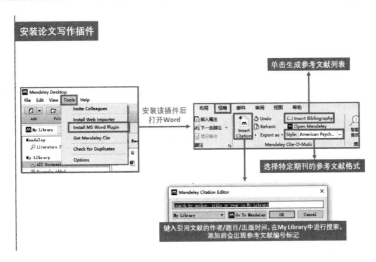

图 8-73　Elsevier SDOL 电子期刊数据库 Add to Mendeley 参考文献格式导出技巧 1

图 8-74　Elsevier SDOL 电子期刊数据库 Add to Mendeley 参考文献格式导出技巧 2

另外还有其他数据库，大家可以尝试找一下参考文献格式导出工具并进行利用，从而提高论文写作效率。

8.3　考研资源及其利用

全国硕士研究生统一招生考试简称"考研"或"统考"，是指教育主管部门和招生机构为选拔研究生而组织的相关考试的总称，由国家考试主管部门和招生单位组织的初试和复试组成，是一项选拔性考试，所录取学历类型为普通高等教育。

近年来，考研人数居高不下，呈持续递增趋势。相信每一位考研大军中的成员，都会通过多种渠道获取考研资讯、资源，本节内容简要讲解部分图书馆资源及部分权威网站资源。

在图书馆中文期刊资源中打开新东方多媒体学习库，可以免费学习。在课程模块中有考研英语、考研数学、考研政治、考研专业课相关课程。在考试模块中，既有真题也有模拟测试题。在资讯模块的爱学资料里，有历年考研复习指导资料。另外，直播课等模块也有精彩内容。

另外给大家介绍两个考研权威网站。

中国研究生招生信息网（http://yz.chsi.com.cn/，简称研招网）是教育部全国硕士研究生招生考试网上报名和网上调剂指定网站，既是各研究生招生单位的宣传咨询平台，也是研究生招生工作的政务平台，它将电子政务与社会服务有机结合，贯穿研究生招生宣传、招生咨询、报名管理、生源调剂、录取检查整个工作流程，实现了研究生招生信息管理一体化。研招网每年举办全国硕士研究生招生网上咨询周活动，广大考生与全国的招生单位可进行在线交流。

该网站信息含量非常大，除了报名、调剂、录取官方通道入口外，还包括趋势分析、报考流程、各院校的报考信息、考研经验交流、硕士目录、研招访谈等，大家可以注册登录获取更多资源。

中国高等教育学生信息网（http://www.chsi.com.cn/，简称学信网）是教育部学历查询网站、教育部高校招生阳光工程指定网站、全国硕士研究生招生报名和调剂指定网站。单击其首页的研招模块后自动跳转到中国研究生招生信息网。注册登录后可以实现学历查询在线验证、硕士研究生网上报名和录取检查、硕士研究生招生调剂服务、学历认证等功能。

除此之外，各高校的官网一定是大家考研资源的重要、权威获取渠道。一般的大学、科研院所和其他研究生招生单位都设有专门的 Web 站点，提供了大量的信息资料。除了各招生单位的招生简章，有的招生单位还会特别公布一些补充说明，比如历年报名人数、录取人数、录取比例、录取分数、参考书目等。另外可以查询课程设置、导师研究方向、科研成果及硕士、博士学位论文等信息，甚至有的还可以查询往年的考研试题等。还有一些院系就考生常问到的一些问题作出解答，在网上公布出来。另外最好能联系到导师和在读研究生，通过这种渠道，可能会有意想不到的收获，总之尽可能多地了解一些信息，以便及早地确定报考学校和专业，并做好后期考试准备。

8.4 留学资源及其利用

出国留学也是大学毕业后的选择之一，有人会选择留学中介，有人会选择自己申请，同样地，相信每一位有出国留学打算的大学生，都会通过多种渠道获取出国留学资讯、资源，本节内容简要讲解部分权威网站资源。

国家留学网（http://www.csc.edu.cn/）是国家留学基金管理委员会管理的网站。该委员会成立于 1996 年，是直属于教育部的非营利性事业法人机构。国家留学基金管理委员会根据国家法律、法规和有关方针政策管理、使用国家留学基金；用法制和经济手段管理出国留学和来华留学事务，合理确定有关资助项目与方式；制定管理规章，发挥基金作用；受委托管理各项与国外双边、多边交换或单方奖学金，资助有益于中国教育事业和对外友好关系发展的项目；与境内外相应机构开展交流合作，并接受委托管理有关教育交流和科技合作方面的其他事务。

中国留学网（http://www.cscse.edu.cn/）是中国（教育部）留学服务中心（以下简称"中心"）管理的网站。该中心成立于 1989 年 3 月 31 日，是教育部直属事业单位，以事业单位法人注册，主要从事出国留学、留学回国、来华留学以及教育国际交流与合作等领域的相关服务。其服务宗旨：服务全球学子，成就国际人才。其服务准则：快速、准确、热情、周到。其服务领域有：出国留学服务，为公派留学人员办理出国和出境相关手续以及提供延伸服务；为自费出国（境）攻读学位的留学人员提供档案保管服务；为自费出国留学人员提供有关服务；举办中国国际教育巡回展及中国留学论坛系列活动；出国留学行前培训；协助教育部整理、公布我国公民主要留学国家的部分高校名单；提供留学回国服务、国（境）外学历学位认证及相关政策咨询服务；编写《中国国（境）外学历学位认证（可）国家报告》；办理留学回国人员就业和落户手续；人才招聘与推荐；举办留学英才招聘会；留学回国人员实习基地管理；留学回国人员集体户口管理；编写《中国留学回国就业蓝皮书》；受理高层次海外留学人才身份确认申请；承办"春晖杯"中国留学人员创新创业大赛；留学人员回国创业咨询；编纂《中国留学人员创业年鉴》；受理"春晖计划"学术休假回国工作项目等。

中华人民共和国教育部教育涉外监管信息网（http://jsj.moe.gov.cn/）是中华人民共和国教育部发布各类教育涉外活动监督与管理信息的专门网站，由中华人民共和国教育部国际合作与交流司主管。该网站提供权威文件政策、预警信息、动态、国外院校情况，并有专家访谈、案例点评等栏目。

另外，各国大使馆官方网站也是很好的出国留学信息获取来源。

美国驻华大使馆和领事馆的网址为 https://china.usembassy-china.org.cn/zh/。打开官

网→目录→教育与交流→教育→EducationUSA(留学美国),可获取留学美国相关信息。

EducationUSA 隶属于美国国务院教育文化事务局,在全球 170 个国家设有 400 多个咨询中心,每年世界各地的国际学生通过 EducationUSA 全球网络获得有关申请美国大学和学院的正确、全面、公正和及时的信息。EducationUSA 还服务于美国高校,帮助美国大学实现招生和校园国际化目标。EducationUSA 是美国高等教育的官方信息来源。

EducationUSA 中国下设于北京美国驻华大使馆和美国驻上海、广州、沈阳、成都总领馆新闻文化处,其 12 名高级教育专员拥有美国高等教育方面的丰富知识,可协助中国学生成功申请美国大学。EducationUSA 中国的服务全部是免费的。

EducationUSA 的教育专员为学生和家长安排一系列面对面和在线的活动,鼓励中国学生按照赴美留学五部曲自己动手申请美国大学,通过活动帮助学生找到最适合他们兴趣和职业目标的美国大学,并帮助他们做好赴美留学的准备。EducationUSA 中国通过其官方网站和新浪博客、新浪微博、微信、优酷等社交媒体为学生提供在线咨询。

英国驻华大使馆的网址为 https://www.gov.uk/,打开官网→Services and information→Education and learning,可以看到和出国留学相关的信息。

澳大利亚驻华大使馆的网址为 https://china.embassy.gov.au/,打开官网→留学澳大利亚,可以获取留学澳大利亚相关信息。

除此之外,可以直接访问目标院校的官网了解该校的各类信息,这也是获得出国留学信息资源的重要且权威渠道。

8.5 就业资源及其利用

就业也是很多同学大学毕业后的选择,同样地,相信每一位有就业打算的大学生都会通过多种渠道获取就业资讯、资源,本节内容简要讲解部分图书馆资源及学校毕业生就业指导中心资源。

在图书馆中文期刊资源中打开就业数字图书馆,有丰富的资源可以利用,如职业测评、职位大数据、行业大数据、生涯规划课、权益保障、就业报告、简历通、名企攻略、职业指导音频等。

毕业生就业指导中心提供就业信息、就业辅导、就业手续办理、在线招聘、双选会等就业服务,毕业生可以充分利用学校就业资源,助力自己找到理想的就业单位。

希望大家都能充分展示信息素养,综合利用信息检索技能,在毕业设计、毕业论文写作、考研、留学、就业等方面游刃有余,更希望大家把信息检索综合利用贯穿于终身学习及日常工作与生活中。

参 考 文 献

[1] 李贵成,张金刚.信息素养与信息检索教程[M].武汉:华中科技大学出版社,2016.
[2] 韩冬,傅冰.信息素养教育论[M].北京:北京理工大学出版社,2017.
[3] 肖亚明,尹志清,王涛.信息检索与利用[M].天津:天津大学出版社,2009:46.
[4] 冯涛.信息检索[M].北京:知识产权出版社,2015.
[5] 高俊宽.信息检索[M].上海:上海世界图书出版公司,2017.
[6] 黄如花.信息检索[M].武汉:华中科技大学出版社,2019.
[7] 详解搜索引擎的高级搜索语法指令[EB/OL].(2018-12-18)[2021-01-05]. https://blog.csdn.net/weixin_41423450/article/details/85081039.
[8] 垂直搜索引擎四:文本处理模块的设计与实现[EB/OL].(2016-07-19)[2021-01-05]. https://blog.csdn.net/u010666884/article/details/51955425.
[9] 殷存举.搜索引擎优化技术研究[J].软件工程师,2014(7):40-41.
[10] 刘玉娥.网站搜索引擎优化技术分析[J].信息化建设,2015(3):63-66.
[11] 韩永恺,周平.搜索引擎优化存在的问题及优化建议[J].电子商务,2015(2):56-57.
[12] 国内搜索引擎产品市场发展报告 2020(简版)[EB/OL].(2021-01-20)[2021-03-05]. https://baijiahao.baidu.com/s?id=1689385301602566889&wfr=spider&for=pc.
[13] 沈固朝,储荷婷,华薇娜.信息检索教程[M].北京:高等教育出版社,2014.
[14] 刘湘萍.科技文献信息检索与利用[M].北京:冶金工业出版社,2014.
[15] 江友霞,常思浩,王涛.信息检索教程[M].北京:人民邮电出版社,2013.
[16] 袁曦临.信息检索[M].南京:东南大学出版社,2011.
[17] 魏联华,孙艳美.信息检索与利用[M].北京:知识产权出版社,2011.
[18] 凤元杰.文献信息检索[M].北京:科学出版社,2010.
[19] 洪金.信息检索与利用教程[M].北京:清华大学出版社,2009.
[20] 焦玉英,符绍宏,何绍华.信息检索[M].北京:武汉大学出版社,2008.
[21] 王红兵.信息检索与利用[M].北京:科学出版社,2019.
[22] 姚中平.现代信息检索[M].上海:上海交通大学出版社,2019.
[23] 徐红云.网络信息检索[M].广州:华南理工大学出版社,2018.
[24] 张稚鲲,李文林.信息检索与利用[M].南京:南京大学出版社,2019.
[25] 刘波,刘玉玫.信息资源检索与利用[M].北京:中国石化出版社,2019.

[26] Providing researchers with access to millions of scientific documents from journals, books, series, protocols, reference works and proceedings[EB/OL].[2021-03-05]. https://link.springer.com/.

[27] Wiley[EB/OL]. https://www.wiley.com/.

[28] Engineering Village[EB/OL]. https://www.engineeringvillage.com/search/quick.url.

[29] Web Of Science[EB/OL]. http://apps.webofknowledge.com/.

[30] ScienceDirect[EB/OL]. https://www.sciencedirect.com/.

[31] 李招娣.专利信息检索与利用[M].长春:吉林科学技术出版社,2019.

[32] 杜伟.信息检索[M].北京:科学出版社,2016.

[33] 陈英,章童.科技信息检索[M].北京:科学出版社,2019.

[34] 康桂英.大数据时代大学生信息素养与科研创新[M].北京:北京理工大学出版社,2019.

[35] 蔡丽萍.文献信息检索教程[M].2版.北京:北京邮电大学出版社,2017.

[36] 中华人民共和国国家质量监督检验检疫总局,中国国家标准化管理委员会.信息与文献 参考文献著录规则:GB/T 7714—2015[S].北京:中国标准出版社,2015.

[37] 梁振桂,文春霞.写作训练教程[M].北京:北京理工大学出版社,2016.

[38] 秦立栓,付丽丽.商务研究方法[M].北京:北京交通大学出版社,2014.

[39] 孙廉咪.从乔治·斯坦纳阐释学视角看严复译《天演论》[J].浙江万里学院学报,2019,32(5):72-76.

[40] 田杰.5G信息管理背景下智慧图书馆VR服务平台构建[J].情报科学,2021,39(5):124-129.

[41] PETERS I, STOCK W G. Folksonomy and information retrieval[J]. Proceedings of the American Society for Information Science and Technology, 2007, 44(1):1-28.